International

ECONOMY and

OVERSEAS

Investment ———————————— · 조양현 ·

국제경영

국제경제와
해외투자

· 무역, 금융과 투자 관점의 글로벌 경영의 가이드라인 ·

박영사

국제적인 경제활동(국제경영)에서는 국제무역, 국제금융과 해외투자에 대한 영역구분이 사실상 명확하지 않고, 서로 영향을 주고받는 밀접한 관계가 형성되어 있다는 사실을 인식하게 된다. 국제무역에서 국제금융이 수반되지 않는다면 실물거래가 성립될 수 없고, 국제금융은 실물거래에서 필요한 자금조달을 위해 존재하는 것이며, 해외투자는 국제무역의 선택대안(대체관계)으로 추진되기도 하지만 국제무역과 동반(보완관계) 추진되는 사례도 많다. 따라서 국제경영에서 국제무역, 국제금융과 해외투자를 종합적으로 고려할 필요가 있다. 국제경제(무역·금융)와 해외투자에 관하여, 특히 다국적기업의 경제활동을 다루는 분야는 국제경영학에 속한다. 부연하면, 국제경영학은 국제무역과 국제금융에 관한 국제경제학을 이론적인 기반으로 해외투자와 리스크관리에 관한 분야를 포괄하고 있다. 국제무역은 상품·서비스의 물리적인 이동과 경제적 자원의 배분을 포함한 실물자산의 거래에 관한 분야이고, 국제금융은 외환매매 등의 자금거래, 환율제도 및 금융체계에 관한 분야이며, 해외투자와 리스크관리는 현지법인에 대한 지분과 설비 투자, 해외투자자산에 대한 운용·관리 등에 관한 분야라고 할 수 있다.

본고의 '국제경영: 국제경제와 해외투자'는 '국제무역패턴과 국제금융체계'(PART 01), '해외투자요인과 리스크관리'(PART 02)로 구성되어 있다.

PART 01의 '국제무역패턴과 국제금융체계'에서는 국제경제학의 대가인 폴 크루그먼이 저술한 '국제경제학: 이론과 정책'(2023)(798쪽)을 기본적으로 반영했다. CHAPTER 01의 '국제무역의 이론과 실증분석'은 주요 국제무역이론을 살펴보고 무역통계를 고찰함으로써 국제무역이론에 관한 전반적인 내용을 담고 있다. CHAPTER 02의 '무역거래의 조건과 방법'은 무역거래의 계약조건을 기반으로 다양한 무역거래의 패턴을 비교분석하고, 무역거래의 국제규약, 운송계약과 자금결제, 국제무역의 기본체계, 무역규제, 국제무역기구와 경제통합체 등에 관한 핵심적인 내용을 포함하고 있다. CHAPTER 03의 '국제수지와 외환시장의 균형조건'에서는 국제수지에 대한 기본적인 이해를 바탕으로 국제수지의 조정메커니즘, 외환시장의 균형조건과 환율제도, 국제금융기구의 적용지침, 수출보조금과 관련된 수출신용기관 등을 추가했다. CHAPTER 04의 '경제위기의 요인과 사례'에서는 자본시장에서 나타난 경제대공황, 글로벌 금융위기, 지역별(경제권역)로 발생한 주요 경제위기의 원인과 발생배경 등을 다뤘다.

PART 02의 '해외투자요인과 리스크관리'에서 CHAPTER 05의 '해외투자의 개념'은 해외투자의 분류기준, 진출유형과 기대효과 등 해외직접투자에 관하여 기본적으로 살펴보고, CHAPTER 06의 '국제경영이론'은 다국적기업투자이론, 해외직접투자이론 등 다양한 관점에서 국제경영이론에 관한 학설과 주장을 반영했다. 특히 해외직접투자이론에서는 국제경영학의 베스트셀러로 찰스 힐이 저술한 '국제경영: 글로벌 경쟁 우위'(2023)(671쪽)를 기본적으로 반영했으며, 스테펀 하이머의 우위요소론(기업 특유의 독점적인 경쟁우위론), 리처드 케이브스의 투자형태론(다국적기업 관점), 존 더닝의 절충적체계론(생산입지론 포함) 등에 관한 핵심적인 내용을 정리했다. CHAPTER 07의 '투자여건과 리스크관리'에서는 경제기초여건(펀더멘털)과 기업경영여건을 분석하기 위해 국가리스크 평가, 투자 유인과 규제에 관하여 중점적으로 설명했다.

2025년 봄을 기다리며,

西延 조양현

차례CONTENTS

PART 01
국제무역패턴과 국제금융체계

PART 02
해외투자요인과 리스크관리

PART

01

국제무역패턴과 국제금융체계

국제무역이란 무엇인가? 국제무역은 국가 간 상품 또는 서비스를 판매하고 구매하는 상거래, 즉 외국과의 교역을 의미한다.[1] 국제무역과 국제금융은 1960년대부터 국제적으로 자본시장의 본격적인 형성과 더불어 성장하기 시작하여 1970년대 이후 그 거래규모가 급격히 증가했다. 1970년대 중동지역의 산유국들이 뉴욕과 런던 등지에 외화자산(오일머니) 예치가 증가하여 아시아와 중남미 국가의 기업에 대한 대출이 증가한 현상도 나타났다. 국제무역거래와 국제금융시장에서 주도적인 역할을 하고 있는 미국의 무역현황을 살펴보면, 1960~2019년 기간 수출/GDP 비중은 1960년 5%에서 2019년 10% 수준을 상회했고, 수입/GDP 비중은 1960년 4%에서 2019년 15% 수준으로 상승한 것으로 추정된다. 그러나 국제무역거래와 국제금융시장에서 각국의 미달러(지급준비통화)에 대한 수요증가 등으로 미국의 수입실적이 수출실적을 상회하면서 1975년 이후에는 미국의 무역수지가 만성적인 적자패턴(기조)을 보였다. 그럼에도 불구하고, 미국이 경상수지 악화상태를 심각하게 우려하지 않는 배경에는 자본유입이 지속되어 자본수지는 흑자기조를 유지하고 있으며, 대내균형(경기부양, 물가관리)을 위한 통화정책의 자율성(통화발행·채권매입)으로 인해 경제위기에도 대응할 수 있는 경제기초여건(economic fundamentals)에 근거한다.

---

[1] 대외무역법(2조 1항)에서는 무역이란 "물품, 대통령령으로 정하는 용역과 전자적형태의 무체물이다."라고 정의하고 있다.

CHAPTER 01 국제무역의 이론과 실증분석

국제무역에 따른 이득(gains from trade)이 발생하는 이유는 생산비용의 비교우위에 특화한 상품의 생산에서 단위노동투입량에 대한 비교분석으로 추론가능하다. 예를 들면, 와인과 치즈를 생산하는 경우 단위노동투입량(기회비용)이 국내에서 와인 2병, 치즈 1파운드(치즈의 기회비용=1/2, 와인의 기회비용=2/1), 외국에서는 와인 3병, 치즈 6파운드(치즈의 기회비용=6/3, 와인의 기회비용=3/6)라고 가정하면, 국내에서 외국보다 와인과 치즈 생산비용에서 모두 절대우위를 나타낸다. 국제무역에서 와인 1병과 치즈 1파운드가 동일한 상대가격으로 거래된다면, 기회비용이 상대적으로 더 낮은 상품의 생산에 특화는 것이 유리하다. 부연하면, 국내에서 비교우위가 있는 치즈를 생산하여 수출하고 와인을 외국으로부터 수입하는 경우 와인의 교환가치(와인 1병=치즈 1파운드 교환)에서 와인의 (단위)시간당 생산비용(1/2병)을 차감한 국제무역에 따른 이득은 와인 기준으로 1/2병(=1병-1/2병)이 된다. 또한, 외국에서는 비교우위가 있는 와인을 생산하여 수출하고 치즈를 수입하는 경우 치즈의 교환가치(1/3파운드=와인 1/3병 교환)에서 치즈의 (단위)시간당 생산비용(1/6파운드)을 차감한 국제무역에 따른 이득은 치즈 기준으로

1/6파운드(＝1/3파운드－1/6파운드)가 된다. 생산비용을 기준으로 국내에서는 치즈, 외국에서는 와인의 생산에 각각 비교우위가 있고, 국내에서 와인과 치즈의 생산비용은 외국에 비해 모두 절대우위에 있는 상태다. 그러나 비교열위에 있는 와인(국내)과 치즈(외국)의 생산보다는 수입, 비교우위가 있는 치즈(국내)와 와인(외국)의 생산과 수출의 국제무역패턴이 형성되고, 국제무역에 따른 이득이 국내와 외국에서 모두 발생하므로 국제무역의 유인이 존재하게 되는 것이다.

1 국제무역이론

국제경제에 관한 역저는 영국 경제학자인 아담 스미스(Adam Smith)가 1776년에 발간한 '국부론'(The Wealth of Nations)보다 18년 이전으로 거슬러 올라간다. 영국 철학자인 데이비드 흄(David Hume)이 경제모형에 관한 설명을 위해 1758년에 출간한 에세이, '무역수지에 대하여'(Of the Balance of Trade)에서 비롯되었다고 알려졌다. 그러나 국제무역에 관한 경제이론은 영국 경제학자인 데이비드 리카도(David Ricardo)의 비교우위론(the theory of comparative advantage)에서 본격화되었다. 국제무역에서 다른 국가에 비해 더 낮은 생산비용으로 상품을 생산한다면, 그 상품에 대하여 비교우위(comparative advantage)가 있다고 본다. 그런데, 국가 간 비교우위가 절대적으로 큰 국가가 더 낮은 국가에 비해 국제무역에 따른 이득을 독식하거나 국제무역이 아예 발생하지 않을 수 있다는 우려가 제기될 수 있다. 아담 스미스는 절대우위에 관한 이론(the theory of absolute advantage)을 제기하면서 국제무역에서 절대우위에 있는 국가가 국제무역에 따른 이득을 누릴 수 있다고 주장했다. 그러나 데이비드 리카도는 절대우위가 아닌 비교우위에 기반을 둔 비교우위론을 제기했다. 비교우위론의 기본적인 사고는 국제무역에서 상대적으로 비교우위가 있는 상품을 수출한다면, 거래당사국은 모두 국제무역에 따른 이득을 본다는 것이다. 즉, 국제무역에서 절대열위에 있는 상품을 생산하더라도 그 국가에서 상대적으로 비교우위가 있는 상품의 수출(생산 전문화)[2]을 통해 국제무역에 따른 이득이 발생할 수 있으므로 국제무역이 발생할 여건이 조성된다는 것이다.

고전경제학파의 국제무역에 대한 사고(경제철학)는 중상주의 논지와 다르게, 보호무역주의(중상주의)보다는 자유무역주의(중농주의)에 대한 합리적인 근거를 제시하고 있다. 중상주의(mercantilism)는 장 콜베르(Jean Collbert, 1619~1683) 프랑스 재상(루이 14세 통치기간)이 프랑스와 케네(François Quesnay, 1694~1758)가 주창한 중농주의(physiocracy)에 대응해 추진한 경제정책이었다. 미국 경제학자인인 폴 새뮤얼슨(Paul Samuelson, 1915~2019)은 역사적으로 자유무역이 어떤 지역에서도 경제적 이득을 가져왔다고 주장했다. 부연하면, 보호무역주의에 근거한 무역장벽(관세·수입쿼터) 조치(시행)에 비해 자유무역(주의)이 실질적으로 최선이며, 가용자원의 활용확대로 장기적으로는 국제무역에 따른 경제성장의 동태적인 효과가 나타난다는 것이다. 그러나 후진국으로부터 저렴한 상품의 수입으로 인해 선진경제권에서는 구매력 저하(실질임금 하락) 현상이 나타나 자유무역으로부터 얻는 이득을 상쇄할 가능

---

2) It makes sense for a country to specialize in the production of those goods that it produces most efficiently and to buy the goods that it produces less efficiently from other countries, even if this means buying goods from other countries that it could produce more efficiently itself.

성도 우려된다. 미국 경제학자인 제프리 삭스(Jeffrey Sachs)는 국제무역에서 개방적인 (시장)경제체제가 지속가능한 경제발전으로 연결된다고 주장했다. 부연하면, 무역개방도(자유무역주의)와 경제성장과의 상관관계 분석(1970~1990년 통계자료)에서 국가의 경제발전단계에 관계없이, 폐쇄적인 경제체제보다 개방적인 경제체제에서 상대적으로 높은 경제성장률을 기록했다는 것이다. 미국 경제학자인 폴 크루그먼(Paul Krugman)은 비교우위론(리카도), 요소부존론(헥셔·오린)과 특수요소모형(새뮤얼슨)을 기반으로 표준무역모형(the standard trade model)을 제기했다. 표준무역모형의 결정요인은 상대공급(우상향곡선 형태), 상대수요(우하향곡선 형태), 교역조건(terms of trade)[3] 및 후생수준[4]인데, 기술발전(비교우위론) 등에 의한 경제성장과 생산가능영역(곡선)의 편중된 확장(요소부존론)의 결합으로 국제무역패턴이 형성된다는 것이다. 특히 교역조건 개선에 의한 직접적인 수출편중의 경제성장(export−biased growth)은 수출상품의 상대가격 하락(공급증가)으로 교역조건이 악화되지만, 수입편중의 경제성장(import−biased growth)은 수입상품의 상대가격 상승으로 교역조건이 개선되는 효과가 있다. 부연하면, 수출편중의 경제성장에서 생산보조금[5] 지급의 직접적인 효과는 수출상품의 가격지지(상승)로 국내 생산이 증가하여 수출상품의 상대공급 증가(공급곡선의 우측이동)와 상대수요 감소(수요곡선의 좌측이동)로 수출상품의 교역조건은 악화된다.

---

3) terms of trade measured empirically by averaging the prices of the basket of exported goods and dividing by a similar average for the basket of imported goods

4) Other things being equal, a rise in a country's terms of trade increase its welfare.

5) 수출보조금(export subsidies): 수출경쟁력 제고를 위한 수출금융보험(수출상품의 상대가격 하락효과)

반면, 수입편중의 경제성장에서 수입관세 부과의 직접적인 효과는 국내 수입물가의 상승으로 수입상품의 상대가격 상승으로 국내 소비가 감소(상대공급 증가, 상대수요 감소)하지만, 수출상품의 상대가격 하락은 상대수요 증가(수요곡선의 우측이동)와 상대공급 감소(공급곡선의 좌측이동)로 수출상품의 교역조건은 개선된다. 따라서 수출상품의 상대가격 변동에 따른 교역조건 변화를 설명한 표준무역모형도 비교우위론, 요소부존론과 특수요소모형을 주요 국제무역이론으로 설정하고 있기 때문에 국제무역이론에 대한 전반적인 고찰이 필요하다. 대표적인 국제무역이론으로는 비교우위론, 요소부존론, 지역경제론, 마샬·러너조건과 중력모형 등으로 요약된다.

(1) 비교우위론

경제학의 아버지로 불리는 아담 스미스(1723~1790)는 자연법(natural law)에 근거하여 국제무역의 절대우위모형(the absolute advantage model)을 주장했다. 절대우위모형에 따르면, 생산량 증가로 평균비용이 하락하는 규모의 경제(economies of scale) 효과로 인해 국제무역은 제로섬게임(zero-sum game)[6]이 아니라 플러스섬게임(positive-sum game)이라는 것이다. 그러나 국제무역의 비교우위모형(the comparative advantage model)에 관한 학설은 데이비드 리카도(1772~1823)[7]의 상대적인 생산

---

[6] A zero-sum game is on in which a gain by one country results in a loss by another, asserted by mercantilism and criticized by the classical economists.

[7] 데이비드 리카도는 '정치경제와 조세의 원리에 대하여'(On the Principles of Political Economy and Taxation)(1817)를 저술했으며, 아담 스미스, 토마스 맬서스(Thomas Malthus)와 더불어 고전경제학파의 대가다. 데이비드 리카도는 비교우위에 관한 포괄적인 이론을 최초로 제기했고, 기술적 이론의 아버지라고 불린다.

비용의 차이에 근거한 비교우위론(the theory of comparative advantage)에서 비롯되었다. 데이비드 리카도는 국부의 증가를 산출하기 위해 생산요소(노동)의 기회비용(opportunity cost)에 근거한 노동생산성(labor productivity)의 관점에서 비교우위를 측정했다. 경제학에서 기회비용은 어떤 제품을 생산하기 위한 자원 투입으로 상충관계에 있는 다른 제품을 생산할 수 있는 기회를 포기하는 대가를 계산한 값이다. 노동생산성은 노동비용(임금) 수준을 의미하는 단위노동투입량(unit labor requirements)에 의해 측정된다.[8] 단위노동투입량은 상품의 상대가격과 동일하므로 그 상대가격이 다른 대체상품의 기회비용을 초과한다면, 그 상품의 생산에 특화하게 된다는 것이다. 비교우위론에 대한 실증분석(크루그먼, 2015)에 따르면, 임금상승률은 노동생산성의 차이를 반영하므로 노동생산성이 상대적으로 더 높은 상품을 더 많이 수출하게 된다는 경향이 있다는 것이다. 그러면, 노동생산성의 차이를 어떻게 산출할 수 있는가? 노동생산성 수준은 생산가능영역(PPF)의 범위(내)에서 생산제품의 기회비용(절대적 가치)으로 비교한다. 부연하면, 생산함수(관계식)에서 노동투입량은 수익체감의 법칙(the law of diminishing returns)에 의해 노동투입량이 증대될수록 노동의 한계생산물(MP_L)은 하락하는 경향을 나타내며, 기회비용(값)은 생산의 한계변환율(MRT_L: 생산가능영역의 기울기)로 계산된다. 따라서 생산제품의 노동비용(임금)은 생산제품의 가격(P_X)에 노동의 한계생산물(MP_L)을 곱한 값으로 산출되고, 임금은 노동의 한계생산물의 가치($VMP_L = P_X \times MP_L$)를 계산한 것이다. 비교우위론(리카도모형)에 따르면, 국제무역에서 거래 상품의 상대가치는 노동가치설에 근거하여 제품을 생산하기 위한 노동의 상대적 투입량(공

---

8) 노동생산성 = (단위노동투입량)$^{-1}$

급측면)에 의해 결정된다는 것이다. 예를 들면, 미국과 중국이 각각 반도체와 자동차 산업에서 생산비용(노동생산성)의 비교우위가 있다고 가정하면,[9] 미국에서 반도체 산업에 대한 특화 생산, 중국에서는 자동차 산업에 대한 특화 생산으로 양국간 국제무역에서 미국이 반도체를 중국에 대해 수출하고, 중국이 자동차를 미국에 대해 수출하면서 국제무역에 따른 이득이 발생할 수 있다. 부연하면, 미국이 중국에 비해 반도체와 자동차 산업의 생산비용을 기준으로 절대우위에 있다고 하더라도 비교우위가 있는 산업(미국＝반도체, 중국＝자동차)에 대한 생산과 수출로 양국은 국제무역에 따른 이득이 발생할 수 있다.[10] 따라서 국제무역에서 특화(전문화)의 패턴은 실질적으로 절대우위가 아니라 비교우위에 의해 영향을 받는다는 것이다. 부연하면, 비교우위론은 국제무역규모(양적인 결과)가 아닌 국제무역패턴(흐름)의 방향(질적인 결과)을 추정한 것이라고 평가할 수 있다. 국제무역에서 국가간 산업(분야)별 노동생산성 수준의 차이가 산업 간 국제무역패턴의 중요한 결정요인이기 때문에 상대적 생산성이 비교우위의 근거가 된다. 비교우위의 측정방법에서 단위노동비용은 제품 생산을 위한 국가별 최소비용이고, 임금(노동비용) 수준이 상대적 노동수요(요구량)를 통한 특화(전문화)의 패턴(관계)을 결정하는 요인이다. 비교우위론이 당시 영국 경제에도 영향을 미치면서 영국은 1846년에 보호무역주의에 근거한 곡물조례(Corn Laws, 1815년 제정)를 폐지하고, 자유무역주의에 입각한 대외무역정책을 채택했다. 영국의 곡물조례는 수입 옥수수에 대한 고관세 부과로 국내

---

9) 리카도모형: 영국과 포르투갈의 와인과 의류 산업에 대한 사례 비교분석
10) 절대우위론과 마찬가지로, 비교우위론은 국제무역국에서 거래당사국 모두 후생의 증가효과(플러스섬게임)가 나타날 수 있다는 점이다.

생산자(농민) 보호와 재정수입 증대를 위해 시행된 수입제한조치였다. 데이비드 리카도(영국 의원)의 자유무역주의 주장에도 불구하고, 장기간 곡물조례가 지속되었으나 영국에서 흉작과 아일랜드 기근이 겹치면서 농산물 수입개방이 필요하게 된 것이다.

그런데, 비교우위론이 실질적으로 국제무역패턴을 얼마나 잘 설명할 수 있는가? 비교우위론은 생산특화(공급측면)의 극단적인 가정과 사례를 예시하고 있기 때문에 현실적인 적합성 측면에서는 여전히 결함이 존재한다. 비교우위론은 무역시스템에서 중요시되는 소득재분배, 부존자원의 차이, 규모의 경제 등의 효과와 관점에서 충분히 고려하지 않았다는 논란의 여지가 있다. 그럼에도 불구하고, 헝가리 경제학자인 벨라 발라사(Bela Balassa)는 미국의 영국에 대한 수출비중을 미국의 영국에 대한 노동생산성(26개 제조업체 대상, 1951년 통계자료) 수준과 비교하여 비교우위론에 대하여 실증적으로 분석했다. 부연하면, 노동생산성(생산비용)과 수출실적과는 (+)비례 관계를 나타내면서 노동생산성이 높은 산업(기업)에서 수출실적이 비교적 크고 국제무역에서 비교우위가 있다는 것을 사실을 보여주고 있다. 그러나 벨라 발라사의 통계자료는 특정 연도와 국가를 대상으로 제한되었고, 그 실증분석을 일반화하기 어렵기 때문에 비교우위론의 국제무역패턴 설명에 대한 충분조건은 될 수 없다. 요컨대, 비교우위론은 국제무역의 원인과 결과에 대한 합리적인 핵심원리, 즉 노동생산성의 차이에 기준으로 한 비교우위가 국제무역패턴을 설명하는 요인이 된다는 것이다. 비교우위론에 의한 국제무역패턴은 노동력이 상대적으로 비효율적인 산업보다 효율적인 산업으로 이전되면서 국제무역의 특화(전문화)를 통한 무역패턴의 변화가 나타날 수 있다는 점을 시사하고 있다. 국제무역에서 노동생산성의 차이를 기준으로 제기된 비교우위론은 생산비용(단위노동투입량)의 비교(차이)에 의해 형성되는 산업 간 국제무역패턴(생산·공급 관점)을 설명하는 대표적인 국제무역이론이라고 할 수 있다.

(2) 요소부존론

요소부존론(the factor-proportions theory)은 국가 간 상품생산(비중)의 차이가 생산요소의 부존량(비중) 차이에 기인한다는 국제무역이론이다. 요소부존론은 엘리 헥셔(Eli Heckscher)의 '소득분배에 관한 무역의 효과'(1919)에 대한 논문과 헥셔의 제자였던 버틸 오린(Bertil Ohlin)의 저술, '지역간 국제무역'(1933)에 의해 제기되었기 때문에 헥셔·오린정리(Heckscher-Ohlin Theorem)로 불린다.11) 요소부존론(헥셔·오린정리)은 다른 생산요소(자본·토지)를 노동과 동등한 수준으로 취급한 신고전학파의 가정을 근간으로 비교우위론을 대체한 것이다.12) 스웨덴 스톡홀름학파(역사학파)인 엘리 헥셔(1879~1952)와 버틸 오린(1899~1979)은 요소부존(factor endowments/abundance)의 비교우위가 해외생산의 결정요인이며, 국제무역의 비교우위는 국가 간 자원과 생산기술의 상호작용에 의해 영향을 받는다고 주장했다. 요소부존론에서 국가 간 자

---

11) 엘리 헥셔는 국가 간 생산요소의 부존량 차이를 통한 국제무역의 구조와 패턴을 설명했으며, 1977년 노벨경제학상을 수상한 버틸 오린은 국제무역에서 생산요소(부존량)·집약도와 국제무역패턴 간의 관계를 설명하면서 국가 간 생산요소의 차이는 생산요소 가격과 기술수준을 의미하고 생산요소는 단위 산출물에 대한 투입분의 선택에 있다는 사실을 함수관계로 예시했다. 특히 규모의 경제는 상대적 비용과는 독립적인 요소이지만, 규모의 비경제효과가 발생하면 단위생산비용은 생산입지가 아니라 생산요소의 가격에 달려있다는 것이다.
12) 비교우위론은 국가 간 상대적 노동 요구량(수요)의 차이로 상품의 생산비용이 차이난다는 상대적 노동생산성의 형태(relative productive-type)를 특징으로 하는 국제무역이론이다.

원은 생산요소의 상대적 부존량, 생산기술은 상품을 생산하는 데 투입되는 생산요소의 상대적 집약도를 의미한다. 요소집약도(factor intensity)는 상품 생산에 투입된 생산요소의 결합비율을 의미하므로 노동집약도는 자본에 대한 노동의 투입비율, 자본집약도는 노동에 대한 자본의 투입비율로 각각 측정된다. 요소부존론에 의하면, 생산요소의 상대적 부존량의 차이로 인해 노동이 풍부한 국가에서는 노동집약적(labor intensive)인 상품, 자본이 풍부한 국가에서는 자본집약적(capital intensive)인 상품의 생산에 특화하는 것이 국제무역에 따른 이득을 극대할 수 있다. 요소부존론은 노동과 자본의 생산가능영역(곡선)이 다른 형태를 나타내며, 생산요소의 기회비용도 일정하지 않다고 가정하고 있다. 즉, 생산요소의 가격이 동일한 국가에서 제품의 단위생산비용이 동일한 경우 국가 간 상대적인 비교우위는 발생하지 않는다. 국가 간 생산요소의 상대적인 부존량(L/K)은 생산비용의 상대적인 차이가 발생하는 필요조건이며, 생산요소의 상대가격(w/r) 차이, 즉 생산에 투입된 노동과 자본의 기술적 한계대체율($MRTS_{LK}$) 차이를 유발하면서 국제무역이 발생한다는 것이다. 생산요소의 비율이 상품(소비재)에 대하여 동일하다면, 그 상품의 상대적 가격은 생산요소의 가격의 차이와 관계없이 모든 국가에서 동일하다. 요소부존론에 따르면, 생산요소의 부존량이 상대적으로 큰 국가에서는 그 생산요소의 집약도가 큰 산업의 상대적인 생산효율성으로 인해 생산품의 수출이 증가하는 경향이 있다는 것이다. 따라서 자본이 상대적으로 풍부한 국가는 자본집약적인 상품을 수출하고, 노동이 상대적으로 풍부한 국가는 노동집약적인 상품을 수출하게 된다. 예를 들면, 미국의 반도체 산업이 자본집약적이고 중국의 자동차 산업이 노동집약적이라고 가정하면, 자본이 상대적으로 풍부한 미국은 반도체, 노동이 상대적으로 풍부한 중국은 노동집약적인 자동차를 각각 생산하고, 미국의 반도체와 중국의 자동차 산업의 수출이 증가하는 국제무역패턴이 형성되면서 국제무역에 따른 이득이 발생할 수 있다는 것이다. 부연하면, 요소부존론은 생산요소의 부존량과 요소집약적인 상품의 수출실적과는 (+)상관관계가 있다는 것을 추정하고 있다. 요소부존론은 국가 간 요소부존의 차이에 따른 생산요소의 상대적인 가용성을 근간으로 국제무역패턴에 관하여 정립된 이론으로 평가되고 있다. 요컨대, 요소부존론은 생산요소의 상대적 비율차이(factor proportion-type: 생산가능영역의 형태)에 기반한 생산요소의 부존정도에 따라 생산과 수출의 특화(전문화) 패턴을 설명하는 국제무역이론이라고 할 수 있다.

요소부존론에 따르면, 수입상품과 경쟁해야 하는 산업에 투입된 생산요소 집약적인 산업에서는 국제무역에 따른 이득보다는 손실이 발생할 우려가 있다.[13] 그러나 절대우위모형(스미스)과 마찬가지로, 국제무역을 통해 소비 가능한 상품의 범위가 확대되면서 소비자의 후생이 증가되며, 근본적으로 경제의 선택(영역)이 확대됨에 따라 국제무역의 잠재적인 이득을 창출함으로써 비교우위론에서는 고찰하지 않았던 소득재분배 현상(효과)이 나타날 수 있다. 장기적인 관점에서 국제무역의 요소부존론에 따른 소득재분배 효과를 추정하면, 상대적으로 생산요소가 풍부한 국가에서는 국제무역에 따른 이득이 발생하지만, 생산요소가 빈약한 국가에서는 국제무역에 따른 손실이 발생할 가능성이 있다. 그러나 국제무역에 따른 손실을 이득으로 보상할 수 있기 때문에 국제

---

13) 요소부존론에 따르면, 상대적으로 생산요소가 풍부한 국가와 생산요소가 빈약한 국가에서는 그 생산요소를 투입한 생산량(공급)의 규모가 다르다.

무역에 따른 후생의 증가효과(플러스섬게임)가 나타날 수 있다. 노동이 풍부한 국가는 자본이 풍부한 국가에 비해 노동집약적인 산업에서 생산한 상품의 가격이 상대적으로 더 낮을 수밖에 없으므로 상품의 상대가격 격차로 인해 생산요소 가격(임금·이자)의 상대적 차이가 나타난다. 신고전학파의 국제무역이론에서는 생산요소의 한계생산성 체감의 법칙이 적용되고, 상품가격은 시장에서 결정하는 것(price−making)이 아닌 주어진 것(price−taking)으로 가정하고 있다. 따라서 국제무역으로 모든 국가에서 소비자의 상품선택의 기회가 확대된다고 신고전학파는 추정하고 있다. 새뮤얼슨(1971)이 제기한 특수요소모형(the specific factors model)은 소득재분배의 단기효과를 분석하면서 비교우위론이 설정한 노동 이외의 생산요소를 추가했다. 특수요소모형에 따르면, 노동은 산업 간 이동이 가능한 생산요소(mobile factor)[14]이지만, 노동 이외의 생산요소는 특정 상품의 생산에만 투입된다고 가정하고 있다. 국제무역에서 자본집약적인 상품에 대한 수입관세가 부과된다면, 국내 수입가격이 상승하고 자본비용(이자·임대료)이 상승하면서 자본의 국가 간 이동도 영향을 받을 수 있다. 그런데, 임금($w = MP_L \times P_X$)이 하락하면, 노동집약적인 산업에서 고용수요가 증가하는 경향이 나타난다. 따라서 노동은 이동 가능한 생산요소이기 때문에 고용은 저임금 산업에서 고임금 산업으로 이동하고, 임금 수준은 노동시장의 수요와 공급에 의해 결정되며, 생산요소가격은 균등화된다는 것이다. 그러나 비교가능한 생산품(노동집약적인 산업) 가격의 상승률에 비례하여 생산요소(노동)

---

14) 노동을 이동 가능한 생산요소로 가정한 것은 현실적으로 타당하지 않다. 오히려 단기적으로 자본이 이동가능성이 더 높으며, 노동이동의 자유를 허용한 경제통합체에서도 이민 제한 등으로 역내 노동이동이 실질적으로 제약받고 있다.

의 증가율도 비례적으로 변화하기 때문에 실질임금(w/P_X) 상승률의 변화는 없다. 부연하면, 가격수준의 변화가 물리적 총량에는 영향을 주지 않으므로 실질적인 효과가 없지만, 생산품의 상대가격(P_X/P_X^f) 변화[15]가 국제무역패턴과 후생수준에 영향을 미칠 수 있다는 것이다. 그러면, 특수요소모형에 의한 국제무역패턴은 어떻게 나타나는가? 국가 간 상대적인 수요의 차이가 없다고 가정하면, 노동집약적인 생산품(산업)의 상대가격이 상승하여 수출이 증가하지만, 노동 이외의 생산요소(자본·기술)에 상대적으로 더 투입한 생산품에 대한 소비가 증가하면서 수입이 증가하는 현상이 나타난다는 것이다.

그러면, 국제무역의 이득과 손실에 따른 사회적인 후생효과는 어떻게 변화하는가? 상대가격이 상승하여 수출(초과공급)이 증가하는 산업(수출지향 생산요소)에서는 국제무역에 따른 이득이 발생하지만, 상대가격 하락으로 수입이 증가하는 산업(수입대체 생산요소)에서는 국제무역에 따른 손실이 발생한다. 비교우위론과 다르게, 특수요소모형에서는 국제무역에 따른 이득을 모두 기대할 수 없기 때문에 플러스섬게임은 아니다.[16] 요소부존론의 소득재분배(자원배분) 효과를 상품의 상대가격을 기준으로 실증분석한 스톨퍼·새뮤얼슨정리(Stolper–Samuelson Theorem, 1941)에 따르면, 노동집약적인 상품의 상대가격이 상승할 경우 노동의 실질보수가 상승하고 자본의 실질보수가 감소하기 때문에 상품의 상대가격 변화가 생산요소 가격(임금·이자)의 변화를 유발한다. 예를 들면, 자본집약적인 수출품의 가격이 상승할 경우 이자·임대료 상승과 실질

---

15) the effect of changes in relative priced on the distribution of income
16) 국내생산을 초과하는 소비의 증가로 수입(초과수요)이 증가하면, 소비 선택의 증대로 인하여 국제무역에 따른 이득은 발생한다.

임금 하락으로 나타난다는 것이다. 즉, 생산에 집약적으로 투입된 보상 비율이 상품의 가격상승에 반영되면서 그 생산요소 투입분의 실질소득이 증가한다. 신고전학파의 국제무역이론의 발전적인 형태인 새뮤얼슨(1948) 의 요소가격균등화정리(the factor price equilibrium theorem)에 따르면, 모든 국가가 유사한 선호체계(homothetic preferences)를 형성할 경우 평균적으로 생산요소가 풍부한 상품을 수출하고 생산요소가 빈약한 상품을 수입하는 경향이 있다는 것이다. 요소가격균등화정리는 자유무역을 통한 생산요소에 대한 투입가격과 생산요소의 가격이 균등화된다는 이론이며, 요소부존론과 다르게, 생산요소(노동·자본)의 부존비율이 유사하고 무역장벽(관세, 수입쿼터 등 무역제한조치)과 자연장벽(운송비용 등)을 고려하지 않는다고 가정한다. 요소가격균등화정리에 따르면, 국제무역(장기적인 관점)에서 상품의 상대가격이 수렴하는 경향이 있으므로 생산요소의 상대가격의 차이도 수렴하며, 국내에서 생산한 상품이 소비되고 남는 부분은 해외에 수출하게 된다는 것이다.[17]

요소부존론에 대한 실증분석에서 미국(러시아계) 경제학자인 바실리 레온티에프(Wassily Leontief)[18]는 미국 무역실적(1947년 통계자료)에서 요소부존론이 미국의 수출패턴에 대한 설명으로 적합하지 않다는 레온티에프 역설(Leontief paradox, 1953)을 제기했다. 요소부존론에 따르면, 노동에 비해 자본(중간재)이 풍부한 미국에서는 자본집약적인 상

---

17) 요소가격균등화정리를 적용하면, 완전고용(기술의 수익불변 포함) 경제를 가정할 경우(Vanek's equation: net products=domestic production−domestic consumption) 생산요소의 순수출은 국내 생산(요소부존량)에서 소비(상대가격 동일)를 제외한 값이다(factor content of net products=factor content of domestic production−consumption).

18) 1973년 노벨경제학상을 수상한 바실리 레온티에프(1905~1999)는 산업연관효과를 분석하는 데 필요한 투입·산출표(input−output tables)를 개발했다.

품을 수출하고 노동집약적인 상품을 수입해야 하는데, 실제로는 자본
집약적인 상품의 수입실적이 수출실적을 상회하는 현상이 나타났다는
것이다. 부연하면, 국가별 산업구조에 대한 실증분석에서 요소부존론이
국제무역패턴을 설명하지 못하고 보편적인 국제무역이론으로 적합하지
않을 수 있다는 반증이다. 그러나 레온티에프 역설은 특정 국가와 연도
에 대한 통계자료이므로 요소부존론에 대한 반론으로 일반화하기가 어
렵다. 보웬 등(1987)은 실증분석(국가=27, 생산요소=12)에서 상대적으로
풍부한 생산요소에 의해 투입된 생산품의 순수출(무역수지 흑자) 가능성
(정도)을 분석했다. 분석결과, 요소부존론의 실증적인 부합비율은 61%
(요소부존론 설명력) 수준으로 나타났는데, 그 반대인 39%의 비중(레온티
에프 역설)을 고려하면, 요소부존론의 적합성(통계모델의 추정) 측면에서
국제무역의 보편적인 패턴에 대한 설명에는 여전히 한계가 있다. 특히
다국적기업의 해외생산 관점에서 국가간 요소부존량(규모) 등의 요인뿐
만 아니라 기술수준(기업), 신규설비 설치비용, 수출과 해외투자(현지진
출)의 선택대안에서 고려되는 생산·운송비용에 의해 요소부존론(효과)
이 실제로는 적합하지 않을 수 있다.

　　영국(폴란드계) 경제학자인 타데우츠 립진스키(Tadeuz Rybczynski,
1955)는 국가 간 자본·노동의 비율이 일정하다고 가정하면, 자본의 증
가는 자본집약적인 산업(분야)에서 산출물이 불균형적으로 증가하지만
노동집약적인 산업에서의 산출물은 감소한다는 립진스키정리(Rybczynski
theorem/effect)를 제시했다.[19] 립진스키정리는 산업 간 생산요소의 집
약도 수준이 일정할 경우 상품 가격이 변화하지 않고, 그 결과 생산요

---

19) 생산가능영역에 대한 자원의 편향적 확장효과는 국제무역에서 부존자원의 차이에
　　기인하며 생산요소의 상대적 비율(집약도)에 근거한 상품 생산의 효과를 의미한다.

소의 가격도 변화하지 않는다고 가정하고 있다. 립진스키정리에 의하면, 소규모 개방경제권에서 특정 생산요소의 부존량이 증가하면 그 생산요소에 집약적인 상품의 절대적인 생산량은 증가하지만, 다른 생산요소에 집약적인 상품의 절대적인 생산량은 감소한다는 것이다. 립진스키정리는 생산요소의 부존량 변화가 상품의 생산에 대한 영향을 분석한 것인데, 요소부존론과 마찬가지로 규모에 대한 수익불변 생산함수를 가정했기 때문에 국제무역에 대한 실제 적용의 가능성에는 한계가 존재한다. 캐나다 경제학자인 다니엘 트레플러(Daniel Trefler, 1995)는 국가 단위의 생산요소에 기반한 기술수준의 차이(국가=33, 1983년 통계자료)를 실증적으로 분석했다. 분석결과, 생산요소의 생산성과 생산비용의 (−)상관관계가 매우 높은 것으로 추정되었다. 즉, 국가 간 생산요소의 비중과 부존량이 일치하지 않더라도 기술수준에 의한 국가 간 차이(기술적 효율성 추정기준: 미국=1, 독일=0.78, 일본=0.7)가 실질적으로 크게 나타났다는 것이다. 부연하면, 기술수준의 차이가 무역통계(missing trade)[20]를 충분히 반영할 수 없다고 하더라도 국제무역패턴(생산요소의 방향성)을 추정하면서 요소부존량에 따른 생산요소(노동)의 거래형태의 차이가 요소부존론(예측)에서보다는 실제 국제무역거래에서는 적게 나타났다는 사실을 설명하고 있다. 국제무역에서 생산요소(노동·자본)의 부존량이 풍부한 국가 간 특화된 생산품의 거래량은 요소부존론에서 예측한 규모보다는 적게 나타날 가능성이 있다는 것이다.

---

20) missing trade: the ratio of the actual volume of factor content trade to the predicted volume of factor trade is missing

(3) 지역경제론

국가 간 소득격차를 설명한 가장 오래된 저술은 아담 스미스의 '국부론'(1776)이다. 국부론에서 아담 스미스는 "왜 국가 간 소득수준이 다른가?"에 관하여 경제성장의 관점에서 근본적인 질문을 던졌다. 그런데, 경제성장은 자원보유 수준, 성장잠재력(생산요소의 생산성), 경제정책 성과, 경제개방도(국제무역·금융여건), 경제구조의 취약성 등 다양한 요인에 기인한다. 미국 지리학자인 제러드 다이아몬드(Jared Diamond)의 지리이론(the geography theory)에 따르면, 환경(기후·토양), 질병, 지리적인 특성(접근성), 물리적인 환경 등이 경제성장에 유의적인 요인이라는 것이다. 그러나 미국 경제학자인 폴 크루그먼(Paul Krugman)[21]은 생산입지(공간)의 관점에서 지리적인 개념을 적용한 지역경제론(regional economics)을 주창했다. 지역경제론은 규모의 경제(economies of scale)와 내수시장효과(the home-market effects)에 근거한 국제무역이론이다. 크루그먼(1979)은 국제무역과 지역(지리) 연계성에 관한 경제지리(economic geography)의 개념을 정의하고 산업 내 무역패턴을 분석하면서 지리적인 집중모형, 산업화과정의 지역화현상(규모의 경제와 기술적인 파급효과) 등을 통해 지리경제학의 분야를 개척했다. 그런데, 경제지리에 대한 개념은 신고전학파 경제대가인 알프레드 마샬(Alfred Marshall)이 저술한 '경제학원리'(1890)의 지리적인 기업집단(geographical cluster)에서 유래

---

21) 국제경제학의 대가인 폴 크루그먼(1953년 2월 28일 뉴욕(Albany) 출생)은 '전략적 무역정책과 새로운 국제경제학'(1986), '증가하는 세계 무역: 원인과 결과'(1995) 등을 저술했고, 루디거 돈부시(Rudiger Dornbusch) 교수(MIT)의 지도로 경제학박사(1977)를 받은 케인즈학파로서 프린스턴대학교(2000~2015) 등에서 경제학과 교수를 역임했으며, 2008년 노벨경제학상을 수상했다.

한다. 기업집단은 물리적으로 서로 근접한 곳에 위치한 기업의 생산네트워크를 의미한다. 기업집단에 대한 접근방식에 관하여, 지역경제론은 기업의 생산네트워크 우위요소(지리적인 생산입지), 국제경영에서는 생산네트워크와 무역거래관계를 중요시하고 있다. 지리적인 기업집단은 부존자원으로 쉽게 설명할 수 없는 산업의 지역집중현상(산업지대)을 의미하며, 외부경제론(the theory of external economies)[22]은 지역적으로 집중화된 산업에서 유발된다. 부연하면, 산업의 지역집중현상(외부경제의 효과)으로 전문화된 기업(specialized suppliers), 노동시장 통합(labor market pooling), 지식의 파급효과(knowledge spillover effects) 등에 의해 기업집단의 효율성이 제고된다는 것이다. 외부경제론에서는 산업의 지역집중현상을 설명하기 위해 지리적인 기업집단의 개념을 적용했으며, 지역경제론은 외부경제론을 근간으로 경제지리의 개념과 논리를 확장한 것이다. 지역경제론에서는 규모에 따른 수익체증 생산함수를 전제조건으로 가정하고 있다. 따라서 단위 (평균)생산비용[23]이 개별기업 차원이 아닌 산업규모의 수준에서 규모의 외부경제(external economies of scale) 효과가 작동되면, 규모의 경제에서는 생산의 효율성이 제고될 수 있다는 것이다.[24] 예를 들면, 미국 캘리포니아지역의 실리콘밸리에 집

---

22) External (or Internal) economies of scale occur when the cost per unit depends on the size of the industry (or an individual firm) but not necessarily on the size of any one firm (or the industry), assumed as increasing returns.

23) There is a forward−falling supply curve, because the average cost of production falls as industry output rises.

24) 규모의 내부경제 효과가 작동되면 대규모 기업이 경쟁우위로 불완전 경쟁형태의 시장구조가 형성될 수 있으나, 규모의 외부경제에서는 불완전 경쟁형태가 아니라 완전경쟁형태에 근접하는 시장구조가 형성되는 경향이 있다. 후발기업 또는 유치산업의 생산증가에서 축적된 경험(우하향곡선 형태의 학습효과)에 대한

중된 정보기술(IT) 산업의 집중화현상은 지리적인 기업집단의 생산 효율성이 나타난 대표적인 사례라고 할 수 있다. 규모의 경제를 활용하기 위해 기업들은 시장규모를 확대할 수 있는 지역(국가)에 진출하는 경향으로 인해 소비 다변화를 통한 사회후생의 혜택(국제무역에 따른 이득)을 누릴 수 있다.

지역경제론의 국제무역의 구조와 패턴에 따르면, 대규모 경제권(내수시장 기준)에서 특정 제품(브랜드)의 전문화(차별)에 의해 내수시장효과가 나타난다는 것이다. 내수시장효과에서 제조상품의 기술적 우위가 존재하지 않아도 "왜 선진경제권(내수시장이 상대적으로 큰 국가)이 수출시장에서 고품질 제품의 비교우위를 형성하는지?"에 대한 설명근거가 되고 있다. 내수시장효과에 따르면, 선진경제권에서 시장규모에 의해 분할되는 기업의 수가 더 많아야 한다는 것을 의미한다. 그 결과, 선진경제권에서 그 산업의 생산제품의 수출이 수입보다는 많게 된다. 무역비용(trade costs)과 대체탄력성(elasticities of substitution)[25]을 기준으로 시장효과에 대한 실증분석(2004년 통계자료)에서 무역비용이 높고 상품(브랜드) 간의 대체탄력성이 낮은 산업에서는 수출보다는 내수시장에서 수요의 다양성을 확대하는 경향이 나타났다. 그러나 멜리츠(2003)는 기업 간 산업구조에 관한 산업 내 무역패턴(모형)을 제시하면서 기업의 차별화된 생산성과 이윤 수준에 관하여 분석했다. 부연하면, 생산성이 낮은 기업은 내수시장 위주로 매출이 가능하지만, 생산성이 높은

단위 생산비용은 경험이 부족한 상태에서의 생산비용보다 낮게 형성되는 생산경험의 비용효과는 동태적 수익체증 생산함수 형태로 설명된다는 것이다.

[25] It is measured by how much the relative demand for two products rise when their relative cost falls by 1 percent.

기업은 수출시장에 대한 매출도 가능한 무역패턴이 형성된다는 것이다. 따라서 생산성이 상대적으로 높은 기업은 고용 증대와 제품생산 증가로 매출이 늘기 때문에 수출실적의 분포는 대규모의 수출기업으로 집중화되는 경향을 보인다. 그런데, 내수시장효과(모형)는 해외직접투자이론의 다국적기업 투자형태와도 연계될 수 있다. 지역경제론의 해외투자의 생산입지에 관한 견해에 따르면, 지리적인 특성, 노동·운송비용, 시장규모 등의 변수에 의해 생산입지가 결정되며, 규모의 경제와 무역비용(운송) 간의 관계는 지역경제의 집중화 또는 분산화에 영향을 미친다는 것이다. 그러나 지역경제론의 지리적인 생산입지에 대한 견해는 기업 특유의 내부조직의 노하우(기술)와 암묵적 지식에 의한 자원기반의 우위요소론(정태적 견해)과는 구별된다. 지역경제론에서는 생산제품의 차별화 형태(브랜드 기준)를 유사한 품질의 수평적인 차별화 투자형태와 차별화된 품질의 수직적인 차별화 투자형태로 구분했다. 국제무역의 제품차별화론(the theory of product differentiation)은 에드워드 챔벌린(Edward Chamberlin)의 독점적 경쟁이론(the theory of monopolistic competition)에 근거한다. 독점적 경쟁이론은 기업 제품에 대한 수요(곡선)가 평균 생산비용을 초과한다면 이윤이 발생하므로 그 기업의 시장진입이 가능하고, 그 반대의 경우에는 손실이 발생하므로 시장퇴출이 나타나는 현상을 설명한 것이다. 그러나 모든 제조기업이 일시적으로 독점적 경쟁우위에 있더라도 시장에 진입한 기업들과의 경쟁으로 인해 그 경쟁우위(권한)가 제한받게 된다. 부연하면, 제조기업은 이윤을 극대화하기 위해 제품의 가격을 한계생산비용을 상회하는 수준으로 인상함으로써 영업이익(마진)이 발생하지만, 그 기업의 시장 진입비용과 리스크를 보전하는 데 그친다면 기업의 수익(이윤)은 제로 수준에 불과할 수 있다는 것이다.

산업 내 제품차별화에 관하여, 그루벨·로이드(1975)는 산업(분야) 간 무역보다는 산업 내 무역이 더 활발하게 나타난다고 주장하면서 산업 내 무역패턴(흐름)을 분석하기 위해 그루벨·로이드지수(GLI)[26]를 측정했다.[27] 그러나 크루그먼·헬프먼(1985)은 양국 간 무역(생산요소: 노동·자본)의 동종제품(homogeneous products) 거래에서는 산업 내 무역비중이 낮은 수준이나, 차별화된 제품(differentiated products) 거래에서는 산업 내 무역비중이 상승한다고 반론했다.[28] 경제협력개발기구 회원국(14개국) 대상으로 자본·노동 비율의 변화(회귀계수)를 관찰한 결과(헬프먼, 1987), 1인당 국민소득(분포)과 산업 내 무역비중에 대해 (−)상관관계가 나타난다고 추정했다. 부연하면, 규모의 경제는 기술과 집적(생산)의 결합으로 나타나는데, 특히 기술에 의한 규모의 경제(수익 불변 생산함수 가정)는 경쟁시장에서 무역구조와 소득재분배의 효과로 인해 국가 간 제품차별화에 따른 국제무역패턴의 특화현상이 나타난다는 것이다. 포터(1990)도 국제무역패턴 분석에서 집적(생산)의 경제는 국제무역의 비교우위에 중요한 역할을 한다고 강조했는데, 수익체증의 산업(대규모 경제권)에서 생산비용의 비교우위로 인해 제품수출의 국제무역에 따른 이득이 발생할 수 있다는 것이다.[29] 비교우위론에 따르면,

---

26) $GLI = 1 - [\,|\,\text{exports} - \text{imports}\,| \div |\,\text{exports} + \text{imports}\,|\,]$, $0(\text{inter} - \text{trade}) \leq GLI \leq 1(\text{intra} - \text{trade})$

27) 헬프먼(1981)은 산업 내 무역과 산업 간 무역이 공존하는지를 파악하기 위해 생산요소 비율에 따른 제품차별화(요소부존론과 제품차별화론의 결합)에 관하여 분석했다.

28) 크루그먼(1979)은 산업 내 무역에서 동일제품이 브랜드(생산기업)별로 어떻게 다르게 거래되는지를 보여주기 위해 차별화된 제품의 거래모형(동일산업 기준)을 구축했다.

29) 규모에 대한 수익체증 생산함수를 가정하면, 평균 생산비용이 하락하는 수입경쟁적인 분야에서는 국제무역에 따른 손실의 발생으로 보호무역주의가 유리할 수 있다.

생산요소의 생산성차이에 의해 국제무역패턴이 결정된다.30) 예를 들면, 단위 산출물에 요구되는 생산요소(노동)가 동일한 국제무역에서 거래당사자는 제품 수요에 요구되는 가격(수준)으로 경쟁하기 때문에 최저가격으로 수출하는 기업의 제품에 대한 무역거래가 증가할 가능성이 농후하다. 제품 간 대체탄력성이 동일한 선호체계를 가정하면, 평균 생산비용을 초과하는 수출제품 가격을 설정한 기업은 경쟁적인 시장에서 크루그먼·헬프먼(1985)이 제기한 무역패턴의 전문화뿐만 아니라 국제무역에 따른 이득을 창출할 수 있다. 그러나 외부경제의 효과를 고려하면, 국제무역에서 수출제품의 비교우위 또는 비교열위의 상태(생산비용 기준)는 경제규모, 기술수준 등에 의해 영향을 받을 수 있다. 제품차별화가 무역패턴(국가·산업)의 요인으로 인식되면, 국제무역에서 관찰되는 대부분의 변화는 거래제품의 품질보다는 범위(수량)의 변화를 의미하므로 국제무역(규모)의 변동은 제품의 범위가 상대적으로 다양한 국가들에서 상당한 무역이득이 발생할 가능성이 크다.

[4] 마샬·러너조건과 중력모형

신고전학파의 창설자인 알프레드 마샬(Alfred Marshall)과 미국(러시아계) 경제학자인 아바 러너(Abba Lerner)가 정립한 마샬·러너조건(Marshall – Lerner Condition)은 수출증대의 필요조건에 관한 국제무역이론이다. 마샬·러너조건에 따르면, 수출과 수입(물량 기준)이 실질환율에 대하여 탄력적이라고 가정할 경우 실질환율 상승(통화가치 하락)으로 경상수지가 개선된다는 것이다. 부연하면, 환율상승으로 수출상품의 가격

---

30) as in Rudiger Dornbusch, Stanley Fischer, and Paul Samuelson

하락(수출경쟁력 상승)에 따른 수출수요(물량) 증가효과가 수입상품의 가격상승(수입결제비용 증가)으로 인한 수입수요(물량) 감소효과를 상쇄한다면, 경상수지가 개선된다는 것이다. 함수 1 에서 경상수지(CA)가 개선되려면, 수출(EX)이 수입(IM)보다 많아야 하는데, 수출은 실질환율($E \times P^f / P$)과는 (+)비례 관계이고 수입은 실질환율과는 (−)반비례 관계이므로 실질환율에 대하여 수출수요의 탄력성(η^{ex})이 크거나 수입수요의 탄력성(η^{im})이 작으면, 경상수지는 개선되는 효과가 있다. 함수 2 에서는 수출수요의 상대가격탄력성(η^{ex})과 수입수요의 상대가격탄력성(η^{im})을 합산한 값이 1을 초과하면, 실질환율 상승으로 경상수지 흑자가 나타날 수 있다는 마샬·러너조건을 설명한 것이다. 마샬·러너조건은 경상수지가 균형상태이고(경상수지 = 0), 실질환율에 대하여 가처분소득(Y^d)이 일정한 수준을 유지한다고 가정하고 있다. 그러나 J − 커브 패턴효과에 따르면, 실질환율 상승은 단기적으로 경상수지를 오히려 악화시키며 경상수지의 개선효과는 시차를 두고 장기적으로 나타난다는 것이다. 실증분석 결과, 마샬·러너조건은 무역거래에서 수요의 가격탄력성이 크지 않기 때문에 단기적으로 적합하지 않을 수 있지만, 장기적으로는 수출과 수입의 동태적 패턴변화(조정)에 의해 충족될 가능성이 있다고 추정된다.

$$CA(E \times P^f / P, Y^d) = EX(E \times P^f / P) - IM(E \times P^f / P, Y^d) \quad \cdots \cdots \text{함수 1}$$

$$\eta^{ex} + \eta^{im} > 1 \quad \cdots\cdots\cdots\cdots\cdots\cdots\cdots\cdots\cdots\cdots\cdots\cdots\cdots\cdots\cdots\cdots \text{함수 2}$$

국제무역의 실물거래에서 나타난 실증분석의 결과, 중력모형(the gravity model)이 경제발전 수준(단계)이 상이한 국가 간 무역패턴과 시계열분석에서도 현실적인 적합성이 높게 나타났다. 중력모형은 산업 내 무역패턴(통계)의 경험적인 접근방식을 통해 영국 물리학자인 아이작 뉴턴(Isaac Newton)의 만유인력의 법칙(the law of universal gravity)을 준용한 국제무역이론이다.[31] 만유인력의 법칙은 물체의 끌어당기는 힘(중력)은 질량에 비례하고 거리의 제곱에 반비례한다는 물리학이론이다.[32] 중력모형에 따르면, 무역패턴에서 생산요소의 부존비율은 국가 간 다르다고 가정하고 국가 간 무역총량은 제품의 내수시장(규모)에 비례한다는 것이다. 다른 조건이 일정하다면,[33] 국가 간 무역규모(value of trade)는 무역상대국의 국내총생산에 비례하고 물리적인 (지역)거리에 반비례한다고 중력모형은 설명하고 있다. 무역규모의 결정요인(소득효과)에 관한 **함수 3**은 무역상대국의 무역규모(T_{ij})는 상수항(A), 무역상대국(i, j)의 국내총생산(Y_{ij})에 (+)비례 관계이지만, 국가간 거리(D_{ij})에 대해서는 (−)반비례 관계라는 것이다. 부연하면, 중력모형은 수출상품에 대한 수입국(j)의 수입수요가 증가해야 수출국(i)의 수입국(j)에 대한 수출규모가 증대될 수 있으므로 수입국의 국내총생산(국민소득과 구매력 수준)이 증가해야 수입수요가 증가할 수 있다는 국제무역이론이다. 중력모형의 물리적인 거리(변수)에 관하여, 수출을 위한 운송비용이 증가하면 수출규모는 위축될 수밖에 없는데, 수출상품의 운송거

---

31) 제임스 앤더슨(James Anderson)(1962)과 제프리 버그스트랜드(Jeffrey Bergstrand)(1979)는 틴버겐의 중력모형을 이론적으로 정립했다.

32) "The gravitational attraction between any two objects is proportional to the product of their masses and diminishes with distance."

33) *ceteris paribus*(= other things being equal)

리가 운송비용 증가에 영향을 미치므로 지역적인 거리가 수출실적의 제약요인이 될 수 있다. 따라서 중력모형은 국제무역의 증대요인에서 지역적인 거리보다는 소득수준(국내총생산)이 실질적으로 중요하다는 것을 의미한다. 지역적인 거리에서 큰 차이가 없는 국가별 수출실적이 크게 다른 근거를 중력모형으로 설명가능하다.

$$T_{ij} = A \times Y_{ij} / D_{ij}$$ ·· 함수 3

중력모형에 대한 실증분석에 의하면, 마샬-러너조건보다는 중력모형이 수출증대를 위한 필요조건으로 유효한 것으로 나타났다. 코로나위기 이전(2019년 통계자료), 미국의 주요 유럽연합(EU) 회원국(10대 무역상대국)에 대한 무역비중과 10대 무역상대국의 유럽연합에서 차지하는 국내총생산(GDP) 비중이 (+)비례 관계인 것으로 추정되었다. 예를 들면, 유럽연합 국내총생산의 20%를 차지하고 있는 독일에 대한 미국의 무역비중(EU 기준)은 24% 수준이었으나, 유럽연합 국내총생산의 3.2%로 비교적 소규모경제권인 스웨덴에 대한 미국의 무역비중은 2.3%에 불과한 것으로 나타났다. 그러나 현실적으로 중력모형도 국제무역패턴을 지속적으로 충분히 설명하지 못한다는 것이다. 지역적인 거리가 비교적 멀리 떨어진 국가들과의 무역규모가 지속되는 것은 국내총생산(소득수준)에 의해 영향을 받지만, 글로벌화의 진전과 인터넷 등 정보통신기술의 보급과 확대(전자상거래)로 국제무역의 지역적인 거리가 사실상 단축된 것이다. 중력모형은 요소부존론과는 본질적으로 다르지만, 중력모형은 제품차별화론에 확대 적용될 경우 전통적인 국제무역이론과 연계된다. 동일한 생산제품을 가정하는 요소부존론(접근방식)과는 다르게, 비교우위론 또는 지역경제론이 오히려 중력모형과 근접하는 접근방식이다. 특히 모든 산업(분야)에서 제품차별화 현상이 나타나는 극단적인 경우 무역패턴은 중력모형의 논리와 정확하게 일치한다는 것이다. 선진경제권(국가=14)에 대한 실증분석(1956~1981년 통계자료)에서 무역총량은 경제규모(GDP)의 유사성지수와 무역의존도(= 무역/GDP)에 비례하는 것으로 나타났다. 부연하면, 생산제품의 차별화 상황에서는 생산브랜드의 전문화에 따른 국가 간 무역패턴은 브랜드의 공급자와 수요자간의 패턴관계가 형성되기 때문에 생산브랜드에 대한 수요가 어떤 국가에서도 존재한다는 사실을 보여주고 있다.

2 무역통계

세계 전체적으로 국제무역이 증가추세를 나타낸 시기를 1840~ 1914년과 1970년 이후로 구분할 수 있다. 1914년 8월, 1차 세계대전이 발발하기 이전에는 영국에서 태동한 산업혁명의 영향으로 인해 미국에서도 경기호황이 나타나면서 유럽지역과 미국을 중심으로 국제무역의 물동량이 꾸준히 증가했다. 1840~1914년 기간, 세계 전체의 국내총생산(GDP)에 대한 수출총액(제조업 기준)의 비중은 1840년 5% 수준에서 1914년에는 15%에 근접하는 수준으로 상승한 것으로 추정된다. 철도, 증기선과 전신(전화)에 의한 국제무역과의 연계수단이 편리하게 보급되면서 세계 전체적으로 무역물동량이 증가하게 된 것이다. 그러나 1차·2차 세계대전이 발발하면서 1914~1945년 기간에는 경기침체(경제대공황)와 더불어 보호무역주의(protectionism)가 팽배하면서 국제무역은 위축되어 세계 전체의 국내총생산에 대한 수출총액 비중(글로벌화 측정지표)은 1840년 수준으로 회귀했다. 1945~1960년에는 2차 세계대전이 종식되고, 세계 전체적으로는 경기부양과 전후 복구사업 추진 등으로 국제무역(물동량 기준)도 점진적으로 회복되었다. 그러나 국제무역이 증가추세를 나타낸 시기는 1960년대 말 이후였고, 1차 세계대전 수준으로 국제무역이 본격적으로 증가한 시기는 1970년부터였다. 항공산업(제트기 운송)의 발달로 거리가 먼 지역에 대한 운송도 신속하게 처리되었고, 특히 인터넷의 보급이 확대되면서 국가 간 생산(공급)과 소비(수요)의 네트워크가 활발해진 현상이 국제무역 증대에 중요한 계기가 된 것으로 분석된다. 1980년대 이후에는 국제금융과 연계되어 국제무역이 증대하기 시작했으나, 글로벌 경제위기 등으로 인해 국제무역이 오히려 위축되기도 했다. 세계 전체의 국내총생산에 대한 수출총액 비중은 1970년 15% 수준에서 2000~2020년에는 평균 20~25% 수준에 달한 것으로 추정된다.

무역규모(총량 기준)는 상품과 서비스의 수출과 수입을 합산한 값이며, 세계 전체적으로는 수출물량과 수입물량이 산술적으로 동일하지만 국가와 산업 기준으로 상이하게 나타날 수밖에 없다. 중상주의 논지와 관계없이, 어떤 국가라도 수입보다는 수출을 증대하여 무역수지 적자보다는 흑자상태를 지향한다. 세계 최대 경제대국인 미국도 1970년대 중반부터 무역수지가 흑자가 적자로 전환되면서 무역수지 적자상태를 개선하기 위한 다각적인 조치(무역분쟁 등)를 취하고 있다. 수입으로 소비선택의 범위 확대를 통한 사회후생의 증가에도 불구하고, 수입이 경제성장에 대한 기여도(먼델·플레밍모형)를 제약하기 때문에 수입보다 수출의 경제성장 기여도(국내총생산에 대한 관계)를 중요시하고 있는 것이다. 세계 전체적으로 무역규모는 1980년대 이후 1990년대 중반을 정

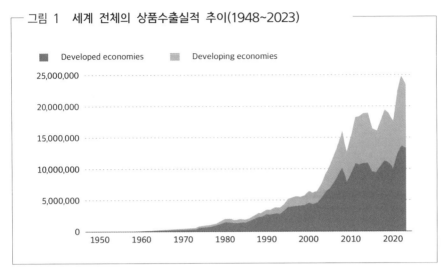

그림 1 세계 전체의 상품수출실적 추이(1948~2023)

■ Developed economies   ■ Developing economies

자료: UNCTAD Statistics.

점으로 증가했으나, 1990년대 후반 경제위기 등으로 위축되었고 2000
년대 이후에는 그 변동성이 확대되었다. 2000년대 초반에는 국제금융
시장의 유동성 증가로 인한 투자증대(자산 과잉투자) 등으로 국제무역도
활기를 띠었으나 2000년대 후반 글로벌 금융위기가 발생하면서 국제무
역과 국제금융 시장은 크게 동요되었다. 2010년대에도 국제무역은 위
축된 상태에서 회복되지 못한 가운데, 2010년대 중반부터 미국과 중국
의 무역분쟁 등으로 국제무역은 부진한 상태에서 탈피하지 못했다. 더
구나 2020~2021년에는 코로나위기(코로나바이러스 팬데믹현상)에 따른
사회경제적인 봉쇄조치(생산네트워크 단절) 등으로 국제무역은 크게 위
축되었고, 2022년 이후에도 무역규모는 침체된 상태를 유지하고 있는
상황이다. 세계무역기구(WTO)가 추계한 세계무역통계에 따르면, 경제
대공황 직전인 1928년의 세계 수출총액은 317억 달러였으며, 관세와
무역에 관한 협정(GATT) 체결 이후 국제무역 통계를 본격적으로 집계

하기 시작한 1955년의 세계 수출총액은 817억 달러 수준인 것으로 추정된다. 〈그림 1〉의 세계 전체의 상품수출실적 추이(1948~2023년 통계자료, 백만 달러 기준)에서 2023년 상품수출총액은 23조 7,835억 달러로 1955년 수출실적에 비해서도 290배에 달한 것으로 분석된다.[34] 지역별 상품수출실적(2023년 기준)을 비교하면, 세계 무역에서 유럽과 아시아 지역에 위치한 국가들의 상품수출실적이 압도적으로 높은 비중을 차지하고 있고, 국가별로는 아시아 지역에서는 중국, 유럽 지역에서는 독일, 북미 지역에서는 미국이 각각 최대 수출실적을 기록한 국가로 나타났다. 우리나라의 상품수출실적은 2023년 기준으로 아시아 지역에서는 일본 다음으로 3위, 세계 전체적으로는 프랑스 다음으로 8위를 기록했다.

---

34) 국내총생산 증가율과 무역증가율(상품 기준)의 실증분석(1990~2024년 통계자료)에서 (평균)무역증가율은 국내총생산 증가율과 비교하면, 1990년대 2.3배, 2000년대 1.5배, 2010~2020년대 0.9배 수준이다.

CHAPTER 02

무역거래의 조건과 방법

글로벌화는 본질적으로 상품의 수입(소비)과 수출(생산)의 무역거래로 나타난 현상이다. 글로벌화에 대한 개념에 대하여, 세계은행(World Bank)은 상품과 생산요소의 이동을 통한 무역통합으로 정의했고, 경제협력개발기구(OECD)는 시장의 구조, 기술과 커뮤니케이션의 패턴이 시간에 걸쳐 국제화되는 것이라고 정의했다. 그런데, 무역거래의 글로벌화 진전으로 1980년대 이후에는 세계 전체적으로 무역자유화 정책(조치)이 활발하게 취해졌다. 세계에서 가장 진전된 경제통합체인 유럽연합(EU)의 단일시장 창설의 이론적인 근거는 발라사(1966)의 무역자유화이론에 근거한다. 자원배분(할당)에 대한 관세인하의 효과에 관하여, 헝가리 경제학자인 벨라 발라사(Bela Balassa)는 선진경제권 간 제조상품의 거래에서 전문화가 산업 간 무역보다는 산업 내 무역에서 더 적절하게 관찰된다고 분석했다. 그러나 최종상품(소비재)와 중간재 거래에서 더 높은 수준의 제조(조립)과정으로 나타나는 국가 간 제품차별화 현상은 전통적인 국제무역이론에 의해 수입대체산업에서 수출지향산업 중심으로 자원배분의 재편과정(이전현상)이 반드시 수반되지는 않는다는 것이다. 수입대체산업화를 위한 무역정책은 비교열위(비효율성)의 국내 유치산업(생산)을 보호하기 위한 산업화전략(보호무역주의)으로 상품수입을 제한하는 경향이 있다. 그러나 제품차별화는 선진경제권에서 제품구성(생산측면)의 변화를 초래하고, 특히 환율이 국가 간 상대비용의 차이에 의해 대부분 결정되는 표준화된 제품에서는 관세 인하조치가 산업 간 자원배분의 이전현상으로 나타날 수 있다. 헬프먼·멜리츠·루빈스타인(2008)은 국제무역패턴(흐름)에 관하여 관찰하면서 무역통계의 무역집약도(intensive margins of trade)와 무역다양도(extensive margins of trade)를 구분하여 국가·산업 수준(country-industry level)과 기업 수준(firm-level)의 단계별 국제무역패턴의 효과(영향정도)를 추정했다. 분석대상 국가(158개국)의 기업 수출실적은 중력모형에 따른 수출비용보다는 수출기업(1단계)과 무역장애·촉진요인(2단계)의 영향을 받는다는 것이다. 부연하면, 무역집약도에 대한 무역상대방간의 거리(무역장애요인)의 영향은 일반적으로 추정(실질오차)되는 수출실적의 3분의 2 수준에 불과하며, 통화동맹(무역촉진요인)에 따른 무역창출효과가 더 중요하다는 것이다. 무역다양도에 의해 유발된 무역장애·촉진요인에 대한 무역민감도(이질성)[1]를 고려하지 않는다고 가정하면, 무역다양도의 효과가 무역상대국별로 상당히 다르기 때문에 그 추정편차는 국가별 경제발전 수준 등의 특성에 따라 실질적으로 다양하게 나타난다는 것이다.

무역거래의 패턴과 표준에 관하여, 무역거래의 조건과 방법은 무역관리, 무역거래의 분류, 조건과 국제규약, 운송계약과 자금결제 등 국제무역의 실무에 필요한 기준과 절차에 관한 것이다. 국제무역이론

---

1) 무역민감도가 이질적인 기업들은 평균 생산성(후생이득)이 무역자유화(관세인하)에 따라 변화한다는 것을 가정하고 있다.

을 근간으로 국제무역의 실무(조건과 방법), 국제무역체제(무역장벽, 국제무역기구, 경제통합체) 및 대외경제여건(변수)은 국제무역패턴의 실증분석을 위해 그 의미가 크다. 글로벌화 진전에도 불구하고, 국가간 무역분쟁이 수시로 발생하고 있는 상황에서 보호무역조치, 세계무역기구의 규준, 지역별 경제통합 등에 관하여 지속적으로 관찰할 필요가 있다.

1 무역거래의 패턴과 표준

국제무역패턴은 산업 간 무역(inter-industry trade)과 산업 내 무역(intra-industry trade)으로 구분하여 관찰할 수 있다. 국제무역의 유발동기는 기본적으로 상이한 산업구조에 기인하며, 자원통합, 협력전문화 등과 연계된 산업 간 보완성의 관점에서 국제무역이 발생한다는 것이다. 산업 간 무역에 관한 헥셔·오린·새뮤얼슨모형(Heckscher·Ohlin·Samulelson Model)에 따르면, 생산의 관점에서 생산요소가 상대적으로 풍부한 상품을 생산하여 수출하지만 생산요소가 빈약한 상품을 수입하는 국제무역패턴이 국제무역에 따른 이득을 가져올 수 있다는 것이다. 산업 내 무역에 관한 스테펀 린더(Stefan Linder)의 국가유사성이론(the country similarity theory)에 따르면, 수요의 관점에서 유사한 소득수준(선호체계 포함)과 기술수준에 있는 국가 간 상품(차별화된 산업구조)의 수출이 증대될 수 있다는 것이다. 해외진출의 선택대안에서 수출을 해외투자(라이선스 포함)와 비교하면, 해외투자는 제조와 판매 능력에 따른 기업수준의 비교우위(현지진출기업 관점)를 추구하는 형태이지만, 수출은 현지시장에 대한 국가수준의 비교우위(국가 관점)를 추구하는 형태라고 할 수 있다.

[1] 무역거래의 분류

무역거래자(대외무역법 2조 3항)는 수출 또는 수입을 하는 자, 외국의 수입자 또는 수출자로부터 위임을 받은 자, 수출과 수입을 위임하는 자 등 수출과 수입 행위의 전부 또는 일부를 위임하거나 행하는 자를 의미한다. 무역거래자(trade partner)는 무역업자(principal)와 무역대리업자(agent)로 구분된다. 우리나라는 2000년부터 무역업의 완전 자유화를 시행하면서 무역업 고유번호를 신청하면, 무역거래를 신고한 것으로 인정하여 무역업자로 등재(사업자등록)된다. 무역대리업자는 무역업자로부터 권한을 위임받아 무역업자의 대리인 역할을 수행하기 때문에 무역거래에 대한 법적 책임을 부담하지 않는 거래보조자의 역할을 담당한다. 대표적인 무역대리업자에는 수입대행업자(commission agent), 구매대리업자(buying agent) 등이 있다. 수입대행업자는 (해외)수출자를 대신하여 (국내)수입자에게 물품매도확약서(offer sheet)를 발행하고 시장정보 수집, 수요처 개발 등의 부대업무를 대행한다. 구매대리업자는 (해외)수입자를 대신하여 국내에서 수출상품의 구매(알선) 대행과 부대업무를 수행하는 해외 기업의 구매대리점(또는 지사)을 통해 무역거래를 수행한다. 일반적으로 역외금융기관[2]은 해외대리점(agency), 해외지사(subsidiary), 해외지점(branch) 등의 형태로 운영된다. 해외대리점은 대출과 자금이체를 주선하지만 예금을 취급하지 않으며, 해외지사는 투자대상국(host country)의 금융규제를 받지만 해외지점은 투자대상국뿐만 아니라 투자국(home country)의 금융규제도 받기 때문에 국가 간 규제차이(비대칭성)를 활용할 수 있다.

---

2) Offshore banking involves a tremendous volume of interbank deposits — roughly 80 percent of all Eurocurrency deposits.

무역거래의 형태는 대외무역관리규정(2조)에 의해 위탁 또는 수탁 판매무역(consignment trade), 위탁 또는 수탁 가공무역(processing/improvement trade), 임대 수출 또는 수입(rent trade), 연계무역(counter trade), 중계무역(intermediary trade) 등으로 구분된다. 위탁판매수출(대외무역관리규정 2조 4항)은 외환거래가 수반되지 않는 상품 등을 수출하여 해당 상품의 판매 대금결제계약에 의한 수출이다. 수탁판매수입(대외무역관리규정 2조 5항)은 외환거래가 수반되지 않는 상품 등을 수입하여 해당 상품의 판매 대금결제계약에 의한 수입이다. 위탁판매수출(수출자) 또는 수탁판매수입(수입자)을 통한 위탁 또는 수탁 거래는 수출자가 소유권을 이전하지 않고 자금부담과 판매위험을 부담해야 하므로 본지사 간의 거래에 제한적으로 활용된다. 위탁가공무역(대외무역관리규정 2조 6항)은 가공임을 지급하는 조건으로 해외에서 가공(제조, 조립, 재생, 개조 포함)할 원료를 거래상대방에게 수출하거나 해외에서 조달하여 이를 가공한 후 가공상품 등을 수입하거나 해외로 인도하는 형태다. 수탁가공무역(대외무역관리규정 2조 7항)은 외화가득액을 영수하기 위하여 원자재를 거래상대방의 위탁으로 수입하여 이를 가공한 후 위탁자(또는 그가 지정하는 자)에게 가공상품 등을 수출하는 형태다. 일반적으로 수출가공지역(EPZ)은 해외무역지역(FTZ), 특별경제지역(SEZ), 보세창고(BW), 자유무역항과 세관지역을 포괄하는 개념이다. 보세구역(BA)에 가공설비를 설치하여 원부자재를 가공하여 다시 외국으로 수출하는 보세가공무역(BPT)은 (수출)자유무역지역에서 관세면제의 특혜가 보장된다. 수출신고를 종료한 수출품과 수입신고 이전의 수입품을 보관하는 장소인 보세구역은 통관하고자 하는 상품을 일시적으로 보관하기 위한 장소인 보세창고와는 구별된다. 임대수출(대외무역관리규정 2조 8항)은 임대계약에 의하여 상품 등을 수출하여 일정기간 후 다시 수입하거나 그 기간의 만료 전 또는 만료 후 해당 상품의 소유권을 이전하는 수출형태다. 임대수입(대외무역관리규정 2조 9항)은 임차계약에 의하여 상품 등을 수입하여 일정기간 후 다시 수출하거나 그 기간의 만료 전 또는 만료 후 해당 상품의 소유권을 이전받는 수입형태다. 연계무역(대외무역관리규정 2조 10항)은 물물교환(barter trade), 구상무역(compensation trade), 대응구매(counter purchase), 제품환매(buy back) 등의 형태에 의하여 수출입이 연계되어 이루어지는 형태다. 일반적으로 연계무역(counter trade)은 외환이 부족하여 태환이 자유롭지 않거나 완제품 생산능력이 낙후된 후진국(체제전환국가)과의 교역을 위해 동일한 거래당사자 간 수출입을 연계하는 무역행위를 의미한다. 물물교환은 통화결제를 하지 않고 상품거래를 통한 무역방식이고, 구상무역은 거래상대방과의 합의된 결제통화로 수출입계약에 근거하여 무역대금의 상계처리를 통한 방식이며, 구상무역과 유사한 절충무역(offset trade)은 무역계약자에 대한 기술이전, 부품역수출 등의 반대급부조건으로 수입거래를 하는 무역형태다. 삼각구역(switch trade)은 제3의 무역거래자(무역상사)가 대응구매권을 매입하여 다른 기업에 재매도(대응구매 차익발생)하는 방식이며, 대응구매는 수출금액의 일정비율을 수입하는 별도의 상호구매계약을 체결하여 수출을 조건으로 수입을 허용하는 조건부 무역거래다. 제품환매는 수출자가 공급한 시설기재(시설, 기계, 장치, 부품 및 구성품), 기술 등에서 생산된 제품을 별도의 재구매(보상)계약에 근거한 거래형태다. 중계무역(대외무역관리규정 2조 11항)은 수출할 것을 목적으로 상품 등을 수입하여 관세법(154조)에 따른 보세구역, 관세법(156조)에 따른 보세구역외 장치의 허가를 받은 장소 또는 자유무역지역의 지정 등에 관한 법률(4조)에 따른 자유무역지역을 제외하고 국내에 반입하지 않고 수출하는 무역거래다. 중계무역 또는 통과무역(transit trade)은 수출상품의 제조과정에 관여하지 않고 외국에서 물품을 조달하여 제3국으로 수출하는 거래형태이며, 재수출을 전제로 별도의 수출입계약을 체결하여 상품을 수입하는 무역방식이다. 수출대금(수출금액)과 상품대금(공급자 지불) 간의 중계차익은 중계무역업자에게 귀속된다. 중계무역항 또는 자유무역항은 특별한 생산시설이 필요 없고 상품이 집산될 수 있는 장소로서 관세부과가 면제되지만, 수입국의 무역정책에 규제에 의해 중계무역이 제한받을 수 있다. 중계무역 이외의 제3국과 연결된 거래형태에는 중개무역 (merchandising trade), 전매무역(switch trade) 등이 있다. 중개무역은 수출입계약의 직접적인 당사자(수출자 또는 수입자)는 아니지만 무역거래를 알선하는 제3국의 중개업자를 통한 방식이며, 전매무역은 수입자가 수입상품을 제3국에 전매하기 위해 무역대금의 결제(무역계정)에서 제3국의 전매업자(switcher)가 개입하는 거래방식이다.

국제적으로 표준화된 무역거래의 수출입품목(상품)에 대한 분류기준은 UN관세협력이사회가 제정한 국제상품분류기준(HS)에 따른다. 국제상품분류기준 이전에는 UN경제사회이사회가 제정한 표준국제무역분류기준(SITC, 1950)과 브뤼셀관세품목분류(BTN)를 개칭한 UN관세협력이사회 품목분류기준(CCCN, 1955)의 이원화로 무역통계의 산출에 혼선이 발생했다. 이에 따라 도입된 신국제상품분류기준(New CCCN)에서는 최대 10단위 분류체계(1988년 도입)에 의해 부(6단위) - 류(2단위) - 호(2단위) - 소호(2단위)로 구성(표기)되어 있다. 부(21 section)는 상품을 기준으로 1부(01~05류)부터 21부(~97류)로 구분되고, 류(97 chapter)는 재질, 가공형태 및 용도를 기준으로 구분되며, 호(1,244 heading)는 품목번호, 소호(5,225 sub-heading)는 품목으로 분류된다.

[2] 무역관리

우리나라에서는 2000년대부터 국제무역에 제한이 철폐되어 무역업에 대한 허가제도가 폐지되고 신고(등록)제도로 전환되었다. 무역관리의 3대 기본법은 대외무역법(시행령·관리규정), 외국환거래법(시행령·거래규정) 및 관세법이다. 1986년 12월에 제정(산업통상자원부 무역정책과)된 대외무역법(1조)은 헌법 125조("국가는 대외무역을 육성하며, 이를 규제·조정할 수 있다.")에 근거하여 대외무역을 진흥하고 공정한 거래질서를 확립하여 국제수지의 균형과 통상의 확대를 도모함으로써 국민경제를 발전시키는 데 기여함을 목적으로 한 일반법이다. 우리나라는 수출진흥법(1962)과 무역거래법(1966) 제정 이후 1977년부터 수입자유화를 추진했으며, 1980년대에는 경제개방화정책으로 수출 관계법규를 통폐합했다. 대외무역법은 국제무역의 자유화(수입규제 제한), 무역에 관한 국제법규(협정) 준수, 불공정 무역행위 금지 등을 규정하고 있다. 1998년 9월에 제정(기획재정부 외환제도과)된 외국환거래법(1조)은 외국환거래와 그 밖의 대외거래의 자유를 보장하고 시장기능을 활성화하여 대외거래의 원활화 및 국제수지의 균형과 통화가치의 안정을 도모함으로써 국민경제의 건전한 발전에 기여함을 목적으로 한 일반법이다. 외국환거래법(법률 5550호)은 1990년대 들어 외국환거래의 자유화조치, 세계무역기구 출범(1995), 경제협력개발기구 가입(1996), 외국인투자촉진법 제정(1998) 등으로 경제개방이 확대되면서 외국환관리법(1961년 12월 제정, 1994년 폐지)을 대체한 것이다. 외국환거래법의 제정으로 수출입뿐만 아니라 외국인투자에 대한 관계당국(중앙은행)의 허가(승인)제도가 투자기업의 외국환은행(시중은행)에 대한 자발적인 신고제도로 변경됨으로써 무역과 해외투자의 자유화가 전반적으로 정착되기 시작한 계기가 되었다. 1994년 11월에 제정(기획재정부 관세제도과)된 관세법(1조)은 헌법 59조("조세의 종목과 세율은 법률로 정한다.")에 근거하여 관세의 부과·징수와 수출입상품의 통관을 적정하게 관리하고 관세수입을 확보함으로써 국민경제의 발전에 기여함을 목적으로 한 특례법이다. 관세법(법률 67호)은 조세법률주의에 기초하여 수출용 원재료에 대한 관세 등의 환급에 관한 내용을 규정하고 있다. 관세부과의 4대 과세요건은 과세물건, 납세의무자, 관세율 및 과세표준이다. 과세물건(관세법 14조)은 수입상품으로 제한하고, 과세물건의 확정시기(관세법 16조)는 수입신고 당시 상품의 성질과 수량에 따라 수입신고시점 부과를 원칙으로 한다. 납세의무자(관세법 19조 1항)는 관세를 납부할 법률상의 의무를 부담하는 자로서 납세책임자를 의미한다. 예를 들면, 수입신고를 한 상품인 경우에는 그 상품을 수입신고하는 화주(상품의 소유자)를 원칙으로 하며, 수입을 위탁받아 수입업체가 대행수입한 상품인 경우에는 그 상품의 수입을 위탁한자, 수입을 위탁받아 수입업체가 대행수입한 상품이 아닌 경우에는 상품수신인, 수입상품을 수입신고 이전에 양도하는 경우에는 그 양수인이 상품수입의 화주와 연대하여 해당 관세를 납부하여야 한다. 관세율은 백분율(종가세) 또는 수량 단위당 금액(종량세)으로 부과되며,3) 세율의 종류(관세법 49조)는 기본세율, 잠정세율, 대통령령 또는 기획재정부령으로 정하는 세율로 구분된다. 관세율 적용의 우선순위(관세법 50조)는 기본세율과 탄력세율보다 잠정세율을 우선하여

---

3) Specific tariffs are levied as a fixed charge for each unit of goods imported, while ad valorem tariffs are taxed that are levied as a fraction of the value of the imported goods.

적용한다. 다만, 관세에 관한 국제협상에 의해 대통령령으로 정한 양허세율은 기본세율 또는 잠정세율에 우선하여 적용한다. 과세표준(관세법 15조)은 과세물건(수입상품)의 가격 또는 수량으로 하며, 세액결정의 기준이 된다. 브뤼셀평가협약(BDV, 1950)에 의해 과세가격 평가(과세표준)에 대한 개념(정의)이 설정되었고, 신평가기준(NVC, 1979)에 의해 과세표준은 실증적인 가격기준에 의한 평가를 부과원칙으로 한다.

국가별로 국제무역을 관리하는 목적은 실제로 국제수지의 불균형 상태를 개선하는 것보다는 오히려 국내산업을 보호하고, 원료·자재의 원활한 수입을 통해 제품생산이 가능할 수 있도록 하는 데 있다. 그런데, 무역관리는 위험물질의 수입을 통제하여 국민의 보건위생과 치안을 유지하기 위해 시행되고 있다. 예를 들면, 국제사회에서는 대량살상무기(WMD) 확산방지, UN안전보장이사회(UN안보리) 결의 등으로 전략물자에 대한 수출입품목을 통제하고 있다. 우리나라에서도 전략물자 수출입고시와 수출입허가(신고)에 관한 전략물자관리시스템(전략물자관리원)이 수출통제를 위해 작동되고 있다. 무역거래의 대상이 되는 수출입품목에 대해 우리나라에서는 대외무역법에 근거하여 수출입공고, 통합공고, 전략물자수출입고시 등을 통해 수출입품목의 범위를 제한하고 있다. 수출입공고(대외무역법 11조)는 수출입품목을 종합적으로 관리하기 위해 수출입의 제한, 금지, 승인, 신고, 한정(절차) 등을 규정하고 개별적인 수출입품목에 대해 수출입이 제한되는지의 여부와 이에 따른 추천 또는 확인 사항 등에 관한 기준(기본공고)을 공시하고 있다. 우리나라는 관세와 무역에 관한 협정(GATT) 채택(1967) 이후 수출입품목 표시방법을 허용품목표시방식(positive list system)을 폐지하고, 제한품목표시방식(negative list system)을 채택하고 있다. 통합공고(대외무역법 12조)는 대외무역법 이외의 다른 법령(개별법)에 의해 규정된 해당상품의 수출입요령(요건·절차 등)을 규정하고 있다. 전략물자수출입고시(대외무역법 19조)는 무기를 제조할 수 있는 원료, 물품, 기술 등 전략물자에 대한 수출입통제를 지정하고 전략물자관리시스템을 통해 전략물자의 확인(수출·상황·중개 허가) 및 신고 등을 규정하고 있다.

(3) 무역거래의 조건과 국제규약

무역거래를 위해서는 무역계약(trade contract)을 체결해야 하는데, 무역계약은 수출자(공급자)와 수입자(수요자)의 매매거래에 관한 당사자 간 합의(불요식계약)에 의해 성립된다. 국제무역에서는 수출이행에 필요한 계약조건을 합의한 무역계약의 청약에 대하여 당사자가 최종적으로 승낙하면, 무역계약이 발효된다. 무역업자는 사업자등록(업태＝도매, 업종＝무역) 이후 무역업 고유번호 신청(한국무역협회), 수출입신고(관세청), 법인소득세 신고(국세청) 등 무역등록의 절차(무역시스템)를 이행할 필요가 있다. 무역계약은 일반적으로 상담(consulting), 청약(offer), 반대청약(counter offer, 필요시), 승낙(acceptance)의 절차를 거쳐 체결된다. 상담은 수출자와 수입자 간 무역이행에 필요한 계약조건을 협의하는 절차이고, 청약은 계약조건을 제시하는 것으로 판매청약(selling offer)과 구매청약(buying offer)으로 구분된다. 반대청약은 제시받은 계약조건 중의 일부를 변경하거나 새로운 조건을 추가한 수정안을 제시하는 것으로서 원 청약에 대한 거절을 의미한다. 승낙은 제시받은 계약조건에 대하여 동의하는 것으로 무역계약의 성립조건은 합의를 원칙으로 한다. 무역계약의 청약서(offer sheet)4)에 명시된 계약조건을 이행하면, 계약이 체결된 것으로 본다. 부연하면, 수출자가 제시한 청약을 접수한 수입자가 청약에 명시된 결제방식에 따라 대금을 송금하거나 신용장(L/C)을 개설하면, 별도의 승낙의사의 표시가 없더라도 수입자가 청약을 승낙한 것으로 인정하여 무역계약이 성립된다. 무역계약의 조건은 품질조건, 수량조건, 가격조건, 포장조건, 선적조건, 결제조건 등5)에 관한 것이다. 품질조건은 무역거래의 대상이 되는 상품의 품명, 규격, 모델번호 등에 관한 명시조건으로 국제표준화기구(ISO) 등에서 정한 조건을 표기하고 있으며, 수량조건은 거래대상 상품의 특성 또는 포장단위에 따라 표기하는 조건이다. 가격조건은 무역거래에서 발생하는 비용부담(할당), 책임한계와 위험의 범위(리스크 이전) 등을 고려하여 상품의 단가 또는 거래총액을 표기하는 조건으로 본선인도조건(FOB), 운임보험료포함인도조건(CIF) 등 무역거래조건의 해석에 관한 국제규칙(the International Rules for the Interpretation of Trade Terms)을 기준으로 한다. 포장조건은 상품의 특성, 수출자의 포장여건, 수입자의 판매방식 등을 고려한 포장재, 포장단위, 포장방식 등을 표기한 조건이며, 수출상품을 포장한 박스의 표면에 수입자의 상호, 포장화물의 일련번호, 제조장소(원산지) 등에 대한 포장내역도 표기되고 있다. 선적조건은 무역거래의 상품의 운송방법, 선적시기, 선적항, 도착항, 분할선적, 환적 허용여부 등의 선적내용을 표기한 조건이며, 운송계약증서인 선하증권(B/L)은 선적조건을 명기한 대표적인 운송서류다. 결제조건은 상

---

4) sales note, performa invoice, order confirmation/acknowledgement, purchase note/order

5) conditions on insurance terms and country of origin: conditions on description, item, commodity and article; quantity conditions; conditions on unit price and total amount; packing conditions; shipping conditions; payment conditions

품대금의 지급방식을 정한 조건으로서 신용장(L/C) 방식 등에 의한 자금결제가 대표적이다.

국제무역의 성립, 이행과 해석에 관한 준거법은 1980년 3월에 채택(1988년 1월 발효)된 국제상품매매계약에 관한 UN협약(the United Nations Convention on Contracts for the International Sale of Goods, 비엔나협약)에 따른다. 비엔나협약(Vienna Convention)에서는 무역계약에 관한 일반적인 원칙과 기준을 규정하고 있다. 2020년 기준으로 93개국이 가입(인준)했으나, 영국, 인도 등의 국가는 아직 가입하지 않은 상태다. 비엔나협약(한국: 2004년 체결, 2005년 3월 발효)은 무역계약의 성립, 이행과 해석에 관한 준거법으로서 의사표시와 승낙효력의 발생 시기는 도달주의를 원칙으로 규정하고 있으나, 격지자 간 승낙의 의사표시는 발신주의를 채택하고 있다. 비엔나협약은 4편, 101조로 구성(서비스거래 제외)되어 있는데, 1편은 기본원칙, 2편은 청약과 승낙, 3편은 매도인과 매수인의 의무, 계약위반과 계약해제 등 구제수단 및 위험이전, 4편은 협약의 효력발생, 비준과 유보사항에 관하여 규정하고 있다. 그런데, 무역업자(수출자·수입자)는 무역계약의 불이행에 따른 손해배상 청구권(trade claim)을 행사할 수 있다. 무역계약의 불이행에 대한 해결방안으로는 화해(compromise), 알선(intermediation), 조정(conciliation), 중재(arbitration), 소송(litigation) 등의 절차가 필요하다. 화해는 당사자 간 손해배상 청구권을 포기하는 것이고, 당사자 간 합의를 전제조건으로 한 알선과 조정은 각각 중재기관(상사중재원)과 조정인의 타협안을 수용하는 방식이다. 중재는 1959년 6월에 발효된 외국 중재판정의 승인 및 집행에 관한 UN협약(the United Nations Convention on the Recognition and Enforcement of Foreign Arbitral Awards, 뉴욕협약)에 근거하여 처리된다. 뉴욕협약(New York Convention)은 알선과 조정과는 다르게, 중재인 선정으로 판정함으로써 외국에서도 강제집행이 가능하며, 소송은 사법기관의 판결을 따른다.

무역계약에서 상품 가격결정에 관한 내용을 건별로 변경하는 것은 현실적으로 번거롭기 때문에 당사자 간 비용부담과 책임한계에 관한 무역거래 관습에 대한 표준화가 필요하다. 예를 들면, 무역거래에 따른 비용배분(allocation of costs), 수출상품 운송의 발생사고에 대한 위험부담(transfer of risks) 등에 관한 국제적인 규칙이 요구된다. 따라서 무역거래에 대한 국가 간 상관습의 해석차이 등으로 발생하는 분쟁과 오해를 불식하기 위해 국제상업회의소(ICC)는 무역거래조건의 해석에 관한 국제규칙(INCOTERMS)6)을 1936년에 제정했다. 인코텀즈는 무역거래의 분쟁요소 해소와 국제무역의 확대를 위해 거래조건의 사용과 해석에 관한 국제규칙의 표준화를 정립한 것이다. 인코텀즈는 무역계약에 의한 상품의 운송(인도)과 관련하여 무역업자의 비용배분과 위험부담의 의무를 규정한 국제규약이지만 민간단체가 주관한 단체협약(합의사항)이기 때문에 법적 구속력은 없다. 인코텀즈는 무역거래자간의 최소 의무만 규정하고 있는 일반규정이므로 특정한 상관습 등으로 발생하는 무역거래의 분쟁 또는 오해 해결(해소)을 위해 별도의 특별조항을 합의하여 추가적으로 명시할 필요가 있다. 유럽연합에서는 쉥겐협약(Schengen Treaty) 체결(1995) 이후 역내 국경통과(운송)에 대한 세관의 역할이 크게 위축되면서 인코텀즈가 국제무역의 거래에서 공식적으로 적용되기 시작했다. 그러나 미국에서는 전미무역협의회(NFTC)가 1941년에 제정

---

6) International Commercial Terms: Rules for the Use of Domestic and International Trade Terms

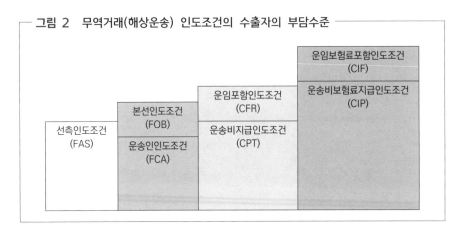

그림 2 무역거래(해상운송) 인도조건의 수출자의 부담수준

한 개정미국무역정의(RAFTD)의 분류기준에 따라 상품의 운송(인도)에 관한 거래조건[7]을 우선적으로 적용하고 있다.

　인코텀즈(INCOTERMS 2020)가 규정한 무역거래의 인도조건은 수출자(매도자)의 관점(입장)에서 무역업자간의 비용(charge)과 책임(responsibility) 부담의 분기점(인도장소)을 규정한 국제기준이다. 인코텀즈에서 규정하고 있는 무역거래의 인도조건은 모든 운송에 적용되는 작업장인도조건, 운송인인도조건, 운송비지급인도조건, 운송비보험료지급인도조건, 목적지인도조건, 도착지인도조건, 관세지급인도조건 등을 규정하고 있다. 특히 해상운송(내수로운송 포함)에만 적용되는 무역거래의 인도조건에는 선측인도조건, 본선인도조건, 운임포함인도조건, 운임보험료포함인도조건 등으로 구분되며, 〈그림 2〉의 무역거래(해상운송) 인도조건의 수출자의 부담수준에서 수출자의 부담수준이 조건별로 차등 적용된다. 작업장인도조건(EXW)은 국내 거래조건 수준으로 수출자에 대한 최소 수준의 의무가 부과되며, Ex Loco/Spot(유럽)[8]의 형태로 Ex Factory

---

7) EXW/FOB/FAS/CFR/CIF/DEQ

(공장), Ex Plantation(농장), Ex Warehouse(창고) 등이 대표적인 적용 사례라고 할 수 있다. 또한, 공장 또는 창고 등의 특정 지정장소에서 인도하는 조건인 Ex Loaded(적재장소)도 작업장인도조건의 변형조건이다. 운송인인도조건(FCA)은 수입자가 지정하는 운송인(또는 제3자)에게 수출자가 상품을 인도하는 조건이며, 수입자가 FCA Airport(항공운송인), FCA Terminal/Station(육상운송인) 등 운송인을 지정하여 표기한다. 운송인인도조건(인코텀즈 2020 개정)은 수입자가 본선적재 표기가 있는 선하증권(on Board B/L) 발행을 운송인에게 지시할 수 있다. 운송비지급인도조건(CPT)은 수출자의 지정된 운송인(또는 제3자)에게 합의한 장소에서 상품을 인도하고 운송비를 지급하는 조건이며, 운송비보험료지급인도조건(CIP)은 운송비지급인도조건(CPT)에서 보험료를 추가하여 지급하는 조건이다. 목적지인도조건(DAP)은 지정한 목적지에 도착한 운송수단에서 상품을 하역하지 않은 적재상태로 수입자에게 인도하는 조건이다. 도착지인도조건(DPU)은 지정된 목적지에 도착한 운송수단에서 상품을 하역한 후 수입자에게 인도하는 조건이며, 목적지인도조건 (DAP) 조건과 마찬가지로 수입통관을 하지 않은 상태다. 도착지인도조건(DPU)은 상품의 인도장소를 터미널을 포함한 모든 장소가 가능한 것으로 기존의 도착터미널인도조건(DAT)의 명칭을 변경(인코텀즈 2020 개정)한 것이다. 관세지급인도조건(DDP)은 수입통관된 상품을 지정된 목적지에서 수입자에게 인도하는 조건으로 수출자에 대한 최대 수준의 의무가 부과되며, 부가세제외인도조건(DDP VAT Excluded)도 그 변형조건이다. 선측인도조건(FAS)은 지정한 선적항에서 수입자가 지정한 수출항의 선측(선적부두)에서 상품을 인도(본선의 밖 적재)하는 조건이다. 선

---

8) FOB Origin/Ex Point of Origin(미국): FOB Factory(공장), FOB Cars(철도화차)

측은 지정된 선박항에 정박하고 있는 본선에 설치된 하역기계와 그 밖의 선적용구가 도달할 수 있는 장소를 의미한다. 본선인도조건(FOB)은 지정된 선적항에서 수입자가 지정한 본선에 적재하여 인도하는 운송인인도조건(FCA)의 대응조건이다. 개정미국무역정의(RAFTD 1990 개정)에서는 지정 수출지부터 운송인에 대한 운임지불과 지정 선적항 또는 목적지에 대한 인도조건(FOB Vessel)을 규정하고 있다. 운임포함인도조건(CFR)은 수출자가 수입자에 대한 위험부담의 이전기준을 상품이 목적항의 난간을 통과하는 시점으로 설정하고 있으며, 운송비지급인도조건(CPT)의 대응조건이다. 운임보험료포함인도조건(CIF)은 운임포함인도조건(CFR)에서 보험료를 추가하여 지급하는 조건이며, 운송비보험료지급인도조건(CIP)의 대응조건이다. 운임보험료포함인도조건(CIF)의 변형조건으로는 운임보험료 및 수수료포함 인도조건(CIF&C), 운임보험료 및 하역비용포함 인도조건(CIF&Landed) 등이 있다. 일반적으로 국제통화기금(IMF)의 국제수지계정에서 수출통계는 본선인도조건, 수입통계는 운임보험료포함인도조건에 의한 가격조건을 기준으로 무역실적(통계)을 산출하고 있다.

[4] 무역거래의 운송계약

국제무역의 대표적인 운송수단은 육상운송(철도·도로), 해상운송(선박), 항공운송(수송기) 등이다. 고대부터 철도와 도로의 건설로 인해 내륙(육상운송)에서 상품의 무역거래가 이루어졌으나, 지리적인 발굴·탐험과 산업화 진전 이후에는 내륙을 통한 물류(logistics) 이동의 제한과 대형품목의 운송한계 등에 대한 대안으로 해상운송이 발달하기 시작했다. 해상운송에서 해운종사자는 송하인(수출자), 수하인(수입자), 운송인(해운선사), 운송주선인 등으로 구분된다. 송하인(consignor)은 운송인과 운송계약을 체결하고 상품을 발송하는 역할을 하고, 수하인(consignee)은 상품의 수취인이며, 운송주선인(freight forwarder)은 운송업무의 주선 또는 대행 역할을 한다. 해상운송의 절차를 요약하면, 송하인은 선적신청서(S/R), 상업송장(상품명세서·대금청구서), 포장명세서 및 선적지시서(S/O), 운송인은 선하증권(B/L) 및 도착통지서(A/N)를 각각 발송하고, 수하인은 상품인도지시서(D/O), 선하증권 등 운송서류를 제시하고 수입상품을 인수함으로써 그 절차가 종료된다. 선박의 운항형태를 기준으로 정기선과 부정기선으로 구분하는데, 정기선(liner)은 선주(선박 소유자)와 화주(수출자 또는 수입자)가 체결한 해상운송계약의 운항스케줄에 따라 고정된 항로와 항만을 규칙적으로 운항하며, 부정기선(tramp)은 고정된 항로가 아닌 운항스케줄로 용선계약(charter)에 의해 운항한다. 정기선의 해상운송계약은 송하인의 신청에 의해 선주의 승낙(합의)으로 체결되는 법률상 불요식계약이다. 부정기선은 화주와 운송인이 체결한 용선계약에 의해 항해용선(voyage/trip charter), 기간용선(time charter), 나용선(bareboat/demise charter) 등으로 구분된다. 용선계약별 비용부담의 주체를 비교하면, 항해용선에서는 직접비용(임금·수리비·용품비), 간접비용(감가상각비·보험료·이자) 및 운항비용(용선료·연료비·하역비)을 선주(용선주)가 모두 부담하지만, 기간용선에서는 화주(용선자)가 운항비용만 부담한다.

해상운송의 대표적인 운송서류(또는 선적서류)[9]인 선하증권(B/L)은 해상운송계약에 의해 운송인(해운선사) 또는 운송주선인이 수출자에게

---

9) 상업송장(commercial invoice), 포장명세서(packing list) 등

발행하는 상품의 수취증권(위탁영수증, 상품인수증)이다. 중세 유럽에서는 상인단체인 한자동맹(Hanseatic League)의 결성으로 상품운송 금융지원 제도가 도입되고 대리인제도가 발달하기 시작했다. 유럽에서 해상법에 의한 선하증권법(the Bills of Lading Act)은 영국에서 1855년에 최초로 제정되었다.[10] 선하증권은 운송상품의 대표증권으로서 수출상품이 수입자에 인수되기 이전이라도 수출자의 상품선적으로 수출대금의 수령(수입자 지급)을 확보할 수 있는 권리증권(document of title)이다. 즉, 증권 인도에 의해 선하증권은 증권에 기재되어 있는 상품에 대한 지배기능(권리)이 이전되고, 상품운송의 소요비용과 판매수익 등 책임부담과 분배의 형식을 규정한 유가증권인 것이다. 선하증권은 상법상 요인증권(발행의 전제조건: 상품의 선적), 유통증권(배서 또는 인도에 의해 소유권 이전가능) 등의 특성을 지닌다. 선하증권(상법 853조)은 엄격한 요식행위가 아니므로 일부가 기재되지 않거나, 반대로 이외의 다른 사항이 기재되더라도 증권이 무효가 되는 것은 아니므로 선하증권의 본질 또는 강행규정에 반하지 않는다면, 임의적 사항에 대한 기재가 가능하다. 선하증권의 필수기재사항은 선박의 명칭·국적·톤수, 운송상품의 운임·종류·중량·용적·포장상태·외관상태, 수출자/수입자/운송인 성명·상호, 선적항·하역항, 선하증권의 발행일·발행지·발행통수에 관한 것이다.

해상운송의 해상사고에 대한 선주(선박의 소유자)와 화주(상품의 소유자)의 이해충돌 관계에서 선주(영국)가 발행한 선하증권의 제시조건(책임면제조항)을 화주(미국)가 반발하여 수용하지 않으려는 경향이 나타났다. 미국에서는 선주의 면책조항이 공공이익에 위배된다고 판결하면

---

10) 미국 선하증권법(1916)

서 하터법(Harter Act, 1893)을 제정하여 선주의 면책약관에 대한 한계조항을 규정했다. 하터법은 선주의 손해배상범위 제한불가(1조), 일방적 면책금지(2조), 선주의 정당한 면책과 감항능력 주의의무(3조) 등을 규정하고 있다. 감항능력(airworthiness)은 선주가 해상위험에 대하여 안정하게 항해할 수 있는 능력을 의미한다. 이에 대해 영국에서는 선주의 면책조항에 정당성을 인정하기 위해 영국해사법위원회가 주관하여 국제상업회의소(ICC)에 하터법에 대항하는 국제규칙의 제정을 제기했다. 선주의 반발을 반영하여 1924년 8월 25일, 벨기에(브뤼셀) 국제해양법협회에서 선하증권에 관한 국제협약(the International Convention for the Unification of Certain Rules of Law relating to Bill of Lading, 헤이그규칙(1921))이 채택[11]되었다. 그런데, 미국은 1936년에 해상화물운송법을 별도로 제정[12]하여 선하증권에 관한 국제협약을 인정하지 않고 있다. 헤이그규칙(Hague Rules)은 1968년 2월 23일, 스웨덴에서 채택(1977년 6월 발효)된 헤이그 · 비스비규칙(Hague · Visby Rules)으로 개정되어 선주 · 운송인의 책임(면제), 화주의 의무 등을 규정하고 있다. 따라서 선하증권의 운송약관에서는 하터법, 헤이그 · 비스비규칙 및 해상화물운송법이 공존하고 있는 상태이며,[13] 우리나라는 헤이그 · 비스비규칙을 준용하고 있다. 항공운송에 대해서는 국제항공사협회(IATA)의 약관(국제화물운송협약)으로 항공사(또는 운송대리점)에서 발행한 항공화물운송장(AWB)[14]에 출발지 · 도착지, 예정기항지, 적용 규약, 항공사의 책임 제한에 관한

---

11) 영국, 벨기에, 스페인 및 헝가리 비준(1931년 발효)
12) 발효시기: 미국/프랑스 1936년, 이탈리아 1938년, 독일 1939년
13) UN국제무역법위원회(UNCITRAL): UN해상화물운송협약(UN Convention on the Carriage of Goods by Sea), 함부르크규칙(Hamburg Rules) 제정(1978년 3월)
14) 원본 3장(운송인/수하인/송하인), 부본(Dummy Air Way Bill) 6장(원칙)

고지 등을 기재할 수 있다. 선하증권과 항공화물운송장을 비교하면, 선하증권은 선적 이후 해운선사가 발행하여 수하인을 표기하지 않는 양도성 유가증권이며, 항공화물운송장은 창고반입 이후 송하인(항공사)이 발행하여 수하인(기명표기)만 화물인수가 가능한 화물의 수령영수증이다. 항공운송에 관한 국제협약은 바르샤바협약(Warsaw Convention, 1929), 헤이그의정서(Hague Protocol, 1963), 몬트리올협정(Montreal Agreement, 1966) 등이다. 헤이그의정서는 바르샤바협약을 개정하여 여객운송에 대한 책임한도를 상향조정했는데, 우리나라는 1967년부터 헤이그의정서를 채택하고 있으나, 미국 등 주요국 항공사는 여객운송에 대하여 몬트리올협정을 채택하고 있는 상태다. 복합운송에 관한 국제협약은 국제상업회의소가 1975년에 제정한 복합운송증권에 관한 규칙(Uniform Rules for Combined Transport Document)이 적용되다가 1988년, UN무역개발협의회(UNCTAD)와 국제상업회의소가 공동으로 제정한 복합운송증권에 관한 개정규칙이 복합운송증권에 관한 규칙(URCTD)을 대체했다. 복합운송증권(CTD)은 일관운송계약(through transport)에 의해 발행되어 모든 운송구간(결합운송 형태)을 포괄하는 통과선하증권이다.

[5] 무역거래의 자금결제

무역거래에 따른 자금결제는 환어음(Bills of Exchange, Draft), 송금(Transfer), 추심(Collection), 신용장(L/C), 팩터링(Factoring), 포페이팅(Forfaiting) 등의 방식을 통해 이루어진다.

환어음은 채권자(발행인)가 채무자(지급인)에 대해 어음에 기재된 채권금액을 어음상의 권리자(지명인 또는 소지인)에게 무조건 지급할 것을 위탁하는 요식증권이며, 신용장방식 또는 추심방식에 적용된다. 환어음은 지급시기를 기준으로 일람불어음(Sight Bills/Draft)과 기한부어음(Usance Bills, Time Draft)으로 구분되며, 유통증권인 기한부어음은 다시 은행인수어음(banker's acceptance)과 기업인수어음(trade acceptance)으로 세분된다. 또한, 운송서류의 첨부유무를 기준으로 화환어음(Documentary Bills)과 무담보어음(Clean Bills)으로 구분된다. 환어음 효력에 관한 준거법은 행위지의 법을 원칙으로 하며, 우리나라는 발행(지) 관련 어음법을 적용하고, 미국은 지급(지)에 관한 어음법을 적용한다. 환어음에 관한 국제규약은 국제 환어음과 약속어음에 관한 UN협약(UN Convention on International Bills and International Promissory Notes, 1988), 추심에 관한 국제규칙(Uniform Rules for Collection, 1956) 등이다. 환어음의 필수기재사항은 환어음의 표시, 무조건 지급위탁문언, 지급인(drawee), 지급만기일(tenor) 표시, 지급지, 수취인(payee), 발행일(어음상 기재일자), 발행인(drawer)의 기명날인이다. 환어음의 발행인은 수출자, 지급인은 수입자(추심방식) 또는 신용장 개설은행(신용장방식), 수취인은 발행인 또는 발행인이 지정하는 제3자(신용장 매입은행)를 의미하며, 효력발생요건은 수출자의 거래외국환은행에 제출한 서명감에 등록된 환어음 발행인의 서명(기명날인)이다.

송금방식은 수입자가 (수입국)송금은행에 대금지급을 의뢰하면, (수출국)지급은행을 통해 수출자에 대해 채무대금을 송금하는 절차를 취한다. 송금시기(상품의 인도/수령)를 기준으로 사전송금(Cash With Order)과 사후송금(Cash After Delivery)으로 분류되고, 송금환은 송금수표(Demand Draft), 우편송금환(Mail Transfer), 전신송금환(Telegraphic Transfer) 등으로 분류된다. 일반적으로 전신송금환(T/T)은 외국환거래은행(correspondent bank) 금융통신체계(SWIFT, 1973)를 통해 취급되고 있으며, 실제 무역거래의 자금결제에서 일반적으로 활용되고 있는 방식이다. 추심방식은 은행의 지급확약 없이 당사자 간 매매계약에 의해 수출자가 화환추심어음 발행 후 수입자로부터 수출자금 회수로 지급요청하는 것이다. 추심에 관한 국제규칙(URC, 1995)은 7장 26조로 구성되어 환어음(개인어음) 제시, 지급, 인수(거절), 추심경과 통지 등에 관한 추심은행의 의무와 책임범위 등을 규정하고 있다. 수입자는 추심 환어음과 운송서류의 인수거절이 가능하고 추심완료 후 자금지급도 허용되므로 수입자의 입장에서 유리한 결제방식이나, 수출자의 입장에서는 수출자금 회수불능위험이 존재하므로 불리하다. (수출국)추심의뢰은행(remitting bank)과 (수입국)추심은행(collecting/presenting bank)은 수입자의 신용을 기반으로 자금지급의 책임을 부담하지 않는다. 추심방식은 결제형태에 따라 어음인수조건(D/A)과 어음지급조건(D/P)으로 분류된다. 어음인수조건은 수출자가 발행한 기한부환어음에 대해 수입자의 운송서류 인수만으로 자금지급을 약속하는 형태(부도위험 존재)이고, 어음지급조건은 수출자의 일람불어음 발행 후 추심은행의 수입자에 대한 어음제시(수입자의 거절가능) 후 운송서류가 인도되는 형태다.

국제상업회의소의 화환신용을 위한 관습과 규칙(Uniform Customs and Practices for Documentary Credit, 1933)에서는 신용장의 기본원리와 당사자간의 권리와 의무 조항을 규정하고 있다. 화환신용을 위한 관습과 규칙(UCP)은 전통적인 무역거래의 자금결제형태인 신용장방식의 준거법이다. UCP(2조)에서 신용장은 명칭과 구분에 관계없이, 취소불능 약정으로서 수출자의 신용장 제시조건과 일치하면, 신용장 개설은행이 자금결제의무(7조)를 부담한다는 약속을 의미한다. 따라서 신용장은 매매당사자(수입자)의 신용(수준)을 금융기관 수준으로 전환(격상)하여 무역거래의 자금결제를 원활하게 하는 역할을 한다. 2007년 7월부터 시행되고 있는 UCP 600(ICC Publication No.600)은 39조로 구성되어 있으며, 1~5조에서는 적용범위, 정의와 해석, 매매계약과 신용장과의 관계 등을 규정하고 있다. UCP와 별도로 신용장거래에 따르는 분쟁발생에서 제시서류의 적격여부를 판단하는 기준에는 국제표준은행관행(the International Standard Banking Practice for the Examination of Documents under Documentary Letter of Credit)이 적용된다. 매매계약과는 다른 신용장의 독립성(UCP 4조)에 의해 매매계약이 무효가 되더라도 개설 신용장은 유효하므로 수출이행을 보장하기 때문에 수출자는 신용장방식의 무역거래를 선호하는 경향이 있다. 또한, 신용장의 추상성(UCP 5조)에 의해 거래당사자는 상품이 아닌 서류로 무역거래를 판단하기 때문에 계약이행에 관한 판단문제가 발생하기 쉽다. 표준 신용장 양식(Standard Forms for Issuing of Documentary Credit)은 취소불능(irrevocable), 화환(documentary), 일람불(at sight), 매입(negotiation), 상환청구(with recourse), 확인(confirmed), 양도가능(transferable) 신용장(L/C)을 기준으로 발행된다. 신용장의 요건은 상품, 선적일자, 최종선적기일, 서류, 유효기한 등이다. 수출자(송하인)의 입장에서는 수출자금의 회수불능위험 제거(개설은행의 지급확약), 수출자금의 즉시회수 가능(선적완료 후 추심 전 매입), 무역금융 수혜(신용장 담보로 자금조달) 등의 측면에서 유리하며, 수입자(수하인)의 입장에서는 상품의 인수불능위험 제거(선하증권의 상환), 상품의 인수시기 예측가능(신용장의 최종선적기일 명시), 신용수준 격상(=신용장 개설은행) 등의 효용이 발생한다. (수입국)신용장 개설은행(open/issuing bank)은 수입자의 요청에 따라 신용장을 발행하고 수출자금의 지급을 확약하므로 신용장방식의 중추적 역할을 담당하며, (수출국)신용장 매입은행(negotiating/paying bank)[15]은 개설은행으로부터 수출자금 지급을 위탁받은 외국환거래은행으로서 수출자의 환어음(은행어음)을 매입(대금지급)하는 역할을 담당한다. 또한, 신용장방식은 수입국의 신용장 개설은행에 의해 발행된 수출신용장(Master L/C)을 근거로 수출용 부품 또는 제품 등을 공급하는 협력업체에 대해 국내 외국환은행이 내국신용장(Local L/C)을 개설하고 결제하는 후속절차도 수반된다.

팩터는 중세 이탈리아의 무역중개업자에서 유래한 용어로 수출 알선과 수출대금 지급보증 역할을 담당한다. 따라서 팩터링(factoring)은 제조업자의 상품 외상판매(외상매출매권의 매입) 또는 제조업자에 대한 상품대금의 지급보증을 위한 금융서비스를 의미한다.[16] 팩터링 절차에 따르면, 수출자가 수입자 신용조사(buyer credit analysis)를 (수출국)수출팩터(export factor)에 대한 의뢰 이후 수입팩터(import factor)의 신용조사 승인을 전제조건으로 수출팩터는 대출승인한도(credit line)를 설정하고 수출팩터링약정(Export Factoring Agreement) 체결을 통해 수출자에게 신용승인을 통보하면, 수출자의 수출상품 선적과 (포괄적)매출채권(운송서류) 양도, 수입팩터의 수출채권(운송서류) 양수(지급보증), 수입자의 대금지급, 수입팩터의 수출대금 회수(송금), 수출팩터(신용장 매입은행 역할)의 수출자에 대한 대금지급으로 종료된다. 한편, 포페이팅은 수출

---

15) accepting bank(기한부어음 인수), reimbursing/settling bank(매입은행에 대한 환어음 결제), deferred bank(연불수출거래 자금지급), advising/confirming bank(신용장 통지/환어음 추가확약)

16) International Factors Group(벨기에 1963), Factors Chain International(네덜란드 1968)

포페이팅약정(Export Forfaiting Agreement)에 의해 수출자(어음매입·할인 요청)가 발행한 기한부환어음(신용장 조건의 대상채권)의 매입(또는 할인)으로 중장기 연불거래를 지원하기 위한 금융서비스다.[17] (수출국)포페이터(forfaiter)는 수출자가 발행한 환어음을 매입(또는 할인, 신용장 매입은행 역할)하고 (수입국)보증은행(avaling/guaranteeing Bank)에 대해 환어음을 제시하며, (수입국)보증은행은 수입자를 위한 환어음의 지급보증(취소불능, 신용장 개설은행 역할), 환어음 송부(수출자), 환어음 제시(수입자)의 역할을 담당한다. 그러나 포페이팅은 팩터링과는 다르게, 수입국의 채무불이행 등의 사유로 수입자가 만기일에 수출대금을 상환하지 않더라도 환어음 매입대금의 상환청구(소구권)가 불가능한 방식이다.

2 국제무역체제

역사적으로 자유무역에 관한 이론적인 접근은 영국에서 아담 스미스, 데이비드 리카도 등의 고전경제학파로부터 비롯되었다. 1846년 영국 의회가 곡물조례를 폐지하면서 자유무역주의가 공식적으로 정부의 경제정책으로 채택되었다. 영국의 곡물조례는 외국으로부터 곡물 수입을 제한하기 위해 높은 수입관세율을 부과하던 조치로서 영국의 곡물 생산자를 보호하고 정부의 재정수입을 증대시킬 목적으로 도입되었다. 그러나 1820년대 이후 영국의 농산물 흉작과 아일랜드의 기근과 겹치면서 오랜 기간에 걸친 논쟁의 결과, 영국 의회에서 마침내 농산물 수입제한을 철폐한 것이다. 1990년대 초반에는 1·2차 세계대전과 경제

---

17) International Forfaiting Association(스위스 1999)

그림 3 미국의 (평균)수입관세율 추이

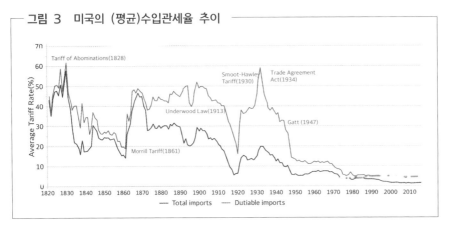

자료: US Department of Commerce.

대공황의 여파로 경기침체가 지속되었는데, 특히 미국의 스무트·홀리
법(1930)에 의한 무역규제(조치)가 자유무역주의에 대한 또 다른 장애요
인이 되었다. 당시 미국 정부(의회)는 국내 산업(생산자) 보호와 소비 진
작, 실업 억제를 위해 스무트·홀리법을 의결하면서 수입관세율을 대폭
인상한 것이다. 경제대공황으로 극심한 경기침체가 지속된 가운데, 선
진경제권(유럽지역)은 무역수지 적자문제를 완화하기 위해 보호무역주
의를 강화한 상태였으며, 스무트·홀리법은 당시 국제적인 경제체제와
무역패턴(정책)에 상당한 영향을 미친 것으로 추정된다. 〈그림 3〉의 미
국의 (평균)수입관세율 추이에서 미국의 평균 수입관세율은 1820~
1930년 최저 20%, 최고 60% 수준에서 상당한 변동성을 나타냈으나,
1940년대 이후에는 미국의 대외무역법 제정(1934), 브레튼우즈협정 체
결(1944) 등으로 수입관세율이 급격한 인하추세를 보였고, 1970년대
이후에는 국제적인 무역규모가 증가추세로 나타내면서 10% 미만 수준
으로 크게 낮아진 상태다.

자유무역주의를 지향하는 국제무역이론과는 다르게, 국가별 경제기초여건(펀더멘털), 거시경제상황, 산업무역정책 등이 다르기 때문에 국제무역패턴은 자유무역주의보다는 국가별 보호무역주의에 의한 무역분쟁 사례가 빈번하게 발생하고 있다. 예를 들면, 2016년부터 본격화된 미국과 중국의 수입관세 인상과 지식재산권 보호를 위한 수입제한조치 등이 그것이다. 무역분쟁으로 나타나는 직접적인 결과는 국제무역이 위축되면서 무역의존도가 높은 국가에서는 경제성장에 부정적인 영향을 미치면서 경제적인 타격을 주고 있다는 점이다. 따라서 각국이 시행하고 있는 관세 및 비관세무역장벽 등에 관한 기본적인 개념과 경제적인 영향(비용편익 분석에 의한 사회적인 후생효과 추정)을 고려할 필요가 있다. 또한, 무역규제의 철폐 또는 완화를 위해 자유무역주의를 지향하면서 추진된 관세와 무역에 관한 협정(GATT), 세계무역기구(WTO) 등의 국제무역기구에 관하여 역사적 관점에서 그 추진경과를 통해 국제무역 전반에 걸친 대외경제여건을 살펴볼 필요가 있다. 자유무역주의를 글로벌 차원에서 광범위하게 추진하기 어려운 실정을 감안하여 지역별 무역블록(경제통합체) 형성을 통한 지역무역협정 체결 등 자유무역의 단계적인 실행사례도 국제무역체제를 이해하는 데 중요하다.

(1) 무역규제

무역규제로 인해 국제무역이 위축되는 현상을 흔히 관찰할 수 있다. 아담 스미스는 무역의 완전 자유화 허용, 외국에 대한 상품의 수출과 수입에 대한 제한 폐지 등을 주장하면서 자유무역주의를 옹호했다. 국제무역은 본질적으로 자유무역주의를 지향하고 있으나, 국가별로 자국의 산업보호 등의 이유로 보호무역주의적인 무역정책(조치)을 시행한다. 극단적인 사례로서는 수출금지(export ban), 수출입항금지(export embargo), 경제제재(economic sanctions) 등이 있다. 수출금지는 국가안보 차원에서 상품수출을 제한하여 국내 상품의 공급확보와 물가안정을 위해 도입한 조치이며, 수출입항금지는 국제무역의 해상운송수단을 항구에서 원천적으로 차단하여 물동량 거래를 금지하는 무역통제 조치를 의미한다. 경제제재는 테러국 정부, 기업과 기관 등에 대한 국외 자산 동결과 금융규제 등을 포괄하는 강력한 무역보복 조치나. 대표적인 사례는 이란의 핵확산금지조약(NPT) 탈퇴, 러시아의 우크라이나(동부지역) 침공 등에 대한 미국과 유럽연합의 경제제재다. 국제무역에서 일방적인 무역정책보다는 상호협정(협상 또는 합의 기반)에 의한 수입관세 인하조치가 일반적으로 시행된 이유는 상호협정이 자유무역주의를 지지하는 역할을 하고, 소모적인 무역전쟁을 회피할 수 있기 때문이다. 브레튼우즈체제에 의해 1944년에 구축(1948년 발효)된 관세와 무역에 관한 협정(GATT)이 50년간 국제무역정책에서 주도적인 역할을 담당했고, 1995년에는 세계무역기구(WTO)로 대체되었다. 세계무역기구는 1994년의 우루과이라운드 협상에 의해 출범한 대표적인 국제무역기구라고 할 수 있다.

무역규제의 대표적인 정책수단은 관세(Tariffs, Customs Duty)와 비관세무역장벽(NTBs)으로 구분된다. 관세는 국경선을 통과하는 수출입 물품에 부과하는 조세이며 국세다. 관세는 과세의 기회기준(부과시점)에 의해 수입세(import tax), 수출세(export tax), 통과세(transit tax) 등으로 분류되고, 과세의 목적에 의해 재정관세(revenue tariff)와 보호관세(protective tariff)로 분류되며, 과세의 성격(관세법 49조, 50조)에 의해 기본관세, 잠정관세 및 탄력관세로 분류된다. 기본관세와 잠정관세는 의회 의결(승인)이 요구되며, 탄력관세는 정부의 결정(법률 제정)으로 부과된다. 우리나라에서 규정한 관세부과 순위(기준)에 따르면, 협정관세(conventional tariff, 특혜관세(preferential tariff) 포함)를 국정관세(national tariff)보다 우선 적용한다. 과세의 방법에 의해 종가세(ad valorem duty), 종량세(specific duty), 선택세(selective duty), 복합세(compound duty), 혼합관세(combined duty) 등으로 각각 분류된다. 종량세는 수입상품의 단위당 물량(수량·중량 기준)에 부과하는 고정과세(역진적 성향)이고, 종가세는 수입상품의 가격을 기준으로 부과하는 변동과세이며, 선택세는 종가세(시세 상승시 고가품)과 종량세(시세 하락시 저가품) 중에서 높은 세율을 적용한다.

일반적으로 상품에 대한 수입관세는 수입경쟁으로 수입가격 하락에 따른 국내산업(생산자)의 보호 목적으로 부과된다. 수입관세 부과는 관세부과 이전의 상품가격에 비해 수입(상대)가격을 상승시켜 그 상품의 국내소비가 감소하면서 무역수지(교역조건)는 개선되는 효과가 있다. 그러나 국내 상품공급을 확보하고 주요 자원과 제품의 해외유출을 억제하기 위해 부과되는 수출세는 수출가격 상승으로 교역조건(상품의 가격교환비율)[18]을 악화하는 효과가 나타난다. 수입관세 부과에 따른 비용편익 분석에서 관세부과로 인한 소비자잉여의 감소분(CL)을 생산자잉여의 증가분(PG)과 관세수입의 증가분(GR)을 비교하여 관세부과의 후생효과를 측정할 수 있다. 소비자잉여는 상품매수에 따른 소비자의 만족도(매수의향)에서 구매금액(지급)을 차감한 소비자 이득(consumer gains)으로 측정된다. 생산자잉여는 상품매도에 따른 생산자의 매출금

18) 수출상품의 가격(P^f)을 수입상품의 가격(P)으로 나눈 값($= P^f/P$)

액(수입)에서 생산비용(지출)을 차감한 생산자 이득(producer gains)으로 측정된다. **함수 4** 에서 관세부과에 따른 후생효과(비용)를 계산하면, 상품의 가격상승에 따른 소비자잉여의 감소분과 생산자잉여의 증가분의 차이에서 발생한 순손실(삼각 형태)에서 정부의 관세수입에 따른 순이익(사각 형태)을 차감한 값으로 산출된다. 즉, 수입관세의 부과가 소비와 생산에 대한 왜곡현상으로 발생하는 효율성의 손실과 수입관세가 수출상품의 상대가격 상승에 따른 교역조건 개선(terms of trade gains)의 차이에 대한 비교분석에서 관세부과의 후생효과를 분석할 수 있다. 교역조건의 개선은 단위수출가격에 비해 더 많은 수입상품을 소비할 수 있으므로 후생수준을 개선하는 효과가 있다. 부연하면, 수입관세 부과 이후 소비에 대한 왜곡손실은 국내 상품에 대한 과소소비, 생산에 따른 왜곡손실은 과다생산 현상에 기인한다. 수입관세 인상에 관한 대표적인 사례는 스무트·홀리법(Smoot·Hawley Act) 제정(1930)으로 미국이 수입관세를 갑자기 인상하면서 미국의 무역규모는 급격히 위축되었다.

$$welfare \ Effect \ of \ Tariff \ = CL - PG - GR$$ ················ **함수 4**

　　무역규제의 정책수단으로 생산자잉여는 증가하지만 소비자잉여의 감소 등으로 총체적인 후생효과는 감소하는 것으로 추정된다. 비관세무역장벽은 수입할당(import quotas), 수출제한조치(export restraints), 원산지규정(rules of origin), 수출상품의 생산보조금(production subsidies), 수출보조금(export subsidies), 정부조달(government procurement), 보건·안전·환경 기준 등의 무역절차규제(red-tape barriers) 등이 대표적인 정책수단이다. 수입할당과 수출제한은 각각 수입상품과 수출상품의 물량을 제한하는 조치이며, 수입상대방(국가)의 요청에 의해 수출국가가 수출 제한조치를 취한다. 비관세무역장벽에서 수입할당은 직접적인 수입제한(공급부족 현상)으로 수입상품의 국내가격을 인상하는 효과가 있으며, 수입관세와 다르게, 관세부과에 따른 정부의 재정수입(이득)이 없다. 특히 수입라이선스 보유자가 수입상품을 수입(매수)하고, 국내 시장에서 더 높은 가격으로 재매도하여 발생하는 이윤을 할당지대(quota rents)라고 한다. 따라서 수입할당의 비용편익 분석에서는 할당지대를 취득하는 주체를 결정하는 것이 중요한데, 국내 시장에서는 그 지대의 매출권이 일반적으로 수출국 정부에 배정되지만 해외(외국 정부)로 그 매출권이 이전되는 경우에는 동등한 조건의 수입관세보다는 실질적으로 더 높은 할당비용(수입가격)을 지불하게 된다. 수입할당의 대표적인 사례는 수입관세 인상과 수입할당 조치를 시행한 유치산업보호론이다. 수입할당의 변형조치인 수출자율규제(VER)는 수출국에서 시행한 무역규제조치로 자율규제협정(VRA)으로 불리며, 다자자율규제협정(MVRA)을 정상시장협정(OMA)이라고 한다. 무역분쟁에 따른 리스크부담과 일방적인 무역규제조치보다 무역당사자국의 정부간 협상으로 시행되는 수출자율규제는 일반적으로 수입국 정부의 요청에 의해 수출국의 자발적인 수출제한조치로 시행된다. 수출자율규제의 대표적인 사례로서 미국의 요구에 의한 일본산 자동차의 수출자율규제(1981~1985) 조치로 미국(소비자)에 대한 효율성 손실보다는 일본(생산자)에 대한 (지대)이전소득 효과가 나타난 것으로 분석된다. 자율규제협정의 대표적인 사례는 2005년 이전에 22개국을 대상으로 섬유산업의 수출을 제한했던 다자섬유협정(MFA)인데, 세계무역기구가 무역기준을 변경하면서 수출자율규제는 더 이상 허용되지 않고 있다. 다자섬유협정(1974~2004)은 섬유산업의 무역자유화(수출규제 철폐)를 위해 GATT에 의해 체결되었나. 수출자율규제는 수입면허가 외국 정부에 배정되는 수입할당과 유사하기 때문에 수입을 제한하는 수입관세(동등 수입금액 기준)보다 수입국의 수입비용이 더 상승하는 효과가 발생한다. 다만, 관세에 의한 재정수입과 자율적인 수출제한에 의한 외국인 지대수입의 차이로 인해 수출자율규제는 수입국에 대해 순손실(총체적인 후생효과 감소)을 유발한다는 것이다. 원산시규정은 최종 상품을 생산하는 데 소요되는 특정 부품의 국내 생산(부가가치의 최저 생산비중 기준)을 요구하는 무역규제조치로 현지조달비중(LCR)에 대한 기준을 제시하고 있다. 수입할당과 마찬가지로 국내 산업을 보호하기 위한 현지조달비중은 상품수입을 엄격하게 제한하지 않지만, 부품의 공급이 증가한다면 오히려 수입의 증가를 허용하게 되는 효과가 나타난다. 생산에 투입되는 부품의 실효적인 가격 수준은 수입상품과 국내 생산부품의 평균가격이다. 현지조달비중은 재정수입 또는 할당지대와 관계없이, 상품의 국가간 가격차이는 최종가격에서 평균화되고 소비자에게 전가된다. 현지조달비중의 대표적인 사례는 자유무역협정(FTA)에서 논의되고 있는 원산지규정이다. 예를 들면, 2020년에 재협상된 미국멕시코캐나다협정(USMCA)에서는 자동차에 대한 현지조달비중을 62.5%에서 75%로 상향조정했다.

수출상품의 생산보조금은 국내 생산에 대한 생산보조금과 수출상품에 대한 수출보조금으로 구분된다. 생산보조금은 국내 생산에 대한 자금공여, 저금리대출, 조세감면, 정부출자 등의 형태로 지원되며, 특히 생산에 대한 가격지지(국내 상품의 가격상승)로 소비자 손실, 정부보조금 지출비용 및 생산자 이득이 발생한다. 그러나 수출보조금은 국내 상품의 수출가격 하락으로 교역조건 악화(손실) 현상이 발생한다. 따라서 수출상품의 생산보조금 지급의 후생효과를 분석하면, 국내 상품의 가격상승으로 인한 생산자잉여의 증가분(PG)에서 소비자잉여의 감소분(CL)과 정부보조금 지출비용(GS)을 차감하여 측정할 수 있다. 함수 5 에서 수출상품의 생산보조금 지출(수출물량 Exports×보조금액 Subsidies)에 따른 후생효과(비용)는 생산자잉여의 증가분에서 소비자잉여의 감소분을 차감한 순이익(역사다리꼴 형태)과 정부의 생산보조금 지급에 따른 순손실(사각 형태)을 차감하여 측정된다. 그러나 관세부과의 후생효과와 비교하면, 추가적인 수출보조금 지급에 따른 수출상품 가격의 하락(가격경쟁력 제고)으로 인해 교역조건은 악화되기 때문에 교역조건의 손실(후생효과 감소)이 증가하게 된다. 수출상품의 생산보조금의 대표적인 사례는 유럽경제공동체(EEC, 1957)에 의해 추진된 공동농업정책(CAP)이다. 유럽경제공동체가 설정한 농산물의 가격지지선 이하의 잉여농산물을 매입하는 방식이었으나, 1970년대 이후 농산물의 재고가 누적되면서 잉여농산물의 수출을 위해 농산물의 가격지지선의 차이(수입국의 가격 상회수준)만큼 단위당 생산보조금을 지불하게 된 것이다.

$$welfare \ Effect \ of \ production \ Subsidies = PG - CL - GS \cdots$$ 함수 5

[2] 국제무역기구

다자간 무역협상은 2차 세계대전이 종식되면서 시작되었고, 브레튼우즈체제의 구축으로 국제통화기금과 세계은행의 설립 이외에도 국제연합(UN) 산하의 국제무역기구(ITO) 설립에 관한 논의가 제기되었다. 미국의 반대로 국제무역기구는 실립되지 않았으나, 23개국(미국 주도)의 국제무역에 관한 협상에 의해 1947년 10월에 스위스(제네바)에서 다자간 관세인하 협상이 종료된 이후 1948년부터 관세와 무역에 관한 협정(GATT) 체제가 출범했다. 관세와 무역에 관한 협정은 공식적인 국제기구가 아니기 때문에 참가국은 회원국이라기보다는 계약당사자국(협정참가국)이다. 그러나 관세아 무역에 관한 협정은 실무처리를 위해 스위스(제네바)에 사무국을 설치했으며, 1995년 1월에는 공식적인 조직체인 세계무역기구(WTO, 164개국, 2024년 12월 기준)로 재출범하게 된 것이다. 관세와 무역에 관한 협정과 세계무역기구 체제(GATT·WTO 체제)에서 1947년부터 총 9차에 걸쳐 협상이 진행된 무역라운드는 도하라운드(2001)를 마지막으로 종료되었다. 관세와 무역에 관한 협정 체제의 1~5차 무역라운드(1947~1961)[19]는 동등조건의 양자간 무역협상의 형태로 무역상대방에 대하여 상호간의 양허를 요구하는 조건으로 실질적인 수입관세의 인하조치가 시행되면서 국제무역(규모)이 증가했다. 6차 케네디라운드(1963~1967)는 다자간 무역협상의 형태로서 주요 선진경제권의 수입관세율을 평균 50% 인하하는 것으로 합의했는데, 실질적으로는 평균 35% 인하했다. 7차 도쿄라운드(1973~1979)에서는 관세인하(평균 34%)의 체계를 변경하여 수출자율규제 등 비관세무역장벽에 관한 기준을 제정했다. 8차 우루과이라운드(1986~1994)는 1986년 우루과이(푼타 델 에스테)에서 시작하여 농산물과 섬유(의류) 산업에 대한 무역자유화와 행정개혁(조직)에 대한 협상으로 1993년 12월 15일 최종

---

19) Geneva Round(1947), Annecy Round(1949), Torquay Round(1950~1951), Geneva Round(1955~1956), and Dillon Round(1960~1961)

합의(1995년 7월 1일 발효), 1994년 4월에는 모로코(마라케시)에서 세계무역기구 설립합의 등의 성과를 보였다. 우루과이라운드 협상에서 평균 수입관세율 40% 인하(6.3 → 3.9%), 농산물 수출보조금 36% 감축(6년 이내), 투자·서비스 자유화, 지식재산권 보호, 다자섬유협정(MFA) 폐지(10년 이내, 2005년 1월 발효), 정부조달규정 등이 제시되었다. 카타르(걸프만)에서 개최된 9차 도하라운드(2001~2008)에서는 도하개발의제(DDA, 2003) 등에 대한 협상합의(멕시코, 칸쿤)가 미국, EU 등의 반대로 실패하면서 무역라운드는 더 이상 재개되지 않았고, 세계무역기구 각료회의[20]를 통해 다자무역협상이 진행되고 있다. 자유무역주의를 지향하는 다자무역협정 또는 양자무역협정이 세계무역기구 무역기준의 허용(협정체결후 보고의무) 범위 내에서 1990년대 후반부터 재개되고 있는 추세다. 예를 들면, 통신시장에 대한 외국인지분투자 허용(1997년 2월 합의, 1998년 1월 발효), 금융산업 개방(1997년 12월 합의, 1999년 3월 발효) 등으로 서비스 분야의 시장에 대한 외국인투자 규제(제한조치)가 완화되고 있다.

그러면, 관세와 무역에 관한 협정(GATT)과 세계무역기구(WTO) 체제는 어떻게 다른가? 법적으로 관세와 무역에 관한 협정은 잠정협정이지만, 세계무역기구는 온전한 국제기구다. 관세와 무역에 관한 협정은 기본적으로 자유무역주의를 지향하고 있으나, 국제무역에서 불리한 경쟁에 직면한 유치산업에 대한 보호무역주의(수입규제, 수출보조금 등을 통한 정부개입)를 예외적으로 인정하고 있다. 그런데, 전략적인 무역정책(strategic trade policy) 등에 의한 보호무역주의 조치(beggar−thy−neighbor policy)

---

20) 발리(2013), 나이로비(2015), 부에노스아이레스(2017) 등

로 피해를 입은 국가의 무역보복(조치)으로 국제무역의 왜곡효과가 심화될 수 있다. 따라서 국제무역기구에서 국제부역의 왜곡효과를 최소화하기 위해 국제적인 무역기준을 정립할 필요가 있는 것이다. 세계무역기구의 다자무역협정(MTA) 부속서21)에서는 무역정책과 분쟁해결에 관한 규범(기준)과 원칙을 규정하고 있다. 관세와 무역에 관한 협정은 상품거래에 대해서만 적용되어 서비스거래에 대한 무역장벽의 통제가 불가능한 상태였으나, 세계무역기구는 서비스무역에 관한 협정(GATS), 무역투자조치에 관한 협정(TRIMs), 무역관련 지식재산권에 관한 협정(TRIPs)을 추가적으로 제정했다. 세계무역기구 부속서 1A에서는 관세와 무역에 관한 협정(1994),22) 보조금과 상계조치에 관한 협정(SCM), 무역에 관한 기술적 장벽(TBT), 위생조치(SPM)를 규정하고 있고, 부속서 1B는 서비스무역에 관한 협정(GATS), 부속서 1C는 무역관련 지식재산권에 관한 협정(TRIPs)을 규정하고 있다. 특히 지식재산권협정은 1967년 스웨덴(스톡홀름)에 설립된 세계지식재산권기구(WIPO, 185개국)에 의한 지식재산권에 대한 분류와 국제협약에 따른다. 지식재산권에 관한 국제협약은 특허권(patent rights), 상표권(trademark rights)과 원산지표시(geographical indications) 보호를 위한 파리협약(Paris Convention for the Protection of Industrial Property, 1971), 저작권(copyrights) 보호를 위한 베른협약(Berne Convention for the Protection of Literary and Artistic Works, 1886) 등에 기반하고 있다. 국가 간 무역분쟁에 대하여, 관세와

---

21) 부속서 1A: 상품협정(GATT), 부속서 1B: 서비스협정(GATS), 부속서 1C: 지식재산권협정(TRIPs), 부속서 2: 분쟁해결 규칙과 절차에 관한 양해(DSU), 부속서 3: 무역정책검토제도(TPRM)
22) 농산물, 무역관련 투자조치(TRIMs), 원산지규정(rules of origin), 반덤핑조치, 긴급수입제한조치(safeguards), 정부조달협정 등

무역에 관한 협정은 아무런 제재조치(penalty)를 취할 수 없었으나, 세계무역기구(부속서 2)는 분쟁해결절차(우루과이라운드 협상)를 통해 규정(Understanding on Rules and Procedures Governing the Settlement of Disputes)을 위반한 국가에 대한 제재조치를 취할 수 있다. 국가 간 무역분쟁의 대표적 사례는 덤핑(dumping)이다. 덤핑은 일반적으로 해외시장에서 생산비용보다 낮은 가격으로 상품을 판매하는 행위를 의미하며, 상품의 공정한 시장가치(fair market value)의 형성을 지향하는 세계무역기구의 무역규제(기준)에 위반하는 것이다. 따라서 덤핑행위로 피해를 입은 국가는 불공정 무역경쟁으로부터 자국 기업(생산자)을 보호하기 위해 반덤핑조치(antidumping policies)를 취할 수 있다. 그런데, 양자 간 무역분쟁이 해결되지 않으면, 피해 당사자국은 세계무역기구가 분쟁해결기구(dispute appellate/settlement body)에 제소(arbitration panel reports)하여 분쟁해결을 요구할 수 있다. 부연하면, 세계무역기구는 무역분쟁의 해결을 조정하고 무역정책을 모니터링을 하는 역할을 담당하고 있는 것이다. 국제무역에 관한 세계무역기구의 분쟁해결절차와 별도로 자유무역협정에서 규정하고 있는 투자국가 간 분쟁해결메커니즘(ISDSM), 해외투자에 관한 분쟁해결을 위해 세계은행 산하기관인 국제투자분쟁해결센터(ICSID)의 중재를 통한 방식(절차)도 선택할 수 있다.

(3) 경제통합체

세계무역기구(WTO) 체제의 기본철학은 기본적으로 보호무역주의가 아닌 자유무역주의를 지향하고 있으나, 국제무역패턴에서 근본적인 방향성은 공정무역(fair trade)이라고 할 수 있다. 그러나 특혜무역협정(관세감면)이 적용되는 무역관행은 세계무역기구 체제의 기본철학(동등

교역조건 보장)에 위배되는 것이다. 특혜무역협정은 관세와 무역에 관한 협정(GATT)에서는 원칙적으로 금지되었으나, 세계무역기구 체제에서는 예외적으로 허용하고 있다. 특혜무역협정은 역외 국가 간 적용하는 수입관세율보다 더 낮은 수준의 수입관세율을 협정가입국 간 거래에서 허용한 제도다. 예를 들면, 세계무역기구(1조)에서 규정하고 있는 최혜국대우(MFN) 기준은 최저수준의 수출관세율 부과기준을 예외적으로 보장한 조치다. 특정국에 대한 수입관세율을 차능적으로 적용하는 것은 세계무역기구 체제의 규정에 위배되지만, 자유무역주의를 위한 수입관세 감면(조치)은 예외적으로 허용한 것이다.

국제무역패턴에서 지역무역협정(RTA) 등 무역블록(trade bloc)을 통한 지역별 경제통합체 형태가 나타나기 시작했다. 그런데, 국제무역에서 자유무역협정이 지리적으로 근접한 지역별로 체결됨에 따라 세계무역기구 체제가 지향하고 있는 자유무역주의에 대한 의문을 제기하지 않을 수 없다. 그럼에도 불구하고, 세계무역기구 체제에서는 자유무역정책의 조정문제로 글로벌 합의(협정)를 통한 자유무역주의(정책)가 실효성을 발휘하기가 현실적으로 어렵기 때문에 주변국을 중심으로 양자 간 또는 다자간 자유무역협정을 통해 점진적인 자유무역주의를 지향하고 있는 추세다. 따라서 〈그림 4〉의 경제통합체의 결속단계별 무역규제의 완화수준에서 경제통합체는 가장 접근하기 쉽고 일반적인 자유무역협정(FTA) 체결을 시작으로 무역규제의 완화수준이 보다 진전된 단계로 추진된다. 자유무역협정은 협정 체결당사국 간 자유무역주의를 지향하지만, 협정 체결당사자국 이외의 국가에 대해서는 여전히 무역장벽(보호무역주의)을 철폐하지 않은 상태다. 부연하면, 자유무역협정은 협정 체결당사자국 간 (역내)수입관세율을 철폐하지만 역외 국가에 대해

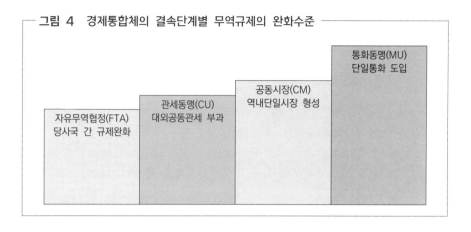

그림 4 경제통합체의 결속단계별 무역규제의 완화수준

자유무역협정(FTA)
당사국 간 규제완화

관세동맹(CU)
대외공동관세 부과

공동시장(CM)
역내단일시장 형성

통화동맹(MU)
단일통화 도입

서는 독자적으로 높은 무역장벽(수입관세율)을 유지하는 형태라고 할 수 있다. 자유무역협정은 상품, 서비스, 지식재산권 등에 관한 자유무역의 수준을 경제적 이해관계를 고려하여 단계별 또는 일괄 체결된다. 자유무역협정은 협정 체결당사자국 이외(역외)의 국가에 대하여 독립적으로 차등적인 관세를 부과할 수 있다. 자유무역협정보다 결속력이 강화된 관세동맹(CU)이 체결되면, 역외 회원국에 대한 대외공동관세(CET)를 부과하게 된다. 관세동맹 가입 이후 생산비용(국내 생산자)이 역내 수입비용(상대가격의 낮은 수준)으로 대체되는 무역창출효과(trade creation effects)로 인해 무역이득(＋)이 발생한다. 그러나 역외 수입비용이 역내 수입비용(상대가격의 높은 수준)으로 대체되는 무역전환효과(trade diversion effects)로 인해 무역손실(－)이 발생할 수 있다. 따라서 관세동맹의 경제적인 후생효과는 무역창출효과와 무역전환효과를 비교하여 측정가능하다. 관세동맹 이후에는 생산물(상품과 서비스), 생산요소(노동과 자본)의 자유이동을 허용한 공동시장(CM) 또는 역내단일시장(SIM)으로 진전하게 된다. 공동시장 또는 역내단일시장 이후에는 통화동맹(MU), 은행동맹(BU), 재정동맹(FU) 등의 경제통합 단계가 진행될 수 있다. 경제통합이 완성된 이후에는 정치동맹(PU)으로도 진전될 수 있는데, 정치동맹이 실현되면 사실상 단일 국가로 통합하게 되는 것이다. 그런데, 경제통합의 단계에서 통화동맹 또는 재정동맹 이후에는 역내 회원국의 독자적인 경제정책(통화정책과 재정정책의 통제권한)을 시행하기 어렵기 때문에 주권 상실에 대한 우려가 제기된다.

대표적인 경제통합체는 유럽자유무역협정(EFTA, 1960), 동남아시아국가연합(ASEAN, 1967), 아시아태평양경제협력체(APEC, 1989), 남미공동시장(MERCOSUR, 1991), 유럽연합(EU, 1992), 북미자유무역협정(NAFTA, 1994), 중미자유무역협정(CAFTA, 2004), 환태평양경제동반자협정(TPP, 2015), 역내포괄적경제동반자협정(RCEP, 2020) 범대서양무역투자동반자협정(TTIP) 등이다. 동남아시아국가연합(10개국)은 역내 정치적, 사회경제적, 그리고 문화적 협력을 증진하기 위해 1967년에 창설되어 아세안자유무역지대(AFTA, 1993)를 결성했으며, 생산물과 생산요소(투자)의 자유이동을 보장하는 단일공동시장 수준의 아세안경제공동체(AEC, 2015)로 재출범했다. 남미공동시장(5개국)은 파라과이(아순시온)에서 체결한 아순시온협약을 기반으로 역내 생산물과 생산요소의 자유이동을 보장하고 있다. 북미자유무역협정(3개국)은 1988년 자유무역협정 체결(1989년 1월 발효)로 역내 관세철폐(1998년 기한)를 시행했다. 북미자유무역협정은 환경보호기준을 규정한 최초의 자유무역협정으로서 1992년에는 8월에 체결된 관세동맹이 1994년 1월에 비준되었고, 2004년 이전에 역내 상품에 대한 수입관세를 99% 철폐하고 서비스와 투자에 대한 제한 폐지와 지식재산권 보호 등에 관한 기준이 제시되었다. 2018년 9월에 타결된 미국멕시코캐나다협정(USMCA)이 2020년에는 북미자유무역협정을 대체하게 되었다. 미국멕시코캐나다협정에서는 원산지 규정에서 자동차 부품조달비율의 상향조정(62.5 → 75%), 지식재산권 보호 규정에서 저작권 보호기간의 연장(50 → 70년) 등의 기준이 제시되었다. 세계에서 무역자유화를 통한 가장 진전된 경제통합체는 유럽연합(27개국)이라고 할 수 있다. 유럽연합은 로마조약(1958)에서 합의한 역내단일시장(SIM)을 위한 로드맵을 설정하고, 마스트리히트조약(1991)에서 역내단일통화(유로)를 세계 최초로 도입했다. 유럽연합은 1951년 파리조약을 시작으로 유럽석탄철강공동체(ECSC)가 결성되면서 시작되었다. 1957년 로마조약 체결로 관세동맹(CU)이 결성되었고, 1958년 1월에는 유럽경제공동체(EEC)가 창설되었다. 1986년에는 단일유럽협약(SEA)의 체결을 통해 유럽공동체(EC) 결성으로 단일공동시장(SIM, 1993년 1월 발효)을 세계 최초로 창설했다. 경제통화동맹 이전에 환율조정메커니즘(ERM)을 적용하고 있던 유럽연합(가입국)[23]은 1979년 3월, 유럽통화시스템(EMS, 1979~1998)을 통해 환율고정의 공동네트워크를 구축했다. 그러나 1992년 9월 이후 통화위기로 인해 유럽통화시스템도 동요되었고 고정환율의 허용밴드가 1993년 8월에는 ±2.25%(액면기준)에서 ±15%로 확대조정되었다. 유로존은 최적통화지역론(the theory of optimum currency area)에 의해 국가 간 무역 연계(거래)와 생산요소 이동 등을 통한 역내경제통합(공동시장)으로 단일통화 채택(도입)에 의한 편익이 비용보다 크다고 예견되었다. 최적통화지역론에 의하면, 단일환율의 운용으로 변동환율제도에서 발생하는 위험회피비용(환율변동위험)이 제거되면서 통화정책의 효율성과 신뢰성 이득이 발생할 수 있다는 것이다. 그러나 역내 경제통합으로 인해 생산물시장의 변동성(동요)에

---

23) 가입국(8개국): 프랑스, 독일, 이탈리아, 벨기에, 덴마크, 아일랜드, 룩셈부르크, 네덜란드, 추가가입국: 스페인(1989), 영국(1990), 포르투갈(1992)

따른 거시경제의 안정성 문제(경제적 손실)가 우려되었다. 부연하면, 역내 경제통합의 정도(수준)와 난일통화 도입(환율변동성 제거)에 따른 통화정책의 효율성에 대해서는 (＋)비례 관계이나, 생산물시장의 변동성 등에 의한 경제안정성 관점에서는 (－)반비례 관계이므로 경제통합의 수렴(임계) 수준을 상승시킬 필요가 있다. 단일통화 도입을 통한 통화동맹의 창설(유로존)에도 불구하고, 경제통합의 정도가 취약(결속력 약화)한 상태에서 유럽연합의 역내 국가 간 경제구조의 격차(내재)가 글로벌 금융위기 이후 유로존 재정위기가 발생한 배경이라고 할 수 있다. 1992~2019년의 실증분석에서 유럽연합의 역내 생산요소(노동) 이동에도 불구하고, 국가 간 실업률 격차가 미국보다 더 크게 나타나는 등 경제적인 충격 또는 동요에 대한 경제 구조적인 취약성(정도) 격차가 크기 때문에 유로존은 최적통화지역론에 적합하지 않는 것으로 분석된다. 그런데, 유럽연합은 경제통화동맹(EMU)을 결성하여 1999년 1월, 공동단일화폐로 유로(euro)를 채택하면서 경제통화동맹에 가입한 국가 간 고정환율제도를 사실상 운용한 것이다. 경제통화동맹(EMU)은 1989년 EU집행위원회(European Commission) 자크 들로(Jacques Delors) 의장의 주도로 단일통화를 도입하기 위한 단계별 정책스펙트럼의 목표로 제시된 것이다. 1991년 12월 10일, 네덜란드(마스트리히트) 유럽연합 정상회의(European Council)에서 유럽연합조약(Maastricht Treaty)을 체결하여 1999년 1월 이전에 유럽통화 도입(2002년 1월 유로 발행)과 유럽중앙은행(ECB) 설립에 합의했다. 유럽연합조약에서는 유로존 가입의 필요조건(Maastricht Convergence Criteria)이 제시되었는데, (1) 인플레이션(상승률): 유럽연합 회원국의 최저(3개국) 수준의 평균상승률의 1.5% 이내, (2) 환율: 2년간 환율조정메커니즘(ERM)의 환율변동밴드 범위 내

유지, (3) 재정수지 적자: 국내총생산(GDP)의 3% 이내, (4) 공적채무: 국내총생산의 60% 이내, (5) 장기 이자율: 최저 상승률 3개국의 평균치(12개월 정부채권수익률 기준)의 2% 이내 등에 관한 기준을 권고했다. 1997년의 유럽연합 정상회의(리스본)에서는 안정성장협약(Stability and Growth Pact)이 체결되면서 마스트리히트 수렴기준의 (3)과 (4)의 필요조건을 강화하는 재정준칙(Fiscal Compact)을 설정했다. 1998년 기준(1997년 통계)으로 유럽연합 11개 회원국은 마스트리히트 수렴기준을 충족하여 유로존에 가입했고, 그리스(2001), 슬로베니아(2007), 키프로스·몰타(2008), 슬로바키아(2009), 에스토니아(2011), 라트비아(2014), 리투아니아(2015)가 추가적으로 가입했다. 2024년 12월 기준으로 유럽연합(27개국)에서 자국 통화를 법정통화로 사용하고 있는 국가(유로존)는 19개국이며, 유럽중앙은행(ECB)이 유로존의 통화정책을 시행(통제)하고 있다. 그런데, 유럽연합 회원국 정부의 정치적 영향을 배제한 유럽중앙은행의 유로시스템(ESCB)은 유로존이 아닌 유럽연합 회원국에 대해서도 거시경제의 안전성(물가관리)을 위해 작동되고 있다. 유럽환율조정메커니즘(ERM)에 참가하지 않은 유럽연합 회원국에 대해서는 수정유럽환율조정메커니즘(ERM2)이 적용되면서 환율의 허용변동밴드(±15%)를 통해 (상호적)외환시장의 개입에 관한 기준을 규정하고 있다. 1992년 2월에 체결된 마스트리히트조약(TEU)으로 경제통화동맹(EMU)을 결성한 이후 유럽연합은 2005년에 정치동맹을 추진했으나 프랑스와 네덜란드의 반대로 중단되었다. 2007년에 체결된 리스본조약에서는 EU집행위원회의 의사결정 권한보다는 유럽의회의 권한을 강화하고 유럽지역의 지속가능한 경제성장을 위한 발전전략이 제시되었다. 그런데, 2016년 6월 23일에 영국(1973년 가입)은 국민투표(52% 찬성)에서 유럽연합 탈퇴

(BrExit＝Britain＋Exit)를 결정했고, 2019년 10월 유럽연합의 승인을 거쳐 2020년 1월 31일부터 11개월산의 전환기간을 거쳐 2020년 12월 20일에 영국이 유럽연합에서 최종 탈퇴하면서 2021년 이후에는 유럽연합의 확대과정이 정체된 상태다.

경제통합체를 투자의 관점에서 투자주체를 기준으로 기업이 아닌 정부 또는 경제통합체(지역)가 주도할 수 있다. 정부가 주도하는 대표적인 투자수단인 정부기금(sovereign wealth funds)은 2008년 10월에 합의된 산티아고원리(Santiago Principles)에 기반을 두고 있다. 2008년 5월, IMF국제통화금융위원회(International Monetary and Financial Committee)의 원리관행(Generally Accepted Principles and Practices)에 의해 정부기금이 국제적으로 관심을 받기 시작했다. 국제통화기금의 원리관행(GAPP)에 따르면, 정부기금은 정부가 소유한 특별목적투자기금(special purpose investment funds or arrangement)으로서 해외금융자산에 대한 투자를 포함한 투자전략을 추진하고 거시경제(금융) 운용을 위해 투자자산을 관리 또는 통제하고 있다. 유럽연합은 로마조약(1958) 이후 역내 무역과 투자의 확대를 위한 개혁을 통해 1988년에는 구조조정기금(structural funds)을 조성했다. 유럽연합은 유럽발전기금(EDRF)과 유럽사회기금(ESF)을 구조조정기금에 포함하고 있다. 그러나 유럽 경제가 구조적인 저성장 기조에 직면하자, 유럽공동체(EC)는 정보사회(기업)의 발전체계를 기반으로 경제성장률과 고용증가율을 제고하기 위해 리스본조약의 전략적 목표(우선순위)를 설정했다. 경제성장과 고용증대를 위한 리스본조약은 혁신과 연구개발(R&D) 고양, 구조개혁 촉진, 사회적 모델의 현대화, 관료주의(red tape) 단절, 거시경제정책의 융합추진 등을 제시했다. 이에 따라 유럽연합 정상회의(European Council)에서는 경쟁력 있고 역동적인 지식기반 경제(knowledge-driven economy)를 위해 지식과 혁신에 대한 투자확대, 비즈니스 잠재력 발굴, 노동시장의 적응성(유연성) 제고, 안정적인 에너지 공급과 안전 확보를 우선적인 역점분야로 추진했다. 특히 유럽연합은 역내 결속정책(cohesion policy)으로 투자와 금융지원을 강화하고 있는데, 결속정책의 투자수단은 유럽발전기금(EDRF), 유럽사회기금(ESF), 결속기금(CF) 등이 대표적이다. 유럽연합 결속정책(1994)에 의한 역내 예산배분(2007~2013년 지출비중)은 경제력 격차완화(EDRF·ESF 62%, CF 20%), 지역 경쟁력과 고용증대(EDRF·ESF 16%), 지역 간 협력(EDRF 2%)으로 구성된다. 유럽발전기금(1975)은 낙후지역의 중소기업 발전(신용공여)과 인프라스트럭처, 직업창출과 관리, 고용안정, 생산 증대를 위한 개발금융과 협조융자 방식으로 투자되고, 유럽사회기금(1957)은 창업(스타트업)과 여성의 노동시장 참여 등 고용기회의 창출과 관리에 중점을 두고 있으며, 결속기금(1993)은 1인당 국민소득(GNI) 기준으로 역내에서 90%에 미달하는 지역의 사회경제적 격차(소득불평등)를 완화하기 위해 회원국의 교통인프라와 경제기초여건(관리)에 대한 투자를 지원한다. 유럽연합의 산업정책에 관한 개념(요소)은 체계적인 관점(framework aspects), 수평적인 정책(horizontal policy) 및 분야별 정책(sectoral/specific policy)으로 구분될 수 있다. 체계적인 관점에서는 산업정책은 단일유럽시장(SEM)의 설치·작동, 경쟁정책(competition policy), 지역·결속정책, 규제 개선, 소유권(국가) 등에 관한 것이며, 수평적인 관점에서의 산업정책은 연구전략, 혁신조치, 기업·위험자본, 기술·인적자본, 구조조정기금, 경쟁력 테스트(정책), 정부조달 등에 관한 것이다. 분야별 정책은 산업개입, 클러스터·분류, 무역정책, 지역·결속정책의 특정분야, 기술정책, 방위조달 등에 관한 것이다.

CHAPTER 03 국제수지와 외환시장의 균형조건

　국제금융은 국제경제의 범위에서 국제무역과는 또 다른 영역이지만, 국제무역과 연계된 분야다. 국제무역과 국제금융은 서로 영향을 미치면서 상호작용을 하지만, 국제무역과 별도로 국제금융 분야에 관하여 고려할 필요가 있다. 그런데, 국제금융은 자본시장에서 채권발행 등으로 자금을 조달하는 분야와 무역거래, 경상수지 적자보전 등을 위해 국제금융기구, 수출신용기관 등을 통해 필요한 자금을 지원하는 분야로 구분된다. 부연하면, 국제금융은 자본시장(capital market)의 자금조달(funding) 분야와 금융시장(credit market)의 자금대출(financing) 분야를 포함하고 있다.[1] 그러나 국제금융(학)에 대한 기존 저술은 대부분 자본시장의 자금조달 분야인 외환시장(exchange market)의 환율결정이론과 환율제도에 편중되어 있으며, 자금조달에서 중요한 채권시장(bond market) 등에 대한 설명은 미흡한 상태다. 채권시장에서 자금조달의 목적은 채권 발행과 유통으로 운용수익을 기대하는 것뿐만 아니

---

　1) 현금흐름분석(cash flows analysis)을 기반으로 추진되는 프로젝트금융(Project Finance: PF), 기업금융(Corporate Finance: CF) 등에 관한 전통적인 금융기법은 재무관리의 영역이므로 국제금융 분야에서 고찰하는 것은 적합하지 않다.

라 자금대출에 필요한 재원을 조성하는 것이다. 더구나 국제금융에 관한 기존 저술은 금융시장의 자금대출 분야인 국제금융기구(international financial organization), 수출금융(export credit)과 경제위기(economic crisis)에 대한 설명이 부족하고 충분한 설명이 없기 때문에 국제금융을 전반적으로 이해하기 위해 그 분야에 대한 보완설명이 필요하다. 따라서 국제금융에서 자금조달의 필요조건인 자금대출 분야에 대한 추가적인 설명과 해설이 요구된다.

1 국제수지의 조정메커니즘

국제경제학의 또 다른 영역인 국제금융론(International Finance)에서는 국제수지(Balance of Payments)에 관한 이해가 기본적으로 중요하다. 왜냐하면, 국가 간 상품과 서비스 거래에 대한 국제무역을 반영하여 무역수지와 경상수지가 산출되고, 국제무역과 연계되어 나타난 금융과 자본의 거래를 반영한 자본수지가 국제수지에 포함되기 때문이다. 따라서 국제무역과 국제금융 거래를 파악하기 위한 국제금융체계는 국제수지를 기반으로 국제금융시장에서 중요한 변동요인(변수)이 되고 있는 환율(제도) 등에 관하여 고찰할 필요가 있다.

환율은 국가 간 통화가치의 교환비율이며, 외환시장에서 국가 간 통화의 교환(전환)을 위해 통화의 수량과 가격이 결정된다. 따라서 환율은 국가 간 상품과 서비스의 상대가격을 비교하는 가치측정의 기준이 된다. 실제로 국제경영활동에서 수출계약에 따른 결제자금의 수령과 지급, 해외투자와 외환투기 등의 자금거래가 외환시장에서 이루어지고 있다. 국제결제은행(BIS)에 따르면, 2019년 4월 기준으로 외환거래 규모는 하루 평균 66조 달러로 추산되는데, 외환거래 규모(센터)는 런던시장(43%), 뉴욕시장(17%), 취리히·도쿄·홍콩·싱가포르시장(5~6%) 등의 순이며, 외환거래의 통화별로는 미달러(88%), 유로(32%), 엔(17%), 영국파운드(13%) 등인 것으로 나타났다. 2020년 12월 말 기준 외환보유액(지급준비통화)에서 통화별 비중은 미달러 60.5%, 유로 20.5%, 엔 5.9%, 영국파운드 4.5%, 위안 2.1%인 깃으로 조사되었다.

[1] 국제수지계정

국제수지는 국민소득계정(National Income Accounting)을 산출하기 위해 국민금융계정(National Financial Accounting)의 국제수지계정(Balance of Payments Accounting)을 통해 계상된다. 국민소득계정은 한 국가의 소득(수입)과 산출(생산)에 기여하는 지출(최종 생산물의 부가가치 합계)을 계산한 것이며, 생산의 시장가치로 분류한 국민산출계정(National Output Accounting)과는 구분된다. 일반적으로 국민소득계정의 지출요소는 가계(민간거주자)에 의한 소비지출(Consumption = C), 기업에 의한 신규 설비·부품 투자지출(Investment = I), 정부에 의한 구매지출(Government Purchases = G) 및 외국에 대한 상품과 서비스의 순수출(Net Exports)로 구성된다. 국민소득계정의 구성요소(지출관점)를 구분하는 것은 거시경제이론에서 국제무역을 포함한 거시경제성장 기여도 분석을 위해 중요한 의미가 있기 때문이다. 따라서 **항등식 1**에서 국가 전체의 후생에 직접적인 영향을 미치는 국민총소득(GNI = Y)은 소비(C), 투자(I), 정부지출(G), 순수출($EX - IM$)을 합산하여 산출된다. 국민소득계정의 항등식은 유효수요이론(케인즈)과 이자율평형조건(피셔)을 기반으로 거시경제에서 생산물시장과 화폐시장의 균형조건에 대한 힉스·한센모델(IS-LM모형)과 외환시장의 균형조건에 대한 먼델·플레밍모델(BP모형)을 이론적인 배경으로 산출된 것이다. 영국 경제학자인 존 힉스(John Hicks, 1904~1989)와 스웨덴 경제학자인 앨빈 한센(Alvin Hansen, 1887~1975)은 국민소득(수요측면)이 소비, 투자, 정부지출과 순수출을 합산한 값으로 산출된다고 분석했다. 특히 힉스·한센모델은 실질국민소득(y)과 실질이자율(r)과의 관계분석에서 이자율 인하를 통해 투자증가(승수효과)와 유동성선호(증가)로 인해 실질국민소득이 증대된다는 이론으로서 유효수요이론을 입증하는 논리를 폈다. 한편, 캐나다 경제학자인 로버트 먼델(Robert Mundell, 1932~2021)과 영국 경제학자인 마르쿠스 플레밍(Marcus Fleming, 1911~1976)은 국가 간 완전한 자본이동을 가정하여 환율제도(고정·변동)에 따른 자본수지 변화와 경제정책(재정·금융)의 소득증대 효과를 분석했다. 경상수지(Current Account = CA)는 수출(EX)에서 수입(IM)을 차감한 무역수지(trade balance)에서 산출되며, 국민총소득(Y)에서 국내소비($C+I+G$)를 제외한 해외순자산($EX-IM$)의 변화와 동일하다. 부연하면, 경상수지 적자는 현재의 소비를 수입하고 미래의 소비를 수출하는 것을 의미하므로 국제투자포지션(international investment position)에서는 해외순채무 상태이며, 경상수지 흑자는 현재소비의 수출과 미래소비의 수입에 의한 해외순자산(해외순투자) 상태라고 할 수 있다.

$$Y = C + I + G + EX - IM \quad\cdots\cdots\cdots\cdots\cdots\cdots\cdots\cdots\cdots\cdots\cdots \boxed{\text{항등식 1}}$$

국민소득계정에서 국민저축(S)은 국민총소득(Y)에서 소비하고 남은 부분으로 정의되기 때문에 일반적으로 국민총소득에서 가계소비(C)와 정부지출(G)을 차감하여 계산되며, 국민저축은 민간저축(S^p)과 정부저축(S^g)으로 구분된다. **항등식 2** 에서 민간저축은 실질적으로 가처분소득(Y^d)으로 산출되기 때문에 국민총소득에서 소비를 차감하고 추가적으로 가계와 기업이 정부에 대해 납부한 세금 순지출(T)을 차감한 값이며, 정부저축은 순조세수입에서 정부지출을 차감한 값이다. 따라서 민간저축과 정부저축을 국민소득계정과 연계하여 정부저축의 효과를 분석하면, **항등식 3** 에서 투자(민간자본), 경상수지(외국에 대한 자산)와 정부지출(정부의 채권발행)이 증가할수록 민간저축이 증가하는 관계가 성립된다. 재정수입보다 재정지출이 더 많다면, 재정수지 적자($G-T$)가 발생하고, 재정수지 적자는 정부지출을 위해 정부가 금융시장에서 차입한 결과로 나타난다. 그러나 **항등식 4** 에서 재정수지 변화(적자 또는 흑자)는 경상수지의 적자(해외순채무) 또는 흑자(해외순자산) 변화의 필요조건은 될 수 있으나, 충분조건은 아니다. 왜냐하면, 항등식은 경제변수의 개념적 정의에 의해 산출된 방정식(equational formula)이지만, 경제변수 간의 설명요인을 결정하는 함수관계식(functional formula)이 아니기 때문이다.

$$S^p + S^g = Y - C - G = I + CA = (Y - C - T) + (T - G) \quad \cdots\cdots \text{ 항등식 2}$$

$$S^p = I + CA - S^g = I + (EX - IM) + (G - T) \quad \cdots\cdots\cdots\cdots \text{ 항등식 3}$$

$$CA = S^p - I - (G - T) \quad \cdots\cdots\cdots\cdots\cdots\cdots\cdots\cdots \text{ 항등식 4}$$

국제수지계정은 대외거래를 통한 국가의 자산과 부채를 계산한 것이다. 부연하면, 국제수지계정은 외국에 대한 지급(payments)과 수령(receipts)을 부기한 것으로 국제거래에서 외국에 대한 수령은 국제수지계정의 자산의 증가(credit), 그 반대인 외국에 대한 지급은 부채의 증가(debit)로 나타난다. 그러면, 국제수지계정의 총체적인 계정수지(요소)는 어떻게 구성되는가? **항등식 5** 에서 국제수지(Balance of Payments)는 경상수지와 자본수지로 구분된다. 경상수지(CA)는 무역수지(상품과 서비스의 수출과 수입 거래)와 무역외수지(소득수지와 경상이전거래)를 합산 값이며, 자본수지(CB)는 금융계정수지(FA)과 자본계정수지(Ca)를 합산 값이다. 금융계정은 금융자산(화폐, 주식, 설비, 정부채권 등의 보유형태)의 구매(인수)와 매각(처분)에 따른 국제거래이며, 자본계정은 국가간 자산(부)의 이전에 따른 거래로서 무형자산(저작권·상표권) 등 비금융자산의 인수·처분과 자본이전거래(채무탕감, 해외이주자 송금 등)를 반영한다. 금융계정의 국외 자산의 인수와 부채증가는 해외직접투자(또는 외국인직접투자)에 따른 거래활동을 반영한 것으로서 해외직접투자(금융자산 인수 등) 유출은 자산의 인수이지만 금융계정수지의 적자(deficit)이며, 반대로 외국인직접투자(채무 발생) 유입은 부채의 증가이지만 금융계정수지의 흑자(surplus)로 계상된다. 금융계정수지의 추가항목으로는 주식과 채권보다 복잡한 거래자산으로 분류되는 파생상품(외환보유액 제외), 즉 포트폴리오투자(간접투자)에 대해서는 미국(상무부)도 2006년부터 국가간 순금융거래로 반영하고 있다. 금융계정수지는 직접투자(외환보유액 포함)와 간접투자(파생상품거래)를 합산한 순금융흐름(net financial flow)의 가치를 의미한다. 또한, 중앙은행에 의해 행해지는 국제자산거래는 금융계정에 포함되는데, 외환시장에서 중앙은행이 통화량을 조절하기 위한 거래행위(외환 매도·매수)를 공적외환개입이라고 한다. 예를 들면, 중앙은행이 보유하고 있는 대표적인 외화자산인 대외지급준비자산(외환보유액)이 감소하거나 국제금융기구 또는 국외 중앙은행으로부터 차입에 의존하는 증가하는 경우 자본수지는 적자를 나타내며, 경제위기(외환위기)가 우려된다. 공적결제수지(official settlements balance)는 순금융흐름의 상태를 나타내는데, 경상수지와 자본계정수지를 합산한 값에서 금융계정수지를 차감한 것이다. 중앙은행의 순현금흐름은 경상수지(적자)를 보전(상쇄)할 수 있는 외환보유의 수준을 의미한다. 즉, 금융계정수지는 해외직접투자와 파생상품 거래활동뿐만 아니라 중앙은행의 외환보유 거래활동을 반영하고 있다.

$$Balance\ of\ Payments = CA + CB = CA + (FA + Ca)$$ ········ 항등식 5

　국제수지계정에 반영되는 세부항목을 살펴보면, 무역수지는 상품의 수출(액)에서 수입(액)을 차감한 상품수지와 서비스의 수령(액)에서 지급(액)을 차감한 서비스수지를 합산한 값이다. 서비스는 지식재산권, 법률지원, 관광, 운송 등 무형자산의 거래를 반영한다. 무역외수지는 소득수령에 따른 본원소득수지와 경상이전거래를 반영한 기타소득수지로 구분된다. 본원소득수지는 외채이자, 해외영업에 따른 배당금과 이윤, 해외근로자 임금의 수령과 지급에 대한 거래를 반영한다. 경상이전거래는 상품, 서비스 또는 자산의 구매와 관계없이, 국제기구 원조(차관), 국가 간 자금지원 등을 통한 거래가 반영된다. 금융계정수지는 국외 자산인수와 부채증가의 차이를 측정한 것이다. 예를 들면, 수출에 대한 수입 초과(현상)를 금융(차입보전)하면, 자산매입(인수)에 대한 자산

매각(해외차입) 초과현상이 나타난다. 해외 금융자산의 인수는 해외자산에 대한 비용을 지급해야 하기 때문에 국제수지계정에서는 부채로 인식되지만, 해외 배상청구는 국외 자산매각으로 수익대금을 지급받기 때문에 자산으로 계상된다. 그런데, 국제수지계정에서 국제거래의 수령(액)과 지급(액)이 자동적으로 상쇄(결제)되기 때문에 경상수지와 자본계정수지를 합산한 값은 금융계정수지와 논리적으로 일치하게 된다. 국제거래의 복식회계처리(double-entry bookkeeping)에 의하면, 외국에 대한 수령(액)은 외국에 대한 지급(액)과 일치해야 하므로 국제수지계정에서 자산은 부채와 일치하게 된다는 것이다. 그런데, 항등식 5 에서 자본계정수지와 금융계정수지를 합산한 값과 경상수지가 다른 경우 그 차이를 오차누락(errors & emissions) 항목으로 조정하게 된다.

(2) 경상수지의 균형조건

개방거시경제의 관점에서 거시경제정책은 물가안정과 완전고용을 달성하려는 대내균형과 국제수지의 과도한 적자(지급) 불균형을 회피하려는 대외균형을 기본적인 목표로 설정하고 있다. 부연하면, 대내균형은 국가의 자원을 투입하여 완전고용을 달성하고 물가수준의 안정적인 유지를 추구하지만, 대외균형은 외채를 지급할 수 없을 정도의 경상수지 적자상태이거나 외국에 대한 과도한 경상수지 흑자상태가 나타나지 않을 때, 즉 경제기초여건의 비대칭성(fundamental asymmetry)이 제거되는 경우에 달성된다는 것이다. 특히 확대재정정책에 따른 경상수지 악화상태(적자)를 전환하기 위한 대외균형의 회복이 필요하다. 어떤 국가나 외채원리금을 상환할 수 있는 수준의 경상외환을 보유해야 하지만, 적정수준의 경상외환을 확보하지 못한다면, 그 국가(정부)는 시간에 걸쳐 예산지출(inter-temporal budget constraint)의 제한을 받게 된다. 그런데, 해외차입에 대한 원리금 상환(지급)에 어려운 상태에 있는 국가에 대해서는 해외 채권단(채권국)은 신규 기금의 제공(대출)을 의도적으로 회피하거나 기존의 대출에 대한 즉각적인 상환을 요구하게 된다. 흔히 해외차입에 대한 긴급중단(sudden stop) 등으로 투자국(채권국)은 채무국에 대한 만기 대출금 상환, 차입한도 축소(디레버리지) 등의 가혹한 조치를 취하는 경향이 있다. 반면, 경상수지의 과도한 흑자로 인해 어떤 문제가 발생할 수 있는가? 국민저축 수준이 일정하다면, 경상수지 흑자의 증가는 국내투자(설비·기자재)의 감소를 의미한다. 국민소득계정의 **항등식 2** 에서 국내저축(S)은 국내투자(I)와 외화자산의 누적분(CA)을 합산한 값인데, 국내투자(수준)를 확대하고 해외투자(수준)를 축소하기 위해 국내저축을 증가하는 것을 정책적으로 선호될 수 있다. 부연하면, 국내자본의 수익에 대한 과세는 해외자산의 수익에 비해 더 용이하고, 국내자본(누적)의 증가는 실업(수준)을 개선하여 해외자산의 증가보다는 국민소득 수준을 제고할 수 있으며, 기업의 국내투자가 또 다른 국내 생산업체에 대한 기술적인 파급효과 등의 편익(혜택)이 나타날 수 있다는 것이다. 그러나 경상수지 흑자의 확대로 거래 상대방(경상수지 적자국가)이 채무상환을 위해 해외차입이 증가한다면, 투자국(채권국)은 해외자산에서 손실이 발생할 우려가 있다.

개방경제의 수요결정조건에서 국가 단위의 수출수요에서 수입수요를 차감한 값으로 산출되는 경상수지는 외국 통화에 대한 자국 통화의 실질환율과 실질가처분소득에 의해서도 결정된다. 실질환율($E \times P^f / P$)은 명목환율(E)과 국내가격(P)에 대한 국외가격(P^f)의 상대가격 수준으로 평가되며, 실질가처분소득($Y^d = Y - T$)은 국민총소득(Y)에서 조세부담금(T)을 차감하여 산출된다. 그러면, 항등식 1 의 순수출 항목을 항등식 6 의 경상수지의 균형조건으로 다시 표현할 수 있다. 경상수지가 실질환율과 실질가처분소득의 변동에 의해서만 영향을 받는다고 가정하면, 실질환율 상승(수출증가) 또는 실질가처분소득 감소(수입감소)의 경우에는 경상수지가 개선되지만 실질환율 하락(수출감소) 또는 실질가처분소득 증가(수입증가)의 경우에는 경상수지가 악화된다는 것이다. 부연하면, 실질환율의 변동이 경상수지에 미치는 영향은 마샬·러너조건에 부합하고, 실질가처분소득의 변동에 따른 경상수지 영향(효과)은 중력모형의 논리와도 일치한다.

$$CA(Y^d, E \times P^f/P) = EX(Y^f, E \times P^f/P) - IM(Y, E \times P^f/P) \cdots \quad \text{항등식 6}$$

2 외환시장의 균형조건과 환율제도

국제수지의 조정메커니즘으로 국제무역과 국제금융의 거래관계를 분류하는 과정에서 거래관계의 결제통화가 적용되는데, 외환시장(거래메커니즘)에서 결정되는 환율(통화 간의 교환비율)이 개입하게 된다. 그런데, 외환시장에서 거래되는 통화는 무역거래에 대한 결제뿐만 아니라 금융거래(파생상품 포함)를 위한 방식(또는 형태) 등에도 적용되고 있다. 또한, 파생상품거래(스왑·선물·옵션), 환율예측(펀더멘털·기술 분석), 환위험관리(경제·거래·환산 익스포져) 등에 관한 분석은 재무관리의 영역에 해당되기 때문에 국제금융 분야에서 논하기보다는 국제금융의 주요변수인 환율의 결정요인, 외환시장의 균형조건과 환율제도에 관한 국제통화체계를 중점적으로 고려할 필요가 있다.

개방거시경제의 생산물시장과 화폐시장의 균형조건에서 실질소득(생산량) 변화에 대한 내생변수는 이자율이지만, 외환시장(국제금융시장)의 균형조건에서는 환율의 변화를 기본적으로 고려해야 한다. 환율의 변화에 영향을 미치는 환율제도는 고정환율제도(fixed exchange rate system)와 변동환율제도(floating exchange rate system)로 구분된다. 예를 들면, 환율변동밴드운용제도(crawling‒peg system), 통화위원회제도(currency board system), 달러연동환율제도(dollarization system) 등은 고정환율제도에 속하며, 자유변동환율제도(freely/pure floating system), 관리변동환율제도(managed floating arrangements) 등은 변동환율제도에 포함된다. 홍콩, 아르헨티나(1991년 도입, 2002년 폐기), 불가리아 등에서 시행한 통화위원회제도는 자국 통화의 화폐수요를 고정환율에 의해 다른 통화(미달러)로의 전환을 허용하는 제도로서 국내 통화량 이상의 외환보유액을 확보해야만 작동이 가능한 환율제도다. 실제로 통화위원회제도에서는 미달러에 대해서만 고정환율이 적용되지만, 다른 통화에 대해서는 변동환율제도가 적용되어 엄밀한 의미의 고정환율제도는 아니므로 변동환율제도와 고정환율제도의 중간적인 성격의 환율제도다. 통화위원회제도에서는 이자율의 자율적인 조정이 가능하지만, 자국 통화의 자율적인 발행과 이자율 설정이 제한됨에 따라 인플레이션 압박이 잠재되어 있다. 그러나 에콰도르 등에서 도입한 달러연동환율제도는 자국 통화 대신에 다른 국가의 통화(미달러)를 환율 조정의 기준통화로 도입한 제도이며, 심각한 거시경제 불균형(고인플레이션) 현상으로 자국 통화의 가치무용론에 의해 채택된 것이다. 우리나라에서는 고정환율제도(1945~1964), 단일변동환율제도(1964~1980), 복수통화바스켓제도(1980~1990), 시장평균환율제도(1990~1997)를 도입했으나 1997년 12월 외환·금융위기 이후에는 자유변동환율제도를 채택하고 있다.

[1] 외환시장의 균형조건

환율은 대외거래에 필요한 외환을 매매하는 금융기관과 기업 등 외환 거래행위자의 상호작용에 의해 결정된다. 통화가치의 상승(하락)은 수출상품의 상대가격을 상승(하락)시키고 수입상품의 상대가격을 하락(상승)시킨다. 특히 국제금융시장에서 국제통화를 거래하는 시장을 외환시장(exchange market)이라고 부른다. 다른 조건이 일정하다면, 외환 거래행위자들은 환율, 이자율(금리), 투자위험, 화폐수요의 유동성 여건 등을 고려하여 투자자산 보유에서 예상되는 실질수익률이 높은 외화자산을 보유하려는 경향이 있다. 이자율은 일반적으로 금융기관에 예치하는 형태(유동자산)로 수익을 보장받는 자본소득의 대가(기대수익)이며, 이자소득자산에 대한 투자수익을 포기하기 때문에 화폐보유에 따른 기회비용이다. 실질수익률은 현재소비를 포기(저축)하는 대가로 미래소비를 위해 생산물바스켓을 기준으로 이자율과 물가상승률 등을 반영하여 측정한 투자자산의 수익률이다. 그런데, 외환시장에서 거래되는 모든 통화예금이 동일한 예상수익률(expected rate of return)을 제공하는 수준에서 외환시장의 균형조건이 달성된다.

외환시장의 균형조건은 기본적으로 이자율평형조건(IPC)[2]에 기반하고 있는데, 통화 간의 이자율 차이로 인한 자본이동으로 환율변화(상승 또는 하락)의 과정을 거쳐 외환시장의 균형조건(수준)이 성립하게 된

---

2) It is defined as the Uncovered Interest Parity (UIP) Condition, compared with the Covered Interest Parity (CIP) Condition which defining foreign exchange market equilibrium but involves the forward exchange rate rather than the expected future spot exchange rate.

다는 것이다.3) 국내이자율에 비해 국외이자율이 상승하면, 외환시장에서 국외통화가 유출되면서 국내통화의 환율상승(통화가치 하락) 현상이 나타나고 함수 6 의 외환시장의 균형조건이 성립하는 수준에서 예상수익률은 일치하게 된다. 외환시장에서 국내이자율(R)과 국외이자율(R^f)의 차이는 예상환율(E^e)의 상승률(($E^e - E$)/E) 수준과 동일한 값이다.4) 부연하면, 현물환율(E)의 상승(depreciation) 또는 하락(appreciation)은 국내통화의 외화예금에 대한 예상수익률(R)의 하락 또는 상승을 의미하므로 환율상승과 예상수익률과는 ($-$)반비례 관계를 나타낸다. 따라서 외환시장의 균형조건은 국내통화의 예금수익률(수직선 형태)과 외화예금에 대한 예상수익률(우하향곡선 형태)5)과 일치하는 수준에서 성립된다. 외환시장에서 이자율평형조건이 성립(통화 간의 예상수익률 일치)하면, (화폐)예금의 초과수요 또는 초과공급은 더 이상 발생하지 않게 된다. 예를 들면, 국내이자율(R) 상승으로 국내통화의 예금수익률이 상승하면(외화예금 예상수익률곡선의 우측이동), 이자율평형조건에 의해 국내통화의 환율하락(가치상승) 효과가 나타난다. 그러나 국외이자율(R^f) 상승은 외화예금에 대한 예상수익률 상승(외화예금 예상수익률곡선의 우측이동)으로 국내통화의 환율상승(가치하락) 효과가 나타난다는 것이다. 그런데, 국내통화의 예상환율(E^e) 상승은 외화예금에 대한 예상수익률 상승(외화예금 예상수익률곡선의 우측이동)에 따른 국내예금의 초과공급으로 국내통화의 현물환율 상승효과가 나타난다. 실제로 단기

---

3) When domestic and foreign currency bonds are imperfect substitutes, the covered interest parity condition in foreign exchange market requires plus a risk premium of bonds.

4) $R - R^f = (E^e - E)/E$, where $R = R^f + (E^e - E)/E$

5) exchange rate versus rates of return (in domestic currency terms)

적인 환율의 변동성과 예상환율에 대한 정보 부족(비대칭성) 등으로 국가 간 이자율차이가 환율변동의 방향성을 정확히 예측하기는 쉽지 않으므로 시장환율과 예상환율의 변화율 차이에서 오차가 발생할 수 있다.[6]

$$R - R^f = (E^e - E)/E \quad \cdots\cdots\cdots\cdots\cdots\cdots\cdots\cdots\cdots\cdots\cdots\cdots\cdots$$ 함수 6

존 케인즈(1883~1946)의 유동성선호이론(the theory of liquidity preference)에 의하면, 화폐수요의 균형조건은 실질이자율(r)과 실질국민소득(y), 그리고 물가(P)의 함수관계식으로 성립된다. 다른 조건이 일정하다면, 실질이자율의 상승은 화폐보유의 기회비용이 증가하므로 화폐에 대한 수요를 감소시키기 때문에 실질이자율과 실질화폐수요는 (−)반비례 관계다. 그러나 실질국민소득의 증가로 화폐거래의 (평균) 실질가치가 상승하면, 화폐에 대한 수요는 증가하므로 실질국민소득과 실질화폐수요는 (＋)비례 관계다. 또한, 물가는 상품과 서비스의 물가 바스켓가격으로 산출된 화폐단위인데, 물가가 상승하면 화폐보유에 대한 수요가 증가하므로 물가상승과 실질화폐보유는 (＋)비례 관계다. 따라서 화폐수요(M^d)는 $M^d = P \times L(r, \ y)$의 함수관계가 산출된다. 화폐시장(money market)의 균형조건은 화폐수요(M^d)와 화폐공급(M^s)이 일치하는 수준에서 성립되며, 따라서 화폐시장의 균형조건은 $M^s/P = L(r, \ y)$[7]이다. 부연하면, 실질화폐공급(M^s/P, 수직선 형태)은 실질화폐

---

6) $U_{t+1} = (E_{t+1} - E_t)E_t - (E^e_{t+1} - E_t)/E_t = (E_{t+1} - E_t)/E_t - (R_t - R^f_t)$

7) The aggregate demand for liquidity, L(r, y) is not a demand for a certain number of currency units, but is instead of a demand to hold a certain amount of real purchasing power in liquid form.

수요($L(r,\ y)$, 우하향곡선 형태)와 일치하는 수준에서 균형이자율과 균형
국민소득이 결정된다. 만약 물가와 실질국민소득이 일정하다면,[8] 단기
적으로 화폐공급(M^s)의 증가(화폐공급곡선의 우측이동)에 의해 화폐시장
에서는 실질이자율이 하락하지만, 화폐공급의 감소는 실질이자율 하락
효과로 나타난다. 또한, 단기적으로 이자율(R)과 예상환율(E^e)의 관계
를 설명한 이자율평형조건[9]에 의해 외환시장에서는 화폐공급의 증가
로 외화예금에 대한 예상수익률이 상승하면서 국내통화의 환율상승 현
상이 나타나지만, 화폐공급이 감소하면 국내통화의 환율하락 현상이
나타난다는 것이다. 물가와 화폐공급이 일정하다면, 실질국민소득 증가
로 실질화폐수요의 증가(화폐수요곡선의 우측이동)에 따른 실질이자율이
상승하지만, 실질국민소득의 감소로 실질이자율 하락효과가 나타난다는
것이다. 실질화폐수요가 일정하다면, 화폐공급의 지속적인 증가(감소)는
장기적으로 물가의 비례적인 상승(하락)을 유발한다. 실제로 중남미 국가
에 대한 실증분석(1980~2014년 통계자료)에서 화폐공급의 증가와 물가상
승 현상은 유의적인 (+)비례 관계가 나타났다. 그러나 장기적으로 화폐
공급 증가율의 지속적인 변화는 이자율 상승으로 실질화폐잔고의 균형수
준에 영향을 미치지만, 화폐공급의 절대적 수준의 변화는 실질화폐수요
($r,\ y$)에 영향을 미치지 못한다. 특히 화폐공급 수준의 변화가 장기적으
로 실질경제변수(자원배분, 통화단위의 상대가격, 완전고용 가치수준 등)에 영
향을 미치지 못하는 현상을 화폐의 장기중립성(long-run neutrality of
money)이라고 한다. 또한, 장기적으로도 화폐공급이 증가(감소)하면 실질

---

8) The long-run analysis for an economic event allows for the complete adjustment
of the price level and for full employment of all factors of production.

9) $R - R^f = (E^e - E)/E$, if R(nominal rate of return)=0, $E = E^e/(1 - R^f)$: liquidity trap

이자율이 상승(하락, 외화예금 예상수익률곡선의 우측 또는 좌측 이동)하면서 국내통화의 환율상승(하락) 효과가 나타난다는 것이다.

　화폐·외환시장(Money·Exchange Market = ME)의 단기조정(단기균형환율 = E^{SA}) 효과분석에서 예상환율이 변화하지 않는다면, 함수 E^{SA} = $ME(M^S,\ r)$에서 화폐공급(증가)과 실질이자율(하락)은 외환시장의 수요변화, 즉 외환수요곡선(우하향곡선 형태)의 우측이동으로 국내통화의 환율상승(하락)과 ($+$)비례 관계가 나타난다. 그러나 화폐·외환시장(ME)의 장기조정(장기균형환율 = E^{LA}) 함수 E^{LA} = $ME(P,\ r)$에서는 화폐공급의 증가(감소)는 화폐시장의 균형조건에 의해 비례적으로 물가수준의 상승(하락) 현상이 나타난다. 장기균형 물가수준은 실질이자율과 실질국민소득(완전고용)을 만족하는 화폐시장의 균형조건, $M^S/P = L(r,\ y)$에서 성립된다. 따라서 장기적으로는 화폐공급이 증가(감소)하면, 화폐공급곡선(수직선 형태)의 우측이동으로 실질이자율 상승(하락), 외환수요곡선(우하향곡선 형태)의 우측선상 이동으로 국내통화의 환율하락(상승) 효과가 나타난다는 것이다. 부연하면, 화폐·외환시장의 화폐공급에 따른 장기조정에서 물가상승(하락)과 실질이자율 상승(하락)은 환율상승(하락)과는 ($+$)비례 관계가 나타나지만, 장기조정의 균형환율은 단기조정의 균형환율보다는 낮은 수준에서 결정된다. 특히 국내이자율이 낮은 상태에서 외화예금에 대한 실질이자율 상승(차이)에 따른 이자율평형조건과 물가의 단기적인 경직성으로 인해 국내통화의 환율이 단기적으로 급격하게 상승하는 현상을 환율의 오버슈팅(Dornbusch Hypothesis)이라고 한다. 환율의 오버슈팅 현상은 환율의 장기균형 조정과정에서 낮은 이자율(상태)에 의한 외자유출로 인해 일시적으로 나타나는 환율상승 효과를 의미한다. 그러나 장기적으로는 화폐·외환시장의 장기조정에 의해 물가변동(상승)과 실질이자율 상승에 따른 예상환율의 하락(통화가치 상승)으로 환율의 오버슈팅 효과가 완화된다는 것이다.

물가(P)와 환율(E)의 관계를 설명한 구매력평가설(the Purchasing Power Parity Hypothesis)[10]은 국가 간 물가(차이)의 환율변동에 대한 관계에 기반하고 있기 때문에 장기적으로 환율과 화폐요소의 상호작용을 설명하는 데 유용하다. 환율에 대한 화폐적 접근방식에 따르면, 장기적인 관점에서 환율의 일반균형조건은 구매력평가설에 근거한 함수관계로 설정되고 있다. 국내물가의 상승(하락)으로 구매력이 하락(상승)하면, 외환시장에서 통화가치가 비례적으로 하락(상승)한다는 것이다. 구매력평가설은 비교우위론을 주장한 데이비드 리카도가 최초로 제기한 개념이며, 스웨덴 경제학자인 구스타프 카셀(Gustav Cassel, 1866~1945)이 일물일가의 법칙(the law of one price)에 근거하여 환율결정이론의 중심논리로 구매력평가설을 체계화했다. 그런데, 절대구매력평가설(the absolute PPP Hypothesis)에서는 환율과 물가의 상대가격 수준($E = P/P^f$), 상대구매력평가설(the relative PPP Hypothesis)에서는 환율과 물가의 비율변화($\Delta E = \Delta P - \Delta P^f$)가 각각 일치해야 한다. 구매력평가설에 의하면, 환율상승은 국가 간 물가상승률의 차이를 상쇄할 것으로 예상되기 때문에 장기적으로 물가상승률과 환율상승률(통화가치의 하락률)은 (+)비례 관계가 성립한다는 것이다. 상대구매력평가설 관점에서는 이자율평형조건에 따른 통화(예금) 간 실질이자율(r) 차이가 기간(time interval) 변화를 고려한 기대인플레이션(π^e)의 차이와 동일($r - r^f = \pi^e - \pi^{fe}$)해야 한다. 엔·달러환율과 일본과 미국

---

10) The law of one price applies to individual commodities, while PPP applies to the general price level with composition of the reference basket.

의 상대물가수준의 실증분석(1980~2019년 통계자료)에서 상대구매력평가설은 플라자합의(1985) 이후에는 부합했으나, 1980~1984년과 2011~2014년에는 상반된 양상을 나타내면서 적합성 문제가 제기되었다. 구매력평가설의 가정과는 다르게, 실제로 무역장벽(운송비용·수입제한), 가격차별화 등으로 구매력평가설이 성립되지 않는 사례(예측 불일치)가 발생하고 있으며, 국가 간 인플레이션 통계차이를 환율변화로 상쇄할 만한 근거는 없다. 특히 발라사·새뮤얼슨(1964)은 선진국에 비해 노동생산성이 비교열위 상태인 후진국에서 교역대상이 아닌 상품과 서비스(비교역재) 분야에서도 생산비용과 상대가격(임금) 수준이 하락한다고 주장했다. 그러나 크라비스·립시(1983)와 바그와티(1984)는 생산요소의 부존량 차이로 실질국민소득이 증가하면, 교역대상이 아닌 서비스 분야(노동집약적 산업)의 상대가격수준도 상승한다고 주장했다. 부연하면, 선진국에서는 자본·노동비율이 높기 때문에 노동의 한계생산성이 후진국보다 크고, 따라서 임금수준이 높게 나타난다는 것이다.

다른 조건이 일정하다면, 화폐공급의 증가는 물가수준의 지속적인 상승을 초래하지만 장기적으로 인플레이션이 생산수준이나 물가의 상대가격 변화에 영향을 주지 않는다. 상대적 화폐공급수준의 증가에 따른 물가상승은 장기적으로 실질환율의 변화에 영향을 미치지 않더라도 상대구매력평가설에 의해 명목환율의 상승효과가 나타난다. 그러나 상대적 화폐공급 증가율의 변화는 장기적으로 물가(실질화폐수요 감소), 실질이자율과 명목환율의 상승을 유발한다. 기대인플레이션(π^e)과 실질이자율(r)의 관계를 설명한 피셔효과(Fisher Effect)에 의하면, 기대인플레이션 상승(하락)은 장기적으로 실질이자율 상승(하락)과 동일한 수준에 근접(상대가격 불변)한다는 것이다.[11] 피셔효과에 의해 화폐시장에서 실질이자율 상승으로 기대인플레이션이 상승하면, 외환시장에서는 물가수준의 상승(차이)에 비례하여 환율의 상승(차이)이 나타난다. 그런데, 장기적으로 화폐시장에서는 구매력평가설에 의해 상대적 화폐공급의 수준과 변화율에 비례하여 환율상승 효과가 나타나지만, 생산요소의 투입과 산출물과의 관계로 형성되는 생산물시장(Production Output Market = PO)에서는 상대적 수요와 공급의 변화에 대해 구매력평가설이 적합하지 않거나 불분명한 것으로 추정된다. 부연하면, 장기적으로 생산물에 대한 상대적 수요증가는 상대가격의 상승(변화)에 의해 실질환율이 하락하지만, 생산물에 대한 상대적 공급증가(실질화폐잔고의 거래수요 증가)는 상대가격의 하락으로 실질환율의 상승 현상이 나타난다. 실질이자율평형조건(International Fisher Effect)에 따르면, 예상실질이자율의 차이는 예상실질환율의 변화율과 동일해야 한다는 것이다. 실질이자율평형조건에 의한 예상실질이자율의 차이($r^e - r^{fe}$)는 명목이자율의 차이($R - R^f$)에서 기대인플레이션율의 차이($\pi^e - \pi^{fe}$)를 차감한 값이다.[12] 그런데, 국가 간 명목이자율의 차이($R - R^f$)는 예상실질환율의 변화율(($e^e - e$)/e)과 기대인플레이션율의 차이($\pi^e - \pi^{fe}$)를 합산한 값으로 산출된다.[13] 따라서 함수 7 에서 실질이자율평형조건에 의하면, 예상실질이자율의 차이($r^e - r^{fe}$)는 예상실질환율의 변화율(($e^e - e$)/e)과 동일하다는 것이다.

---

11) $r - r^f = \pi^e - \pi^{fe}$

12) Expected Real Interest Rate Differences($r^e - r^{fe}$) = Expected Nominal Interest Rate Differences($R - R^f$) − Expected Inflation Differences($\pi^e - \pi^{fe}$)

13) Nominal Interest Rate Differences($R - R^f$) = Change of Expected Real Exchange Rate(($e^e - e$)/e) + Expected Inflation Differences($\pi^e - \pi^{fe}$)

$$r^e - r^{fe} = (e^e - e)/e \quad \cdots\cdots\cdots\cdots\cdots\cdots\cdots\cdots\cdots\cdots\cdots\cdots\cdots\cdots \boxed{\text{함수 7}}$$

생산물시장과 화폐시장의 균형조건은 실질국민소득(y)과 실질이 자율(r)의 함수관계(Hicks – Hansen Model, LS – LM Model)에 의해 결정 된다. 화폐시장에서는 실질이자율은 화폐의 수요와 공급에 의해 결정 되며, 화폐수요의 증가(화폐공급의 감소)로 국내이자율(R)은 상승한다. 그러나 외환시장에서는 예상환율(E^e)과 국외이자율(R^f)이 변동하지 않 는다면, 국내이자율 상승으로 이자율평형조건에 의해 예상(선물)환율의 상승, 현물환율의 하락 효과가 나타난다. 외환시장의 균형조건은 환율 과 국내이자율(예금수익률) 간의 함수관계(Mundell – Fleming Model)에서 산출된다. 생산물시장(PO)의 (단기)균형조건은 환율(E, 내생변수)과 실 질국민소득(y)과는 ($+$)비례 관계의 균형조합(우상향곡선 형태)이다. 부 연하면, 생산물시장에서 수요증가(감소)의 요인(외생변수)은 생산물시장 의 균형조합을 우측(좌측)으로 이동시키는 효과가 발생한다. 화폐·외환 시장(ME)의 (단기)균형조건은 함수 $M^s/P = L(r, \ y)$와 $E^{SA} = ME(M^s, r)$에 의해 환율(E)과 실질국민소득(y)과는 ($-$)반비례 관계의 균형조 합(우하향곡선 형태)으로 산출된다. 따라서 개방거시경제의 단기균형($PO - ME$ Model)은 생산물시장(PO)과 화폐·외환시장(ME)의 균형조건이 일치하는 수준에서 성립된다. 단기관점에서 화폐공급의 증가를 통한 확대통화정책(expansionary monetary policy)을 시행한다면, 화폐시장(화 폐수요 감소)에서 국내이자율이 하락(화폐·외환시장 균형조합의 우측이동) 하고, 이자율평형조건에 의해 환율상승(오버슈팅효과)에 따른 생산물에 대한 수요증가(수출상품의 상대가격 하락)로 실질국민소득은 증가하게 된 다. 그러나 화폐공급의 증가가 장기간 지속된다면, 화폐의 장기중립성에 의해 예상환율과 물가수준의 상승이 수반된다. 수출상품의 상대가격 상승(생산비용 증가)으로 생산물시장의 균형조합은 좌측으로 이동하고, 화폐공급 감소(화폐·외환시장의 균형조합 좌측이동)로 단기균형수준에 비해 환율하락과 실질국민소득 감소(상쇄) 효과가 나타난다. 반면, 재정지출(조세인하)을 통한 확대재정정책(expansionary fiscal policy)을 시행한다면, 생산물시장(실물수요 증가)에서 실질국민소득 증가(생산물시장의 균형조합 우측이동)에 따른 화폐보유의 수요(거래동기)를 증가시키고, 외환시장에서는 국내이자율 상승으로 환율하락 효과가 나타난다. 그러나 재정정책이 장기적으로 지속된다면, 예상환율의 하락(화폐·외환시장의 균형조합 좌측이동)에 따른 국내 생산물에 대한 수요 감소(생산물시장의 균형조합 좌측이동)로 인해 실질국민소득의 단기적인 증가효과는 상쇄(Crowding−Out Effect)된다는 것이다. 부연하면, 재정지출 확대(축소)의 장기효과는 생산물시장(실질소득)에 영향을 미치지 않고, 실물수요를 상쇄할 만한 즉각적이고 지속적인 (예상)환율의 하락(상승) 현상이 나타난다. 한편, 통화정책 또는 재정정책이 경상수지에 미치는 영향을 분석하기 위해서는 경상수지의 (단기)균형조건이 환율과 실질국민소득의 (+) 비례 관계의 균형조합(우상향곡선 형태)에서 성립된다고 가정한다. 그런데, 생산물시장의 초과공급 상태에서는 수입수요보다 수출수요를 증대하기 위한 환율상승이 필요하므로 동일한 생산량(실질국민소득) 수준에서 생산물시장의 균형조합은 경상수지의 균형조합(기울기)보다 위쪽에 위치해야 한다. 그러나 생산물시장의 초과수요 상태에서는 환율하락으로 생산물시장의 균형조합은 경상수지의 균형조합보다 아래쪽에 위치해야 한다. 경상수지의 균형조합 기울기는 생산물시장의 균형조합 기울기보다는 더 편평한 형태다. 마샬·러너조건에 의하면, 화폐공급의 증가에 의한 단기적인 통화정책은 환율상승으로 경상수지는 개선되며, 재정지출을 통한 단기적인 재정정책은 환율하락으로 경상수지는 악화된다는 것이다. 그러나 실질적인 무역거래(수주·발주)는 기존의 수출계약과 실질환율에 의해 이루어지므로 단기적인 환율상승(오버슈팅효과)은 오히려 경상수지 악화(수입비용 증가) 현상을 유발한다. 일시적인 환율상승의 효과(환율변화의 J-커브효과)가 시차(time lag)를 통해 수요와 공급의 동태적인 조정과정을 거치면서 점진적으로 경상수지가 개선되는 현상이 나타날 수 있다.

(2) 고정환율제도

환율의 변동을 환율 상승과 하락, 또는 통화가치의 평가 절하와 절상으로 구분하여 표현하는데, 변동환율제도에서는 환율의 상승(depreciation)과 하락(appreciation), 고정환율제도에서는 평가절하(devaluation)와 평가절상(revaluation)으로 각각 구분된다. 부연하면, 평가 절하와 절상은 정부의 외환정책에 대한 개입(결정)이 반영된 수동적인 표현인데 비해, 환율의 상승과 하락은 시장의 작용(수요와 공급)이 반영된 능동적인 표현이라고 할 수 있다.

개방거시경제권에서 완전고용의 달성, 물가수준의 안정 등을 달성하려는 정부(재무부)의 정책으로 인해 통화당국(중앙은행)의 경제정책의 독립성 문제에 대하여 논란의 여지가 있다. 거시경제정책의 (단기)효과를 고정환율제도와 변동환율제도로 구분하여 비교하면, 고정환율제도의 경우 화폐·외환시장에서 실질국민소득(생산)의 증가는 화폐수요의 증가(화폐수요곡선의 우측이동)로 국내이자율은 상승한다. 그러나 고정환율수준을 유지하기 위한 외환시장의 균형조건에 의해 통화당국(중앙은행)은 통화가치의 상승을 억제하기 위해 외환시장에 개입하여 외화매입(화폐공급이 증가)으로 화폐의 초과수요는 상쇄된다. 생산물시장과 화폐·외환시장을 연계하면, 확대통화정책(유동성 공급 또는 정부채권 매입)에 따른 화폐·외환시장의 균형조합이 우측이동하고, 통화당국은 고정환율(수준)을 유지하기 위해 외화매각(화폐의 초과공급 감소)에 따른 화폐·외환시장의 균형조합의 좌측이동으로 대외지급준비자산(외환보유액)은 감소하고 실질국민수득(생산량)에 미치는 효파(영향)는 없게 된다. 특히 외환시장에서 예상환율의 갑작스런 상승으로 외화예금의 예금수익률(수요 증가)이 상승한다. 외환시장의 균형조건에 의해 통화당국의 국내이자율 인상(고정환율제도 포기상태)과 외화매각(화폐공급의 감소)에 따른 대외지급준비자산 감소(자본유출)로 국제수지(자본수지)가 악화되는 국제수지위기(balance of payments crisis)의 현상이 나타날 수 있다. 국제금융시장에서 투기적인 공격에 따른 대외지급준비자산의 고갈로 고정환율제도를 더 이상 유지하지 못하면, 통화위기(self-fulfilling currency crisis)가 발생할 우려가 있다. 그러나 확대재정정책(재정지출 또는 정부채권 발행)은 생산물시장의 균형조합의 우측이동으로 실질국민소득(화폐수요의 증가)은 증가한다. 화폐·외환시장에서는 국내이자율 상승에 따른 환율하락(자국통화의 가치상승)을 억제하기 위해 통화당국은 고정환율(상태)에서 외화매입(화폐공급의 증가)에 따른 화폐·외환시장의 균형조합의 우측이동으로 생산물시장의 실질국민소득은 추가적으로 증가한다. 한편, 변동환율제도에서는 확대통화정책의 시행으로 화폐의 초과공급(화폐·외환시장의 균형조합의 우측이동)에 따른 국내이자율 하락과 환율상승의 효과가 나타나지만, 확대재정정책이 시행되면 환율하락의 효과가 나타난다. 장기관점에서 거시경제정책(통화·재정정책)의 (장기)효과를 고려하면, 확대경제정책에 의한 점진적인 물가수준(단기 경직성)의 상승으로 고정환율제도에서는 통화당국의 외환시장 개입으로 물가수준의 상승률에 비례하여 화폐공급이 증가면서 물가수준의 상승(환율수준 불변)과 화폐공급의 증가가 (+)비례하는 현상이 나타난다. 그러나 변동환율제도에서는 환율하락보다는 물가수준의 상승으로 실질환율($E \times P^f/P$)의 상승(통화가치의 고평가 현상) 효과가 나타난다.

근본적으로 통화정책의 상호 의존성은 한 국가가 채택하고 있는 통화, 금융 및 환율 체계(조정)에 달려 있는데, 그런 제도(체계)를 흔히 국제통화체계(international monetary system)라고 한다. 2018년 4월 기준으로 IMF 회원국(189개국)에서 66개국(35%)은 자유변동환율제도(freely/pure floating system), 61개국(32%)은 환율변동밴드운용제도(conventional/crawling peg system), 40개국(21%)은 관리변동환율제도(stabilized/managed floating arrangements), 11개국(6%)은 통화위원회제도(currency board system) 등의 환율제도(exchange rate arrangements)를 채택하고 있다.[14] 국제통화체계의 거시경제정책의 수립과 운용에 대한 영향(효과)을 분석하기 위해 역사적인 관점에서 금본위제도(1870~1914), 간전기(1918~1939),[15] 금환본위제도(브레튼우즈체제, 1946~1973), 변동환율제도(1973~현재)로 구분하여 고찰할 필요가 있다.

---

14) http://www.elibrary-areaer.imf.org/Documnets/YearlyReport/ARE-AER_2018
15) 금본위제도 채택(복귀): 미국(1919, 1934), 영국(1925), 프랑스(1925, 1929~1936), 금본위제도 폐기: 영국(1929), 미국(1933) 금환본위제도 채택: 영국(1922), 프랑스(1922)

금본위제도(Gold Standard System)는 고정환율제도에 근간을 둔 국제통화체계로서 1차 세계대전(1914~1918) 이전에 금을 기준으로 각국의 환율을 환산하여 실행했던 제도라고 할 수 있다. 금본위제도에서는 미달러를 금(pure gold) 23.22그레인(grains)의 동등가치로 규정했기 때문에 금 1온스(480 그레인)는 20.67미달러의 교환가치로 설정한 것이다. 1870년 이전에는 금과 은을 혼용한 복본위제도(Bimetallic Standard System)가 근간을 형성했다. 금본위제도를 채택하기 이전, 미국에서는 1837~1861년(남북전쟁: 1861~1865), 프랑스에서는 1873년 이전에 복본위제도가 유행했다. 금본위제도는 금(gold coins)을 교환의 매개수단, 계정의 단위측정, 가치의 저장수단으로 사용한 데서 유래한다. 그러나 실제로는 1819년 영국 의회가 장기간 지속된 금(코인·금괴) 수출에 대한 제한을 철폐하면서 금본위제도를 법적 제도로 도입한 것이 그 시초라고 할 수 있다. 당시 국제무역과 금융(제도·산업) 분야에서 주도적인 역할을 했던 영국(런던)이 자연스럽게 금본위제도에 기초한 국제통화체계의 중심지가 되었으며, 영국파운드(pound sterling)가 기준통화(leading reserve currency)로 부상했다. 금본위제도에서는 중앙은행이 금과 자국 화폐의 환율을 고정하는 역할을 책임진다. 공식적인 금 가격을 유지하기 위해 적정한 금 보유량이 필요한데, 각국의 통화당국(중앙은행)은 자유방임적인 태도(laissez-faire attitude)에 의한 경상수지 관리가 아니라 해외로부터의 금 확보 또는 국외에 대한 금의 급격한 유출을 관리하기 위한 정책(목표)을 취했다. 금본위제도에서 대외지급 준비자산은 금의 보유상황을 반영해야 하기 때문에 국제수지의 흑자 또는 적자는 중앙은행 간의 금 이전으로 보전(금융)되는 형태다. 대규모의 금 이동을 회피하기 위해 각국의 중앙은행이 대외균형(국제수지)

을 지향하면서 국제수지는 공식적인 외화자산(외환보유액)의 이동 없이 국가 간의 민간대출에 의해 완전히 보전될 수 있었다. 특히 금본위제도에서는 불균형 상태의 국제수지가 균형상태로 회복되는 자동조정메커니즘이 작동한다는 것이다. 대표적으로 국제무역의 중상주의 논리(zero-sum game from trade)의 내재적인 모순을 비판한 영국(스코틀랜드) 철학자인 데이비드 흄(1711~1776)이 금가격흐름메커니즘(Price-Specie-Flow Mechanism, 1752)을 주장했다. 금가격흐름메커니즘에 따르면, 영국 경상수지의 흑자규모가 금융계정수지(외환보유액 제외)보다 크다고 가정하면, 거래상대방 국가의 영국에 대한 순수입이 영국의 금융(대출)에 의해 완전히 보전되지 않기 때문에 그 거래상대방(국가)의 경상수지 적자는 대외지급준비자산(금)의 영국에 대한 지급(흐름)으로 보전(매칭)되어야 한다는 논리다. 따라서 금(specie)의 흐름(이전)은 자동적으로 국외(거래상대방 국가)의 화폐공급을 축소하고 영국에서는 화폐공급이 증가(화폐시장의 초과수요)하는 현상이 나타나면서 국외물가는 하락하지만 국내(영국)에서는 물가가 상승한다는 것이다. 당시 데이비드 흄은 물가수준과 화폐공급은 장기적으로 (+)비례 관계로 인식했다. 그 결과, 고정환율제도에서는 영국파운드(기준통화)의 실질환율(가치)이 상승하고 영국의 상품과 서비스에 대한 거래상대방 국가의 수요가 감소하는 현상과 동시에, 해외 상품과 서비스에 대한 영국의 수요가 증가하는 현상이 나타난다. 이런 수요의 변화는 영국의 경상수지 흑자를 감소하면서 동시에, 거래상대방 국가의 경상수지 적자를 감소하는 방향으로 작동된다. 따라서 최종적으로는 대외지급준비자산의 이동이 중지되고 모든 국가에서 국제수지가 균형상태에 도달하게 된다. 그러나 1914년 이전에는 존 케인즈가 제기한 금본위제도의 규칙(rules of the game)[16]을 위반한 사례가 빈번했는데, 경상수지 흑자국가보다는 적자국가에서 오히려 그 규칙을 준수하려는 인센티브가 강력하게 작동되면서 경상수지 적자국가가 세계 전체적으로 경상수지의 균형상태 달성을 실제로 부담하게 되는 딜레마에 직면하게 된 것이다. 금 유입(흐름)의 축소조치를 취하지 않은 경상수지 흑자국가가 금본위제도의 내재적인 국제가격조정의 문제를 오히려 악화시키면서 제한된 대외지급준비자산(금 보유포지션)의 확보를 위해 경상수지 적자국가에서는 공공연하게 고용증대를 역행하는 상반된 통화정책을 채택하는 사례도 발생한 것이다. 실제로 금본위제도에서 금 흐름 중단(sterilized gold flows), 즉 국외자산이 증가하면 국내자산을 매각하고 국외자산이 감소하면 국내자산을 매입하는 사례가 나타났고, 정부가 금 수출에 개입하면서 금본위제도의 작동을 저해하는 결과를 초래했다. 금본위제도에서는 금을 기준으로 화폐의 가격을 고정함으로써 통화량 증가(율)를 제한하여 물가의 안정적인 수준을 유지하기 위해 추진되었다. 1870~1914년에는 국가별로 인플레이션 또는 디플레이션 현상이 나타나기도 했지만, 금본위제도를 채택한 국가에서 소비자물가상승률이 비교적 안정적인 수준에서 유지되었다. 그러나 1914년 이전, 대내불안정 현상(단기)이 발생한 근본적인 요인은 대내균형(완전고용, 물가안정)이 경제정책(목적)의 우선순위에서 대외균형(적정수준의 경상수지[17] 관리)에 비해 밀려났기 때문이다. 각국의 통화당국은 경제정책의 대내균형과 대외균형의 목적을 달

---

16) the practices of selling domestic assets in the face of current account deficit and buying the assets in surplus

17) 경상수지 적자는 해외차입으로 국제투자포지션이 악화된 상태이고 장기간 지속되면 해외채권자의 긴급중단(sudden stop) 사태가 발생할 수 있으며, 경상수지 흑자($CA = S - I$)는 국내투자의 감소를 의미한다.

성하기 위해 최적의 환율제도(optimum currency arrangements)의 선택에
도 불구하고, 근본적인 통화정책의 관리문제에 직면하게 되었다. 예를
들면, 높은 수준의 환율안정과 국가 간의 자본이동이 허용된 고정환율
제도를 채택한 국가(금본위제도)에서는 대내균형의 정책을 추진하기 위
해 자율적인 통화정책을 포기(희생)하게 된다. 그러나 자본이동을 제한
(포기)한 고정환율제도 채택국가(금융통제 또는 브레튼우즈체제)에서는 이
자율평형조건을 충족할 필요가 없게 되고, 자율적인 통화정책에 의해
국내이자율을 독자적으로 조정(경기과열을 억제하기 위한 이자율 인상조치
등)이 가능하다. 변동환율제도를 채택한 국가(이자율평형조건)에서는 국
가 간 자본이동(금융)이 자유롭고 자율적인 통화정책을 시행할 수 있으
나, 환율은 예측하기 어려운 상태로 움직이면서 환율안정을 희생하게
된다. 따라서 개방경제정책에서는 외환통제(financial controls)에 의한
환율안정(exchange rate stability), 물가관리를 위한 통화정책의 자율성
(monetary policy autonomy) 및 자본이동(금융흐름)의 자유(freedom of
international capital movements)에 대한 통화정책의 딜레마(Monetary
Trilemma for Open Economies) 문제가 잠재되어 있다. 고정환율제도
에 의한 환율안정과 자본이동의 자유, 변동환율제도에 의한 통화정책
의 자율성과 자본이동의 자유(현상 또는 특성)가 공존할 수 있지만 환
율안정, 통화정책의 자율성과 자본이동의 자유를 위한 목적을 모두
동시에 달성할 수 없다는 것이다. 부연하면, 통화정책의 딜레마(문제)
의 관점에서, 금본위제도(고정환율제도)는 환율안정과 자본이동을 허용
했지만 대내균형의 통화정책(목적)을 희생하는 국제통화체계라고 할
수 있다.

　　1차 세계대전 기간에는 막대한 군사비용을 지불하기 위해 화폐발

행을 늘리면서 사실상 금본위제도가 중단되었다. 더구나 전쟁에 따른 후유증으로 노동력과 생산능력은 급격히 위축되면서 물가는 급능주세를 보였다. 결국 1차 세계대전으로 통화 공급과 물가상승의 추세가 전후 공공지출을 통한 경제재건의 과정에서 전쟁당사자국에서는 심각한 인플레이션 현상이 나타났다. 미국은 1919년 금본위제로 복귀했는데, 1922년에는 이탈리아(제노아)에서 개최된 국제통화회의에서 영국, 프랑스, 이탈리아와 일본이 대내균형과 대외균형을 달성하기 위한 국제협력을 통해 금본위제도 복귀를 요구하는 조건(프로그램)에 합의했다. 그러나 중앙은행의 대외지급준비자산 요구수준에 비해 금보유량(공급)은 충분하지 않았다. 제노아회의(Genoa Conference)에서는 대외지급준비자산을 금으로만 보유했던 (일부)대규모경제권(영국)에 비해, 그 대규모경제권의 통화를 대외지급준비자산으로 보유하고 있던 소규모경제권에 대하여 부분적인 금환본위제도(partial Gold Exchange Standard System)를 승인했다. 금환본위제도는 금과 기준통화(영국파운드)의 가치기준을 설정하였는데, 기준통화 가치는 금(온스당)에 고정(gold parity)되고, 기타 통화가치는 기준통화에 고정(par value 설정)하는 국제통화체계라고 할 수 있다. 그러나 1925년, 영국은 파운드를 전쟁 이전 가격수준의 금가치(온스당 4.25파운드)에 고정하는 금본위제도(gold parity system)로 복귀했다. 당시 영국의 재무장관(Chancellor of the Exchequer)이었던 윈스턴 처칠(Winston Churchill)은 금본위제도 운용기간에 국제금융시장에서 주도적인 역할을 했던 영국의 외환제도 안정에 대한 확신이 전쟁 이전의 가격변동(이탈)으로 침해받는다고 우려하면서 기존의 금본위제도를 옹호했던 것이다. 영국의 물가수준은 전쟁 발발이후 하락했지만, 1925년에는 전쟁 이전의 금본위제도 기간의 물가수준보다는 여전히 높았다. 전쟁 이전 수준으로 금의 영국파운드 가격으로 복귀하기 위해 영국 중앙은행(the Bank of England)은 긴축통화정책을 시행하지 않을 수 없었다. 그러나 영국의 경제상황(침체)은 금본위제도의 안정적인 회복(유지)의 측면에서 문제가 발생했다. 제노아회의 합의에 따라 각국 중앙은행은 대외지급준비자산(런던 예금형태 보유)을 보유했지만 영국의 금보유량은 제한적이었고 지속적인 경기침체로 인해 영국의 외채상환능력에 대한 신뢰도가 하락했다. 각국 중앙은행은 금 보유자산을 유지하려고 자산(주식) 매각을 늘렸고, 금융기관의 지급불능사태는 1929년에 발발한 경제대공황(Great Depression)을 유발하는 잠재적 요인이 되었다. 기준통화인 영국파운드에 대한 신뢰도가 저하된 상황에서 대외지급준비자산으로 보유한 국가들이 자국 통화의 가치를 안정적으로 유지하기 위해 보유통화(영국파운드)의 금 전환이 본격화되기 시작하게 되었다. 마침내 영국 정부는 금보유량이 고갈되면서 금본위제도를 1929년에 폐지하고 1931년에는 금본위제도를 공식 탈퇴했다.

경제대공황이 지속되면서 많은 국가에서 금본위제도를 폐지하고, 외환시장에서 각국 통화의 가치변동으로 환율의 불안정 상태가 지속되었다. 미국은 1933년에 금본위제도에서 탈퇴한 이후 1934년에 다시 복귀했는데, 온스당 미달러 가치를 20.67달러에서 35달러로의 인상(40% 평가절하) 조치를 취했다. 그런데, 자국 통화의 가치를 평가절하하지 않고 금본위제도에 집착한 국가(the Gold Blocs, led by France)들은 경제대공황 기간에 심각한 경기침체를 경험했다. 반면, 금본위제도를 폐지했거나 통화가치의 평가절하 조치를 취했던 국가들은 생산과 물가가 경제대공황 이전수준으로 급속히 회복된 것으로 나타났다. 설상가상으로 1930년 7월 17일에는 미국 정부가 수입관세 긴급인상조치(스무트·홀리

법)18)로 산업(직업)을 보호하기 위한 정책을 시행했지만, 미국의 수입관
세 인상조치는 미국 이외의 국가들에 대해서는 실업(고용) 문제 등 부정
적인 영향을 미쳤다. 이에 따라, 미국의 무역상대방 국가들은 즉각적인
무역보복조치(retaliatory trade restrictions), 특혜무역협정(preferential
trading agreements) 등으로 반발했으며, 세계 전체적으로 무역(규모)은
급격히 위축되었다. 국내 경제와 산업을 보호하기 위한 주변궁핍화정책
은 거래상대방 국가들이 경제여건을 악화시키기 때문에 나른 국가들노
그 정책을 동시에 취할 때 모두가 피해를 입게 된다. 특히 독일에서는
자본유출을 제한하고 고정환율제도를 유지하기 위해 자본통제를 시행
했는데, 자본통제의 물가와 무역에 대한 왜곡효과를 상쇄(보완)하기 위
해 독일 정부는 양자간 무역결제협정 등의 제도를 시행했다. 그러나 이
런 제도는 외환부족의 상황에서 독일 정부(Nazi)의 중요한 수입결제(확
보)를 위해 활용되기도 했다. 경제대공황의 후유증, 통화의 가치하락(평
가절하)을 통한 무역수지 효과 기대 등으로 국제금융시장에서는 금보다
는 미달러에 대한 보유 수요가 증가하면서 금본위제도는 2차 세계대전
이 발발한 직후인 1939년에 사실상 종결되었다.

　　브레튼우즈체제(the Bretton Woods System)는 1944년 7월, 미국(뉴
햄프셔)에서 44개국 대표가 국제통화기금(IMF)의 합의조항에 서명하면
서 구축되었다. 기존의 금본위제도에서는 경쟁적인 통화가치 하락에
대하여 규제할 수 있는 다자기준의 국제통화체계가 결여된 상태였다.
2차 세계대전의 종료가 임박하면서 국제무역에 대한 제한조치 없이 대
외균형을 달성한 국가들도 있지만, 전후 경제재건을 위해 대내균형(완

---

18) It was sponsored by Reed Smoot (Senator) and Willis Hawley (House of
　　Representative).

전고용, 물가안정)을 강화하려는 국제통화체계(환율 규율과 유연성) 구축 필요성이 브레튼우즈체제로 나타난 것이다. 또한, 전쟁 당사자국에 대한 경제재건(마샬플랜)을 지원하고 식민지 국가들의 경제 개발과 현대화를 위해 세계은행(World Bank)이 창설되었으며, 1947년에는 무역장벽을 제한하는 다자포럼의 형태로 관세 및 무역에 관한 협정(GATT)도 체결되었다. 브레튼우즈 합의에 의해 구축된 국제통화체계(IMF 관할사항)는 미달러에 대한 고정환율제도를 채택하되, 금 가치(gold par value)를 온스당 35미달러로 설정하고, 기타 통화는 금이 아닌 미달러(금 태환 가능 통화) 환율에 연동되는 사실상 금환본위제도(gold exchange standard)라고 할 수 있다. 그러나 각국 중앙은행은 통화가치의 하락에 따른 환율허용밴드를 최대 10% 범위 내에서 자율적으로 운용할 수 있지만, 10%를 상회하는 경우에는 IMF의 별도 승인을 받아야 한다. 따라서 IMF 합의규정(Articles of Agreement)에 따르면, 대외지급준비자산(금 또는 미달러 형태)으로 보유한 IMF 회원국(중앙은행)들은 필요한 경우 IMF에 긴급지원(승인)을 요청하면서 대외불균형 조정문제를 해결할 수 있다. 부연하면, 브레튼우즈체제에서 작동되는 국제통화체계(환율제도)는 금환본위제도로서 미달러가 대외지급준비자산의 기준통화(principal reserve currency)로 설정된 계기가 되었다.19)

브레튼우즈체제에서 통화정책의 딜레마를 어떻게 해결할 수 있었는가? 기본적으로 통화정책시스템(monetary policy system)은 환율안정,

---

19) The United States itself intervened only rarely in the foreign exchange market. Usually, the $N-1$ foreign central banks intervened when necessary to fix the system $N-1$ exchange rates, while the United States was responsible in the theory for fixing the dollar price of gold.

자본이동의 자유 및 통화정책의 자율성을 추구한다. 그러나 본질적으로 브레튼우즈체세(고정환율제도)는 자본(민간금융) 이동의 자유는 제한되고, 통화정책의 자율성(독립성)을 허용한다는 가정(추정)에 기반을 두고 있다. 따라서 브레튼우즈체제에서는 환율변동의 유연성 제한에도 불구하고, 통화가치의 평가절하(환율상승) 조치로 실질환율($E \times P^f / P$) 상승에 따른 경상수지 개선의 정책효과(expenditure−switching policy), 확대재정정책 시행으로 지출수요 증가에 따른 실질국민소득 증가의 정책효과(expenditure−changing policy) 등이 나타난다.[20] 다자무역의 효율성을 제고하기 위해 국제통화기금의 협정(합의)으로 국제통화기금 회원국들은 각국 통화를 미달러(기준통화)와 자유롭게 교환할 수 있는 교환화폐(convertible currency)로서 거래할 수 있었으며, 실제로 유럽 대부분의 국가에서는 1958년(일본: 1964)부터 각국 통화가 교환화폐로서 작동하기 시작했다. 브레튼우즈체제로 인해 미국의 정치경제의 패권이 강화되면서 2차 세계대전 이후 미달러가 기준통화의 역할을 담당하게 되었으며, 미달러가 교환화폐의 기능이 활발해지면서 국제무역에서 미달러 결제가 증가하고 무역 거래당사자(기업)의 미달러 보유(잔고)가 증대되는 경향을 보였다. 미달러가 교환중개, 회계단위와 가치저장을 위한 국제통화로 부상한 것이다. 따라서 각국의 중앙은행은 자연스럽게 미달러 자산형태의 대외지급준비자산 확보가 국제수지의 관리에 유리하다고 인식하게 되었다. 유럽에서는 1958년 이후 교환화폐의 기능회

---

20) A change in expansionary fiscal policy is called an expenditure−changing policy because it alters the level of the economy's total demand for goods and services, while the accompanying exchange rate adjustment is called an expenditure−switching policy because it changes the direction of demand, shifting between domestic output and imports.

복이 통화정책의 대외거래 제한(본질)을 점진적으로 변화시키면서 외환시장에서 교환화폐(미달러)에 대한 거래가 확대되기 시작되었다. 국가 간 투자기금의 이동(기회)을 통해 국가별 금리수준은 보다 밀접하게 연계되었고, 통화정책의 변화속도는 국가별 대외지급준비자산의 변화(증가 또는 감소)에 직접적인 영향을 미쳤다. 이자율평형조건에 의해 국제적인 금리수준이 정확하게 일치하지 않은 상태에서도 브레튼우즈체제가 정착되면서 국가 간 금리수준이 밀접하게 연계된 것이다. 그러나 갑작스런 국제금리 상승에 직면한 각국의 중앙은행은 대외지급준비자산의 관리(확보)를 위해 자산매각 또는 금리인상(조치)을 취하지 않을 수 없었다. 따라서 교환화폐의 기능회복이 직접적이고 완전한 국제적인 금융통합을 위해서는 효과적으로 작동되지 않았다. 오히려 대부분의 국가들은 국제통화기금이 허용하고 있는 금융계정(거래)에 대한 제한을 지속적으로 유지했다.

브레튼우즈체제에서 민간 자본이동의 증가현상(여건)으로 인해 경상수지 적자와 흑자는 또 다른 의미(중요도)를 내포하고 있었다. 경상수지 적자가 대규모로 지속된 국가에서는 국제통화기금 협정(합의)에 의한 경제기초여건의 불균형(fundamental disequilibrium) 현상이 우려되었다. 그 결과, 그 국가의 통화가치 하락으로 국제수지위기(self-fulfilling balance of payments crisis)를 유발하는 계기가 된 것이다. 부연하면, 경상수지 적자에 직면한 국가들은 미달러에 고정된 통화의 환율(가치)을 유지하기 위해 외환시장에서 각국 통화를 매입(수요)하고 국외자산을 매각(공급)하면서 대외지급준비자산은 감소하고 통화가치의 하락압박을 받게 된다. 1960~1970년대 유럽에서는 국제수지 위기가 빈번하게 나타났다. 1964년 무역수지 적자를 기록한 영국의 파운드에 대한 투기적인 공격이 나타나면서 1967년에 영국파운드의 평가절하(조치)가 이루어졌고, 1969년에는 프랑스와 독일에 대한 투기자금의 유출과 유입으로 프랑(franc)의 평가절하, 마르크(mark)의 평가절상이 이루어졌다. 이탈리아, 스페인 등 유럽경제공동체(EEC) 회원국을 중심으로 통화가치의 하락추세가 나타나면서 브레튼우즈체제가 붕괴되는 여건이 조성되었다. 특히 미국은 다른 국가의 중앙은행들과의 미달러에 대한 금 거래가 필요하고 다른 국가들이 보유한 미달러의 금 교환 요구에 대응해야 하는 구조적인 문제가 미국의 거시경제정책에 대한 잠재적인 제약(대외불균형)으로 작용했다. 금환본위제도의 논리에 따르면, 다른 국가들의 중앙은행들은 대외지급준비자산 확보와 외채이자 지급을 위해 미달러 보유를 지속적으로 선호하는 현상이 팽배했다. 또한, 경제성장을 지속하기 위한 금 공급량이 충분하지 않았기 때문에 각국 정부(통화당국)는 적정한 대외지급준비자산을 유지하고 디플레이션을 억제하기 위해 미달러 자산의 축적이 유효한 경제대책이었다. 더구나 금 교환이 빈번하게 나타나면서 미국이 보유한 금 보유량의 고갈(사태)이 우려될 정도였다. 1960년, 미국 경제학자인 로버트 트리핀(Robert Triffin)은 브레튼우즈체제의 근본적인 딜레마(Triffin's Dilemma)를 제기했다. 각국의 중앙은행들이 장기적으로 대외지급준비자산(미달러)을 확보하려고 하기 때문에 미국이 확보한 금 보유량 범위 내에서는 다른 국가들의 미달러 보유량이 필연적으로 증가한다는 것이 트리핀의 견해다. 그런데, 각국의 중앙은행들이 미달러를 금과 교환할 정도의 가치로 인식하지 않는다면, 미달러를 대외지급준비자산(기준통화)으로 축적하려고 하지 않게 되고, 보유한 미달러를 유동성자산(현금)으로 전환하려는 시도를 하게 되면서 신뢰문제(confidence problem)가 나타난다는 것이다. 부연하면,

브레튼우즈체제의 신뢰문제를 해결할 수 있는 유일한 대책은 미달러에 대한 금의 공식적인 가격을 상승시키는 것이지만, 오히려 물가상승(인플레이션 현상)을 유발하고 금 보유(공급) 국가들을 유리하게 하는 정책적인 부작용을 초래할 수 있다. 그러나 1960년대 말부터 각국의 중앙은행은 환율을 안정적으로 유지하기 위해 대외지급준비자산(미달러)의 매입(수요) 증가로 인해 통화 공급량이 증가하면서 인플레이션(현상)이 발생할 우려가 잠재되어 있었다. 1965~1968년 린던 존슨(Lyndon Johnson) 미대통령은 재정정책(세수증가)보다는 통화공급 증대조치에 치중한 결과, 소비자물가상승률이 1966년 4%에서 1968년에는 9% 수준으로 급등했다. 정부지출은 가계소비의 증가를 유발했으나 특히 수입 증가로 인해 미국의 무역수지는 악화되기 시작했다. 더구나 1970년대 이후 미국에서는 재정지출의 확대로 인한 물가의 지속적인 상승 현상이 경상수지 악화(흑자 감소)에 영향을 미치면서 미국의 경상수지는 만성적인 적자 국면으로 전환되었다. 미국의 경상수지 적자와 인플레이션으로 인해 외환시장에서는 미달러의 가치하락(투기공격) 현상이 나타났다. 경기침체로 인해 실업이 증대하면서 국제금융시장에서는 유럽 주요국의 통화에 대한 미달러 가치(환율)가 하락하는 현상이 발생한 것이다. 완전고용과 경상수지균형 상태로 회복하기 위해 미연준(US Federal Reserve)은 미달러의 실질가치(실질실효환율) 하락을 용인했다. 그러나 각국의 중앙은행에 의한 미달러의 지속적인 매입으로 고정환율제도의 운용에도 불구하고, 물가수준의 상승(인플레이션) 현상이 심화되었다. 각국은 미국으로부터 인플레이션을 수입하게 된 것이고, 따라서 인플레이션 심화현상을 억제하기 위해 금환본위제도의 무용론이 제기되었다. 특히 독일중앙은행(Bundesbank)은 1971년 5월에 마르크 보유수요

증가에 대한 대책(환율 안정)으로 외환시장에서 미달러를 매입하고, 마르크의 변동환율제제를 허용했디. 브레튼우즈체제의 인정화를 위한 조치가 한계에 직면함에 따라, 미국 정부(리처드 닉슨 대통령)는 1971년 8월, 수입관세(10%) 부과와 금환본위제도의 폐지조치(Smithsonian Agreement)를 단행했다. 1971년 12월, 미달러 환율의 8% 평가절하(환율변동밴드: ±1% → ±2.25%), 수입관세 부과폐지 이후에도 1973년 2월에는 외환시장에서 미달러에 대한 투기공격으로 미달러는 10%의 추가적인 가치하락 현상이 나타났다. 1973년 3월 19일에는 외환시장에서 환율변동이 확대되면서 마침내 브레튼우즈체제가 붕괴되었고, 선진경제권(유럽 주요국)은 통화의 미달러에 대한 변동환율제도를 허용했다. 국제금융시장의 동요를 계기로 고정환율제도가 종식되고, 투기적인 자본이동을 관리하기 위한 대책으로 변동환율제도가 도입된 것이다.

(3) 변동환율제도

1973년 3월부터 선진경제권을 중심으로 정착되기 시작한 변동환율제도는 각국의 통화당국(중앙은행)이 미달러에 대한 환율을 고정하기 위해 외환시장에 더 이상 개입하지 않는다는 것을 의미한다. 따라서 변동환율제도는 통화정책의 자율성(monetary policy autonomy), 통화여건의 대칭성(symmetry), 환율의 자동안정성(exchange rates as automatic stabilizers), 대외불균형 조정(exchange rates and external balance) 등에 대하여 긍정적인 역할이 예견되었다. 부연하면, 각국의 중앙은행이 환율 고정을 위해 외환시장에 개입할 의무가 없기 때문에 각국 정부는 대내균형과 대외균형을 위한 통화정책(인플레이션 또는 디플레이션 영향(수입)에 대한 대책 등)을 취할 수 있고, 브레튼우즈체제의 내재적인 비대칭성이 사라졌기 때문에 미국도 다른 국가들과 마찬가지로 환율에 영향을 미치는 영향정도(기회)가 유사하며, 총수요의 변화에 대한 대내균형과 대외균형을 달성하기 위해 외환시장에서 환율수준이 조정되어 결정된다는 것이다.

통화정책의 자율성과 관련하여, 변동환율제도에서는 고정환율제도가 폐지하면서 중앙은행에 대한 통화통제를 회복해야 한다는 주장이 제기되었다. 각국 중앙은행이 실업 문제를 해결하기 위해 통화 공급을 확대하려면 통화약세(환율상승)에 대한 법적 규제가 더 이상 의미가 없고, 자본유입을 우려할 필요가 없는 경기과열 상태에서 통화 공급을 축소하여 경제활동을 조절함으로써 경제안정화(조치)를 취할 수 있다는 것이다. 통화정책에 대한 통제(기능)의 제고로 인해 국제지급(대외결제)에 대한 왜곡된 규제를 철폐할 수 있다. 부연하면, 변동환율제도는 통화정책의 딜레마(the impossible trinity theorem)의 접근방식에서 고정환율(환율정책의 유연성 포기)을 설정하기보다는 통화정책의 자율성과 자본이동(유입)의 자유를 위한 국제통화체계를 의미한다. 변동환율제도에서는 국외 물가수준의 상승으로 인한 국내 인플레이션 현상을 억제함으로써 대내균형과 대외균형을 동시에 달성가능하다. 부연하면, 변동환율제도에서는 국외 인플레이션을 차단하는 환율의 변화를 통해 자동조절 기능이 이론적으로 가능하다. 변동환율제도의 기본적인 메커니즘은 구매력평가설을 기반으로 환율(변화)은 장기적으로 국가 간 인플레이션의 차이를 정확하게 상쇄하는 수준으로 근접한다는 것이다. 구매력평가설에 의하면, 어떤 국가의 통화증가에 의한 물가의 상승수준은 장기적으로 비교대상 국가의 물가의 하락수준과 정확히 일치한다는 것이다. 그러나 명목환율의 변화에도 불구하고, 국가 간 실질환율은 불변인 상태

┌ 그림 5 미달러의 실효환율지수(Real Dollar Indexes) 변동추이 ┐

자료: US Federal Reserve.

에 있으므로 비교대상 국가의 대내균형(완전고용, 물가안정)과 대외균형
(경상수지)은 유지될 수 있다. 구매력평가설에 의한 환율의 변화는 장기
적으로 국가 간 인플레이션을 차단하는 역할을 한다. 예를 들면, 변동
환율제도에서 환율의 변화에 의한 미국 물가수준의 상승은 미국 이외
국가들의 미달러에 대한 통화가치의 즉각적인 가치상승을 유발한다.
실제로 국제금융시장(외환시장)에서는 단기적으로 구매력평가설과는 다
르게, 통화가치의 상승에 따른 변동환율의 조정현상(투기적 공격)이 나
타나지만, 장기적으로는 구매력평가설에 의해 다른 국가들의 통화가치
의 상승(예상) 현상이 나타난다. 〈그림 5〉의 미달러의 실효환율지수
(Real Dollar Indexes) 변동추이에 대한 실증분석(1973~2019년 실효환율지
수 기준)에 의하면, 변동환율제도 채택 이후 1979~1984년에는 미달러
에 대한 다른 국가들의 통화가치 하락으로 인한 인플레이션 수준의 국
가 간 격차가 발생했다. 실효환율지수(effective exchange rate index)는
외환 바스켓(basket of foreign currencies) 기준으로 미달러 가격을 산출
한 것이고, 실질실효환율지수(real effective exchange rate index)는 외국

산출물의 바스켓(basket of foreign outputs) 기준에 의한 미국 산출물의 가격수준을 의미한다. 실효환율지수의 상승은 미달러의 가치상승, 실효환율지수의 하락은 미달러의 가치하락을 의미한다. 통화의 가치하락과 물가수준의 상승은 비례(환율과 물가의 (+)관계)한다는 구매력평가설이 적합하지 않더라도, 실제로 고물가(고인플레이션) 국가들에서는 저물가(저인플레이션) 상태에 있는 국가들에 비해 통화의 가치하락 현상이 더 크게 나타났다. 부연하면, 통화 가치하락(환율)의 차이가 인플레이션의 차이에서 기인하고 있으므로 장기간에 걸친 명목환율의 변동성에서 구매력평가설이 작동한 것이라고 할 수 있다.

통화여건의 대칭성(금본위제도 제외)과 관련하여, 국제통화체계에서 미달러 중심적인 역할에 기반한 브레튼우즈체제의 비대칭성(international disagreement) 현상을 변동환율제도에서는 제거했다는 것이다. 브레튼우즈체제에서는 각국의 중앙은행들은 미달러에 대한 고정환율제도 운용과 미달러(대외지급준비자산)의 축적으로 미연준은 국제 유동성(통화공급)을 결정하는 데 주도적인 역할을 했기 때문에 각국의 중앙은행은 자국내 통화정책(공급) 결정에서 제한적인 역할을 수행했다. 또한, 불균형적인 경제기초여건(fundamental disequilibrium)에서 미달러에 대한 통화의 평가절하(조치)를 각국 중앙은행이 취할 수 있었지만, 브레튼우즈체제는 미연준이 미달러의 평가절하를 취할 수 있는 선택적인 조치를 부여하지 않았다. 오히려 미달러의 평가절하에 대한 요구는 다자간 협상을 통해 장기간에 걸쳐 경제적인 부작용을 초래했다. 그러나 변동환율제도에서는 더 이상 미달러에 대한 고정환율제도를 유지할 필요가 없고 통화여건에 따른 자율적인 통화정책을 수행할 수 있기 때문에 국가간 비대칭성이 사라진 것이다. 부연하면, 각국 통화의 환율은 정부(통화당국)의 정책적인 결정이 아니라 외환시장에 의해 대칭적으로 결정된다. 그런데, 1973년 이후 각국의 중앙은행이 미달러를 대외지급준비자산으로 확보하려고 외환시장에 개입했기 때문에 국제통화체계는 오히려 비대칭적인 상태였다. 미국 경제학자인 로널드 맥키넌(Ronald Mckinnon)은 변동환율제도가 브레튼우즈체제에 의한 비대칭적인 지급준비통화시스템과 유사하다고 주장했다. 변동환율제도에서는 각국 중앙은행들이 과도한 지급준비통화(미달러)의 축적으로 통화공급(변화)의 대칭적인 통화조정메커니즘(기능)이 오히려 약화되었다는 것이다.

환율의 자동안정성과 관련하여, 변동환율제도에서는 환율과 실질소득(산출물)의 관계에서 수출수요가 감소하면 생산물시장의 단기균형조합의 좌측이동으로 화폐보유의 거래동기(화폐수요)도 감소하였기 때문에 화폐·외환시장의 균형조건에 의해 국내이자율 하락으로 환율상승(통화의 가치하락) 효과가 나타난다. 그러나 고정환율제도에서 각국의 중앙은행은 환율변동에 따른 통화의 가치하락을 방지하기 위해 외환(보유액)보다는 외환시장에서 통화의 매입으로 화폐공급은 감소하게 된다. 환율과 실질국민소득(산출물)의 관계에서 화폐·외환시장의 단기균형조합의 좌측이동으로 변동환율제도보다 실질국민소득은 더 위축된다. 따라서 변동환율제도에 따른 산출물의 변화(이동)는 고정환율제도(통화정책 무용론)에 비해 상대적으로 경기위축(고용문제) 효과를 억제함으로써 거시경제의 안정화에 보다 기여할 수 있다. 부연하면, 변동환율제도에서는 환율상승(통화 가치하락)은 자국 생산의 상품과 서비스 가격을 더 낮게 형성하게 함으로써 국내 수요의 감소분을 어느 정도 상쇄할 수 있을 뿐만 아니라, 국제무역에서 상품과 서비스의 수출 가격경쟁력을 제고하여 고정환율제도에 따른 대외불균형(경상수지 적자) 현상을 개선

대외불균형 조정과 관련하여, 변동환율제도에서는 경상수지의 대

- 흑자 또는 적자가 지속적으로 나타나는 현상을 방지할 수 있다는

다. 예를 들면, 대규모 경상수지 적자국가는 해외에서 자금을 차입

(증가)하기 때문에 외채상환을 위해 수입보다는 수출을 증가시켜야

만, 경상수지 흑자국가에서는 통화의 가치하락이 요구되는 상황이

따라서 국제금융시장(외환시장)에서 통화의 가치하락(예상)으로 인해

적으로 수출 가격은 하락하여 가격경쟁력이 제고되지만 수입 가격

상승하게 된다. 결국 통화가치의 하락과 상승의 메커니즘은 경상수

적자와 흑자 규모를 축소함으로써 대외수지 불균형 현상을 완화하

된다. 국제금융시장에서 변동환율제도의 채택으로 나타난 환율의

는 1973년의 1차 오일쇼크로 인해 그 변동성이 확대되었다. 1차

쇼크로 1974~1975년에는 비정상적인 거시경제여건이 조성되었는

일반적으로 경제성장(침체)과 물가상승(하락)은 (＋)비례 관계에 있

경제통설이 무너졌다. 자본주의 시장경제에서 경제침체와 물가상

동반되는 스태그플레이션(stagflation = stagnation + inflation) 현상이

난 것이다. 1974~1975년의 스태그플레이션은 수요와 공급이 침체

상황에서 상품(소비재) 가격의 상승이 직접적으로 인플레이션 현상

유발했고, 경기침체와 실업증대에도 불구하고 임금 등 생산요소 가

연계되는 기대인플레이션이 상승한 데 기인한 것이라는 분석이

그런데, 미국은 확대통화정책을 통해 실업 문제를 극복하려고 한

, 유럽경제권에서는 인플레이션 현상을 오히려 우려한 상황이었다.

결과, 통화정책의 대외불균형 현상으로 미국에서는 10%를 상회하

인플레이션으로 인해 1976~1978년에는 미달러의 가치(실효환율지

가 하락했다. 더구나 1978년의 2차 오일쇼크는 스태그플레이션 현

할 수 있다. 변동환율제도의 외환시장에서는 (명목
화폐의 실질가치 히락(요구)이 나타나면서 실업을
락을 압박할 필요가 없고, 고정환율제도에서 나
(speculative disruption) 위험도 없다는 것이다. 197
는 구조적인 변화가 나타났는데, 통화가치(환율)의
타나지 않는다면, 고정환율제도의 어떤 형태(패턴)
않았다. 자본통제가 없는 상황에서 브레튼우즈체저
기적인 공격이 빈번하게 나타났다. 그러나 변동환
자본통제의 완화를 더 빨리 취할 수 있었기 때문어
글로벌 금융산업의 급속한 성장에 기여했고, 그 결
금융투자)의 거래에 따른 이득실현이 가능했다. 19
는 재정지출 확대로 인한 경기호황으로 미달러의
타나면서 변동환율제도가 총수요 변화 등의 실물경
에 대한 완충작용을 할 것이라는 견해에 의구심이
5)에서 미달러의 통화가치(1973~2019년 통계자료
1996~2001년과 2015~2019년 기간에 다른 국가들의
대적으로 강세를 보였으나, 1973~1978년, 1985~19
년 기간에는 약세를 보였다. 상품시장 여건의 지속
율제도에서 실질환율의 조정에 대한 요구가 강화되
다. 장기적으로는 화폐의 중립성과 상대가격의 불
환율을 유지하려는 외환시장에 대한 정책개입이 효
없다. 변동환율제도에 의해 통화리스크 프리미엄의
시장(자체)으로부터 기인한 충격에 의해 경제 구조
될 위험이 오히려 우려된 것이다.

상을 더욱더 심화시키는 결과를 초래했는데, 당시 지미 카터(Jimmy Carter) 미대통령이 임명한 폴 볼커(Paul Volcker, 1979~1987) 미연준 총재가 1979년 10월부터 주도한 긴축통화정책의 시행(피벗)으로 미달러의 가치상승이 시작되었다. 1980년 11월의 대선에서 당선된 로널드 레이건(Ronald Reagan) 미대통령은 인플레이션과의 전쟁(anti-inflation platform)을 선언했고, 긴축통화정책의 강화로 미국의 기준금리가 상승하면서 1981년 말 단기금리는 1978년의 200% 수준에 달했으며, 1979~1984년에는 미달러의 실효환율지수가 지속적인 상승추세를 보였다. 레이거노믹스로 알려진 공급위주 거시경제의 경기부양정책에 따른 미국의 재정지출 확대(재정수지 적자)로 독일마르크에 대한 미달러의 가치상승률(cumulative appreciation)은 1979년 말에 비해 1985년 2월에는 47.9%(누적 기준)에 달하면서 미국의 경상수지 적자는 더욱더 악화되었다. 미국의 경상수지 적자와 유럽경제권(독일)의 경상수지 흑자 누적에 따른 대외불균형(국제무역체계 문제)을 해소하기 위해 1985년 9월 22일, 뉴욕(플라자호텔)에서 개최된 G-5 재무장관회담에서 외환시장(환율)의 공동개입(조정)을 허용한 플라자합의(Plaza Accord)가 선언되었다. 플라자합의에서 G-5 통화에 대해 미달러의 평가절하(기타 통화의 평가절상)가 결정됨에 따라 1985~1987년에는 미국 정부의 확대통화정책(금리 인하)의 시행과 더불어 미달러의 실효환율지수는 급격히 하락했다. 그러나 변동환율제도 채택과 관계없이, 미국과 다른 주요경제권과의 대외불균형(미국의 경상수지 적자현상)은 지속되었고, 〈그림 6〉의 미국의 상품수지/GDP 비중추이(1895~2015년 통계자료)에서 미국의 무역수지 적자가 심화되면서 경상수지는 만성적인 적자기조에서 탈피하지 못하고 있는 상태다. 미국의 무역수지는 1900년 이전부터 흑자상태를 나

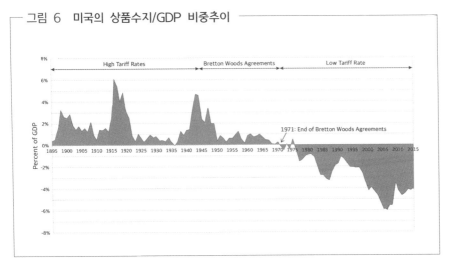

그림 6 미국의 상품수지/GDP 비중추이

자료: US Department of Foreign Trade.

타내면서 1920년대 후반과 1940년대에 걸쳐 흑자기조를 보였으나, 1970년대 이후에는 무역수지가 적자상태로 전환되면서 1980년대 이후에는 적자상태가 누적되었고, 1990년 중반 이후에는 적자상태가 더욱더 심화되고 있는 추세다.

3 국제금융체제

국제수지의 조정메커니즘, 외환시장의 균형조건과 환율제도는 국제금융시장(자본시장)에서의 자금조달(funding)과 직접적으로 연관되어 있는 분야인데, 국제금융체제에서는 자금조달뿐만 아니라 금융대출(financing) 분야에 대한 분석도 고려되어야 한다. 기존 국제경제학(국제금융론)은 외환시장의 균형조건과 환율결정이론에 치중하고 있고, 금융대출 분야의 국제금융기구와 수출신용기관에 대한 분석은 미흡한 실정이다. 부연하면, 국제금융(international finance) 분야는 자금조달과 금융대출을 포괄하는 영역이므로 금융대출에 대한 분석도 필요하며, 자금조달은 금융대출을 위해 존재하기 때문에 금융대출 분야에 대한 분석도 중요한 의미를 함유하고 있다. 따라서 자금조달뿐만 아니라 금융대출 분야에서 중요한 역할을 담당하고 있는 국제금융기구와 수출신용기관에 대한 분석을 통해 국제금융체제를 고찰할 필요가 있다.

(1) 국제금융기구

대표적인 국제금융기구(international financial organization)는 국제무역, 금융과 해외투자 등 글로벌 경제에 지대한 영향력을 행사하고 있는 경제협력개발기구(OECD), 국제통화기금(IMF) 및 다자개발금융기관(Multilateral Development Bank)이라고 할 수 있다.

경제협력개발기구(38개국)는 2차 세계대전 이후 유럽지역의 경제재건을 위해 미국 국무부장관이었던 조지 마샬(George Marshall)이 추진한 마샬플랜(Marshall Plan)에 의해 1948년 4월에 설립된 유럽경제협력체(OEEC)에서 비롯되었다. 1961년, 유럽과 미국·캐나다가 유럽경제협력체를 확대하여 경제협력개발기구(OECD)가 설립(재편)되었고, 경제협력개발기구는 선진경제권과의 경제협력을 도모하고 자유무역주의를 지향하면서 후진국에 대한 공적개발원조(Official Development Aid)를 지원하는 역할을 담당하고 있다. 공적개발원조(ODA)는 UN의 밀레니엄개발목표(Millenium Development Goals)(2000)에 근거하여 후진국의 경제개발과 빈곤퇴치를 위해 추진되고 있다. 경제협력개발기구의 공적개발원조와 무역에 관한 규정은 개발원조위원회(Development Assistance

Committee)와 무역위원회(Trade Committee)에 의해 추인된다. 무역위원회는 세계무역기구에서 예외적으로 허용된 공적수출신용(금융·보증·보험)에 관한 지침(수출신용협약)을 수립하여 각국 정부의 수출보조금 지원에 대한 가이드라인을 설정하고 있다. 특히 경제협력개발기구에서는 공적수출신용의 프로젝트금융(project finance), 공적수출신용과 공적개발원조를 연계한 혼합신용(mixed loan), 수출신용기관과 다자개발금융기관의 협조융자(cofinance) 등에 관한 규준이 논의되고 있다. 한편, 경제협력개발기구는 국제금융시장에서 자본과 서비스 거래의 자유화를 위해 자본이동자유화규약(1961)을 제정했으며, 유럽연합의 단일유럽협약(SEA) 체결(1986) 이후 1989년에는 자본과 서비스 거래의 자유화를 확대하기 위해 금융기관의 해외지점(해외사무소 포함) 설립 등에 관한 자본이동자유화규약을 개정했다. 경제협력개발기구는 우루과이라운드 협상을 준용하여 1995년부터 다국적기업의 해외직접투자기준에 관하여 협의했으며, 세계 전체적으로 신흥투자시장에 대한 해외직접투자 유입(투자환경여건 개선)을 확대하기 위해 포괄적인 투자정책체계(Policy Framework for Investment)(2006) 등의 투자기준을 수립했다.

국제통화기금(189개국)은 브레튼우즈체제에 의해 1945년 12월에 설립되어 1947년 3월부터 국제수지의 불균형을 조정(해결) 업무를 담당하고 있다. 국제통화기금은 금 1온스의 가치를 35미달러로 고정하여 미달러의 교환가치를 미달러 기준으로 ±1% 환율변동밴드(금환본위제도)를 운용했다. 특히 국제통화기금은 국제결제 통화단위를 특별인출권(Special Drawing Rights)[21]으로 설정하여 차관지원의 기준화폐(paper

---

21) SDR = 미달러 42%＋유로 31%＋위안(2016년 10월 추가) 11% + 엔 8% + 파운드 8%

gold)로 적용하고 있다. 국제통화기금의 통화관리에서의 중요한 지침은 미달러(금 연계)에 대하여 각국 통화의 환율을 고정(운용)하는 것이다. 예를 들면, 어떤 국가의 중앙은행이 과도한 확대통화정책을 시행하면, 그 국가의 대외지급준비자산은 감소하면서 미달러에 대한 통화 안정성(고정환율)을 유지할 수 없게 된다. 또한, 미국의 통화량 증대는 미국 이외의 국가의 중앙은행에 의해 미달러의 보유량(축적)이 증가하게 되는 결과를 초래하기 때문에 미연준은 금에 대한 미달러의 가치를 회복하기 위해 긴축통화정책을 시행하게 된다. 통화발행 등으로 미달러의 공급이 증가하면, 금 가치는 상승압박(미달러 약세)을 받기 때문에 온스당 35달러의 공식적인 금 가치는 미국의 통화정책에 대한 추가적인 압박으로 작용한다는 것이다. 국제통화기금의 설립목적은 1919~1938년 기간에 발생했던 국제금융시장의 동요와 불안정성이 재발되는 현상을 억제하고 국제수지의 불균형을 해소하기 위해 통화정책의 지침과 환율의 규율(기준조정과 유연성)을 규정하는 것이다. 부연하면, 간전기 국제금융시장의 불안정성은 투기적인 공격 등에 따른 환율변동(불안)의 요인이 되면서 국제무역(활동)을 저해하는 결과를 초래했기 때문에 구조적인 관점에서 국제통화기금의 설립이 요구되었던 것이다. 예를 들면, 간전기에는 각국 정부가 실업 문제를 극복하기 위해 장기적인 관점에서 고정환율제도와 자유무역주의를 유지하기 어려운 상태였다. 특히 경제대공황으로 각국 정부는 완전고용을 달성하기 위한 경제정책의 중요성과 역할(책임)을 실질적으로 인식하게 되었다. 따라서 국제통화기금에서 합의한 협정은 대내균형(목적)과 예측 가능한 환율제도에 대한 희생 없이, 대외균형(조정)을 정상적인 방법으로 달성하기 위한 환율조정의 유연성 제고를 위해 채택되었다. 국제통화기금 협정에 따르면, IMF 회원국이 필요한 경우 긴급대출을 위해 금융재원의 지원형태(pool of financial resources)로 금 또는 보유외환(자국통화 환산)을 국제통화기금에 기탁하고, 고정환율제도에서도 각국의 환율(parities)은 국제통화기금 합의(협정)에 의해 조정될 수 있다는 것이다. 실제로 통화가치(환율)의 평가절하 또는 평가절상은 경제기초여건 불균형 상태에서 제한적으로 시행되었다. 국내 생산물에 대한 수요가 부정적인 변화방향(이전)으로 경제적인 고통을 받게 된 국가들의 경우 그 국가 통화의 평가절하가 시행되지 않는다면, 장기적으로 실업과 대외불균형(경상수지 적자)에 직면하게 되는 상태에 놓이게 된다. 그러나 브레튼우즈체제에서 미달러에 대한 환율조정의 유연성은 제대로 작동되지 않았다.

다자개발금융기관(MDB)은 후진국과 신흥투자시장에 대한 지속가능한 경제성장을 위한 산업기반(인프라스트럭처)을 구축하기 위해 차관(credit/facility), 무상공여(aid), 지분투자(capital investment), 기술자문(technical assistance) 등의 형태로 경제개발자금을 지원하는 국제금융기구다. 대표적인 다자개발금융기관인 세계은행(World Bank)(189개국)은 협의적인 범위에서 국제개발은행(IBRD)을 의미한다. 우리나라는 1955년 세계은행에 가입(지분율 1.7%)했으며, 2024년 12월 기준으로 회원국은 IMF 가입국과 동일한 189개국에 달한다. 세계은행은 브레튼우즈체제에 의해 경제회복(재해복구), 자원개발 등을 위해 1945년 12월 27일에 설립되어 차관(장기개발계획 자금지원), 보증(개발프로젝트), 기술지원, 신탁기금관리(프로젝트 협조융자) 등의 역할을 담당하고 있다. 2차 세계대전 이후 브레튼우즈체제에 의해 설립된 국제개발은행(IBRD)(1945) 이외에도 국제금융공사(IFC)(1956)와 다자투자보증기구(MIGA)(1988)의 설립으로 세계은행그룹(World Bank Group)이 결성되었다. 세계은행그룹

과는 별도로 지역(대륙)별로 설립된 유럽투자은행(EIB)(1958), 미주개발
은행(IDB)(1959), 아프리카개발은행(AfDB)(1964), 아시아개발은행(ADB)
(1966), 유럽개발은행(EBRD)(1991), 아시아인프라투자은행(AIIB)(2016)
등도 다자개발금융기관의 역할을 담당하고 있다. 우리나라는 지역적으
로 아시아대륙에 속해 있기 때문에 아시아개발은행과의 연계성이 크고
아시아지역의 후진국과 신흥투자시장에 대한 인프라스트럭처 개발을
위한 프로젝트금융 등에 참여하고 있다.

[2] 수출신용기관

국제금융기구는 아니지만, 국제금융시장에서 중요한 역할을 하는
국제금융기관(international financial institutes)으로는 수출신용기관(Export
Credit Agency)이 대표적이다. 수출신용기관(ECA)은 국제금융기구의 가
이드라인과 협조융자 등과 연계하여 상호보완적인 기능과 역할을 담당
하고 있다.

국제무역의 거래당사자(수출자·수입자)에 대하여 수출보조금(export
subsidies)을 지원하는 수출신용기관(ECA)은 각국 정부가 주도하는 대표
적인 대외정책금융기관이다. 수출계약에서 자금 결제기간이 중장기인
대규모 자본재 또는 장치(설비) 산업의 수출을 위해 소요되는 거액의
자금지원을 개별 금융기관이 독자적으로 감당하기가 사실상 불가능하
다. 특히 해외사업의 공사기간이 비교적 장기기간에 걸쳐 이루어지는
대형 석유화학설비나 발전설비 등의 경우에는 사업의 이행에 따른 다
양한 리스크가 수반되므로 그 사업의 이행리스크를 완화하거나 보전하
기 위해 수출신용기관의 지원이 필요하다. 예를 들면, 플랜트 수출계약

수주자(수출자)의 계약불이행 위험을 담보하고 발주자(수입자)의 손해보상을 위한 이행성보증 및 계약이행보증, 수주자의 제품 제작단계에 소요되는 자금지원을 위해 발주자로부터 계약금 명목으로 받는 선수금의 미지급에 대한 위험을 커버하는 선수금환급보증 등을 수출신용기관이 취급하고 있다. 경제협력개발기구에 따르면, 수출신용(export credit)은 공적금융지원(official financing support)과 위험보전(pure cover)으로 구분된다. 부연하면, 공적금융지원은 직접대출(direct credit and (re)financing)과 이차보전(interest rate support), 위험보전은 보증(guarantee)과 보험(insurance)으로 분류된다. 세계무역기구의 다자무역협정(MTA) 부속서 1A에서 예외적으로 허용된 수출보조금 조항22)을 근거로 1978년 4월에 제정된 수출신용협약(the Arrangement on Officially Supported Export Credit)이 경제협력개발기구 무역국(수출신용과) 주관으로 수출신용협약 참가국그룹(the Participants on the Arrangement)에 권고되고 있다. 수출보소금 덤핑과 관련하여, 세계무역기구의 상품무역에 관한 협정(설립협정 부속서)에서는 다자간 규율(무역 제도와 정책의 보조금 해당여부 판단기준)과 상계조치(보조금 지원 수입물품에 의한 피해보상) 운용에 관한 합의사항을 규정하고 있다. 그런데, 세계무역기구는 경제협력개발기구에서 규정하고 있는 수출보조금을 예외적으로 허용하고 있다. 부연하면, 공적수출신용 지원조건이 국제무역체제의 공정무역에 위배되지 않아야 하므로 각국 정부의 수출지원에 대한 과당경쟁을 억제하고 국가 간 수출신용 지원조건의 격차를 수렴하는 공정한 경쟁조건(기간·가격)을 경제협력개발기구가 규정하고 있다. 따라서 경제협력개발기구 수출신용

---

22) Item (j) and (k) of the WTO Illustrative List of Export Subsidies (the Agreement on Subsidies and Countervailing Measures)

협약에서는 최대상환기간(maximum repayment term)과 최저가격수준 (minimum pricing level)을 설정하고 있다. 공적수출신용 지원조건에서 최대상환기간은 수입국의 소득기준으로 차등적용하고, 최저가격수준은 공적금융지원의 최저대출금리, 대외위험수수료(exposure fee) 및 위험보 전의 최저프리미엄(보증료·보험료)에 적용된다. 최대상환기간은 경제협 력개발기구 고소득국에 대해서는 최대 5년, 고소득국인 아닌 국가에 대해서는 최대 10년으로 적용된다. 최저대출금리에서 고정금리는 정부 채권수익률(US Treasury Bill)에 연동하는 상업참고금리(CIRR), 변동금리 는 런던은행 간 대출금리(LIBOR)가 기준금리(benchmark)로 설정되어 있다.

세계 전역에서 자국의 수출실적을 확대하기 위해 정부를 대신하여 수출지원 전담기관(대외정책금융기관), 즉 수출신용기관을 설립했다. 수 출신용기관은 각국의 수출금융과 무역보험을 지원하고 국제무역·금융 과 해외투자에 따른 리스크를 보전하는 최후의 위험인수자(the last resort of risk taker)로서 그 역할을 수행하고 있다. 최초의 수출신용기관 은 1차 세계대전 이후 수출촉진과 고용창출을 목적으로 1919년 영국 해외무역부(Department of Overseas Trade) 내에 설치된 수출신용보증국 (ECGD, UKEF)이다. 이후 벨기에수출신용보증공사(ONDD, Credendo ECA) (1921), 미국수출입은행(US Ex-Im)(1934), 캐나다수출개발공사(EDC) (1944), 프랑스수출보증공사(Coface, Bpifrance Assurance Export)(1946), 독일수 출보증보험회사(Euler Hermes)(1949), 이탈리아수출신용보증보험공사(SACE) (1977) 등 선진경제권을 중심으로 수출신용기관이 설립되었다. 아시아에 서는 일본수출입은행(Japan Ex-Im, JBIC) (1950)이 최초로 설립되었고, 인도수출보증공사(ECGC)(1957), 대만수출입은행(TEBC)(1979), 인도수출입은행(EIBI)(1982), 인도네시아보증보험(Asuransi ASEI)(1985) 중국수출입은행(CEXIM)(1994), 일본수출투자보험(NEXI)(2001), 중국수출신용보험공사(SINOSURE)(2001), 인도네시아수출입은행(Indonesia Eximbank)(2009) 등이 설립되었다. 우리나라에서도 한국수출입은행(Korea Eximbank)(1976)과 한국무역보험공사(K-Sure)(1992)가 수출신용기관의 역할을 담당하고 있다. 그런데, 수출신용기관의 지원수단은 대출, 보증과 보험 업무로 구분되며, 일반적으로 수출입은행은 대출 업무에 대한 비중이 높지만, 보증보험공사는 보증과 보험 업무에 대한 비중이 상대적으로 높은 편이다. 예를 들면, 한국수출입은행과 일본수출입은행(일본국제협력은행)은 보험 업무를 제외하고 대출과 보증 업무를 담당하고 있고, 미국수출입은행과 영국수출신용보증국은 대출보다는 보증과 보험 업무에 치중하고 있으며, 프랑스수출보증공사와 독일수출보증보험공사는 대출 업무를 제외하고 보증과 보험 업무를 집중적으로 지원하고 있다. 특히 한국수출입은행과 일본수출입은행은 공적개발원조(ODA) 지원 업무를 담당해 왔다. 일본수출입은행은 해외경제협력기금(OECF)(1961) 설치 이후 국제협력은행(1999)으로 확대개편되었으나, 해외경제협력기금이 일본국제협력기구(JICA)(2006)로 통합되었고, 일본수출입은행은 일본정책금융공고(JFC)(2008)로 편입되었다가 2012년에 다시 분리되었다. 한국수출입은행 내에 설치(1987)된 대외경제협력기금(EDCF)은 기획재정부 관할(지원승인)로 후진국에 대한 차관(유상원조·기술자문) 지원을 담당하고 있으며, 한국수출입은행의 수출보험 업무는 산업통상자원부 관할(지원승인)의 한국수출보험공사(한국무역보험공사)로 1992년부터 분리되어 운용되고 있다.

CHAPTER 04 경제위기의 요인과 사례

경제위기(economic crisis)를 어떻게 정의할 것인가? 일반적으로 경기순환(economic cycle)에서 나타나는 경기침체(economic depression) 현상이 아닌 경제구조(economic structure)의 관점에서 거시경제상황이 시장에서 작동되지 않은 상태(시장실패)인데, 대표적인 거시경제지표인 경제성장률이 역성장(－) 상태를 일컫는다. 국제통화기금은 경제성장률이 2분기 연속 전년 동기간에 비해 역성장한 경우를 경기침체로 정의하고 있으며, 따라서 경제성장률은 경제위기의 대리변수(proxy variable)라고 할 수 있다. 예를 들면, 경제대공황, 글로벌 금융위기, 코로나위기 등으로 경제위기 발생연도의 경제성장률은 예외 없이 역성장했다. 특히 코로나 팬데믹(세계보건기구, 2020년 3월 11일 공식선언)으로 인한 사회경제적인 봉쇄조치로 세계 경제는 글로벌 금융위기 이후 최대 경제위기에 직면했다. 그런데, 코로나위기는 경제자체의 내생변수가 아닌 경제외적인 요인(외생변수)에 의해 발생한 역사적으로도 매우 드문 경제위기의 사례라고 할 수 있다. 코로나위기의 경제적인 영향분석 결과, 코로나위기로 생산차질과 공급비용(에너지·원자재 가격) 상승에 따른 인플레이션 압박이 경제성장의 하방요인으로 작용했으며, 무역상대방의 수입수요 위축으로 국제무역에서 생산과 투자의 감소 현상이 나타났다. 더구나 코로나바이러스의 재확산과 변이출현으로 공급(생산)과 수요(소비)에 대한 외부충격이 가해지면서 투입·산출·무역의 연계네트워크의 와해 또는 단절 사태가 발생했다. 과거 전염병 발생사례[1]를 관찰하면, 전염병 발생과 확산, 기후변화에 따른 자연재해 발발 등 경제외적인 변수로 인한 경제위기에 대해서도 지속적인 관찰과 대책이 필요하다.

대표적인 경제위기의 유형은 유동성위기(liquidity crisis), 외환·금융위기(financial crisis), 재정위기(fiscal crisis), 채무위기(debt crisis) 등으로 구분되며, 유동성위기에서 외환·금융위기, 재정위기, 채무위기로 진행될수록 경제위기의 정도는 심화되는 현상이 일반적이다. 그런데, 자본시장의 대출방식은 기본적으로 기업에 대한 지분대출(equity loan) 또는 채무대출(debt loan)의 형태를 통해 이루어진다. 지분대출은 기업이 투자에 소요되는 자금을 조달하기 위해 투자자에 대하여 주식을 매각하고, 투자자(지분인수)는 그 기업의 이윤에 대해 보상받을 권리가 부여된다. 따라서 이론적으로는 기업의 이윤에 근거하여 기업은 주식 보유자(주주)에 대한 배당금을 지불할 의무가 있다. 그러나 채무대출(회사채 발행포함)은 기업의 이윤에 관계없이 대출자(금융기관)에 대하여 대출약정에 의한 상환스케줄을 근거로 대출 원리금을 상환해야 할 의무가 있으며, 투자자는 채권약정에 의해 투자수익을 받을 권리가 있는 것이다. 따라서 경제위기가 발생하면, 지분대출의 경우에는 주가 하락으로 투자자는 손실을 입더라도 기업이 별도로 보상할 의무가 없으나, 채무대출의 경우에는 대출자 또는 투자자는 기업의 파산 또는 부도 사태가

1) 스페인 독감(1918~1920), 사스(2002~2003), 에비앙플루(2003~2009), 돼지독감(2009~2010), 메르스(2012), 에볼라(2014~2016) 등

발생하더라도 배상청구를 요구할 수 있는 권리가 있으므로 채무대출에 대한 경제위기의 파급효과가 더욱더 심각한 것이라고 할 수 있다. 한편, 글로벌 자본시장에서 국가 간 자본이동은 단기 투자수익을 추구하는 경향으로 인해 경제여건의 변동에 따라 국가 간 자본 유입과 유출 현상이 급변하는 현상이 나타난다. 국가 간 자본이동은 투기적 성향의 단기자본(hot money)과 지속적 성향의 장기자본(patient money)으로 구분될 수 있는데, 단기자본의 이동은 투자에 대한 부정확한 정보 등으로 인해 변동성이 상대적으로 크게 나타난다.

과거 경제위기는 다양한 형태로 나타났지만, 역사적인 관점에서 대표적 경제위기의 발생사례를 들자면, 최초 정부(오스트리아 합스부르크 왕가) 부도사태(1557), 30년 전쟁(1618)과 스페인내전(1627)의 후유증으로 발생한 네덜란드 튤립구근버블(1636~1637)(세계 최초의 선물·옵션거래), 프랑스 미시시피회사 주식버블(1719~1720), 아이작 뉴턴(Isaac Newton)도 투자손실을 본 영국 남해회사 주식버블(1720), 오스트리아 왕위계승전쟁(1740~1748) 개입에 의한 독일·네덜란드 금융위기(1748), 7년 전쟁(1756~1763)의 산물인 독일·네덜란드 금융위기(1763), 미국 금융공황(1792), 미국 은행파산(1819), 영국 금융위기(1825~1826), 멕시코전쟁(1846~1848) 이후의 투자과열에 따른 미국 금광투기사건(1857), 남북전쟁(1861~1865) 이후에 발생한 미국 철도산업투기사건(1873~1884), 미국 금융위기(1893~1896), 1차 세계대전(1914~1918), 볼셰비키혁명(1917)에 따른 제정러시아의 채무불이행(1918), 베르사유조약(1918)에서 결정된 전쟁배상금 지불부담 및 통화발행 급증으로 나타난 독일 초인플레이션[2]

---

2) 소비자물가상승률이 연중 40% 이상인 경우를 고인플레이션(high inflation), 월중 40% 이상인 경우를 초인플레이션(hyper inflation)이라고 정의된다.

위기(1923), 경제대공황(1929~1933), 독일과 오스트리아의 금융위기·채무불이행(1931~1933), 2차 세계대전(1939~1945), 영국 외환위기(1967), 브레튼우즈체제 붕괴(1973), 4차 중동전쟁(1973년 10월)으로 국제유가가 배럴당 3달러에서 11달러 수준으로 급등한 1차 오일쇼크(1973), 이란의 이슬람혁명 발생 이후 국제유가가 배럴당 13달러 수준에서 30달러 수준으로 급등한 2차 오일쇼크(1979), 폴란드의 모라토리엄(외채이자) 선언(1981), 중남미 외채위기(1980~1983), 북유럽 금융위기(1987~1988), 미국 주식시장(저축대부은행 파산) 붕괴사건(1987), 구소 사회주의체제 붕괴사건(1991), 중남미 외환·외채위기(1990~1995), 동남아 외환·금융위기(1997~1998), 러시아와 브라질의 재정·외채위기(1998~1999), 미국 닷컴 버블(2000), 터키와 아르헨티나의 외환·외채위기(2000~2001), 미국 서브프라임모기지 부실사태(2007), 글로벌 금융위기(2008~2009), 남유럽 재정위기(2010~2012) 등 굵직굵직한 경제위기 발생사례를 모두 열거할 수 없을 정도로 수시로 빈번하게 발생했다.

근본적으로 미국 이외의 국가(지역)에서는 자국 통화로 해외차입(debt finance)이 불가능한 구조적인 문제(original sin)를 해결할 수 없기 때문에 글로벌 자본시장에서 선진경제권의 다변화된 포트폴리오금융에 비해 자금조달이 제한받고 있다. 따라서 외화표시(미달러) 채무가 과다하게 증가한 상태에서 국제금융시장의 경색(미연준의 기준금리 인상)으로 대출 원리금의 상환부담이 우려되는 국가에 대한 즉각적인 투기공격으로 통화가치 급락(미달러 가치의 평가절상) 현상이 유발되는 경향이 나타난다. 특히 자본축적이 부족한 국가에서는 경제 구조적인 문제(fundamental weaknesses)로 해외차입에 의존한 탓에 경상수지(CA = S − I)는 만성적인 적자상태이며, 보유외환의 부족으로 통화가치의 급락에 따른 외환위기(financial crisis), 유동성 위축 또는 긴급중단으로 금융시장의 변동성 확대(financial vulnerability) 등의 가능성이 잠재되어 있다. 해외차입에 따른 외채 누적으로 국제수지위기(balance of payments crisis), 은행부도(bank run), 정부 채무불이행(sovereign default) 등의 경제위기가 나타날 위험에 노출될 수 있다.

1 글로벌 경제위기

21세기에 들어서면서 세계 경제는 이상한 조짐이 나타났다. 2008년에 세계 전역을 강타한 글로벌 금융위기(Global Financial Crisis)로 인해 세계 경제는 만성적인 저성장기조에서 벗어나지 못하는 경제 구조적인 딜레마(new normal)에 직면했다. 베를린장벽의 붕괴(1989)로 인해 사회주의체제가 경제현실에서 더 이상 제대로 작동되지 않는다는 증거를 보여주었는데, 글로벌 금융위기(2008~2009)는 자본주의체제에 대한 회의(의구심)를 유발했다. 부연하면, 자본주의체제의 기본적인 논리인 자율적인 시장조정 기능이 국제금융시장(증권투자)의 내재적인 불안정성으로 인해 경제 구조적인 취약성(structural vulnerability)을 드러낸 것이다. 한편, 2019년 말 중국에서 시작한 것으로 추정되는 코로나바이러스 확산사태가 2020년 초에는 세계 전역에 사회경제적인 마비상태를 불러왔다. 2020년 7월, 유로존에서 자산 매입 등 팬데믹긴급매입프로그램(Pandemic Emergency Purchase Program)을 통해 중소기업에 대한 유럽투자은행(EIB)의 긴급지원계획(7,500억 유로, 2019년 유로존 GDP의 5% 수준)이 유럽연합 정상회의에서 유럽회복기금(Next Generation EU)의 설치로 합의되었다. 프랑스와 독일의 주도로 조성된 유럽회복기금은 유럽연합이 재정동맹(Fiscal Federalism), 더 나아가 정치동맹으로 결속하기 위한 단계로 인식되지만, 개별 회원국의 주권(sovereignty) 문제에 대한 해결(대책)이 최대 관건이다. 실제로 2005년 네덜란드와 프랑스가 유럽헌법조약을 국민투표에서 부결한 사례가 발생했기 때문에 유럽연합이 재정동맹 이후의 단계로 진전하기기 쉽지 않은 실정이다. 윈스턴 처칠이 주장했던 유럽연합국(the United States of Europe)이 과연 실현될지, 아니면 언제 실현될지에 대한 의구심이 여전히 남아 있는 상태다.

[1] 경제대공황

1929년 10월 24일, 1900년대 글로벌 경제위기의 역사(20세기 최대의 경제위기)에 기록되는 경제대공황(Great Depression/Crash)의 서막이 시작된 것이다. 경제대공황(1929~1933)이 발발하기 이전에 미국 주식시장의 버블이 잠재되어 있었는데, 연간 기준으로 종합주가지수는 1928년 평균 36%, 1929년 1~8월에는 53% 상승하면서 월가(Wall Street)의 투기확산 현상이 지속되었다. 그러나 평균 종합주가지수는 1932년 7월 8일에 20세기 통틀어 가장 낮은 수준을 기록하면서 경제대공황 발발 직전에 비해 90% 하락한 상태였다. 예를 들면, 미국의 대표적인 투자은행인 골드만삭스(Goldmann Sachs)의 주가는 1928년 12월에 상장하면서 104달러였으나 1929년 9월 35~60달러, 10월 3~12달러 수준에서 1932년에는 1.75달러로 급락했다. 특히 경제대공황은 과도한 디플레이션으로 경기침체를 유발하면서 경제대공황 발발 직후의 경제상황은 심각한 수준이었는데, 그 결과 산업(제조업) 생산 급감(50%), 금융기관 파산(40%), 실업률 급상승(25%) 등으로 나타났다. 예를 들면, 미국 최대 상업은행이던 미합중국은행(Bank of the United States)의 파산(1930년 12월) 등으로 미국 은행위기가 유럽 전역으로 확산되었다. 경제대공황 기간에 미국 상업은행의 3분의 1 이상이 폐업하면서 은행위기(파산)가 지속되자, 1933년 3월 6~13일간 은행 휴무조치가 미국 전역에 취해지면서 경제대공황은 일단락되었다. 허버트 후버(Herbert Hoover) 대통령(1929~1932)의 후임으로 1932년 11월 대선에서 당선된 프랭클린 루즈벨트(Franklin Roosevelt) 대통령(1933~1940)은 미국 전역의 은행휴무조치를 시행한 이후 1931년 9월 은행위기 발생으로 급격한 금유출 사태가 발생하면서 금의 해외반출과 미달러의 금 태환을 금지하는 조치를 취했다. 미국은 1925년에 채택한 금본위제도를 1933년 4월에 폐기(미달러의 33% 평가절하)했으며, 1936년에는 금본위제도에서 전면 이탈했다.

경제대공황의 원인과 대책에 관하여 살펴보면, 경제대공황이 확산되고 있는 가운데, 미연준은 기준이자율(기준금리)을 오히려 인상함으로써 경기침체를 더욱더 악화시켰다. 미연준(1913년 12월 설립)은 주식시장 투기과열의 우려 때문에 기준금리(재할인율)를 1928년 상반기에 3.5%에서 5.0%로 인상한 이후 1929년 8월에는 추가적으로 6.0%로 인상한 상태였다. 긴축통화정책에 반대한 벤자민 스트롱(Bejamin Strong) 뉴욕연준 총재가 폐결핵으로 1928년 10월에 사망한 이후 1929년 2월에 취임한 조지 해리슨(George Harrison) 총재는 경제대공황 이전의 투기확산에 대한 대처방안을 수립하지 못했다. 경기침체가 심화되자, 미연준은 기준금리를 1929년 말 4.5% 수준으로 인하한 이후 점진적인 인하조치를 시행하여 1930년 말 2.5%, 1931년 5월에는 1.5%로 낮췄다. 1931년 9월에는 영국의 금본위제도 이탈로 10월에 미연준은 기준금리를 2.5%로 인상한 이후 그해 10월에는 3.5%로 추가적으로 인상했으나, 1932년 2월 이후에는 통화정책 기조를 전환하여 그해 4~7월에는 공개시장에서 증권매입 등을 통해 긴축통화정책을 완화조치로 선회했고, 1933년 2월에는 기준금리를 아예 0.5% 수준으로 인하했다. 특히 밀턴 프리드먼(Milton Friedman)(1912~2006)은 미국 통화정책의 운용과 관리에 대한 실패(시스템 미비)로 인해 경제대공황이 세계 전역으로 확산되었다고 역설했다. 경제대공황이 발생했는데도 미연준은 긴축통화정책(금리인상) 시행으로 경기침체가 더욱더 악화되었으며, 금본위제도가 심각한 경제위기를 유발했기 때문에 금본위제도의 한계를 밀턴 프리드먼은 지적한 것이다. 부연하면, 1930년 10~12월에 미국에서 은행위기 발발로 미합중국은행이 파산했음에도 불구하고, 미연준은 적극적인 공개시장정책(유동성 공급)을 취하지 않았고, 그 결과 경제위기가 장기화되었다는 것이다. 밀턴 프리드먼의 경제위기 해석과는 다른 관점에서 경제대공황을 체험하고 그 위기를 사전에 인지한 존 케인즈는 경제대공황이 유동성위기에서 비롯되었다고 주장했다. 존 케인즈의 '고용, 이자 및 화폐에 관한 일반이론'(1936)에 따르면, 경제위기는 자본의 한계효율(marginal efficiency of capital)이 급격히 하락하면서 나타나는데, 투자 불확실성 등에 따른 부정적인 전망으로 인한 유동성 악화(유동성선호 감소효과)로 투자의 심각한 위축현상이 초래된다는 것이다. 경제대공황의 또 다른 원인으로는 금본위제도에서 선진경제권을 중심으로 보호무역주의가 팽배하면서 미국에서도 무역수지 악화를 억제하려는 조치가 취해졌다. 1차 세계대전 이전에는 1694년에 설립된 영국중앙은행이 국제금융시장에서 최종대부자(the last resort)의 역할을 함으로써 금본위제도(1780~1914)가 비교적 안정적으로 운용되었다. 1차 세계대전 이후에는 미국 제조업의 대외경쟁력 상승, 독일의 전쟁배상금 지불 등으로 미국의 국제투자포지션은 크게 호전되었다. 1920년대 최종 대부자 역할을 했던 국제연맹(League of Nation)에 의해 1930년에 설립된 국제결제은행(BIS)이 독일 전쟁배상금 지불문제를 지원하기 위해 그 역할을 대체하게 되었다. 더구나 1차 세계대전 이후 국제통화질서가 영국에서 미국 중심으로 재편되면서 미국이 경제패권(economic hegemony)을 주도하는 국가로 부상한 것이다. 경제대공황 이전에는 외환보유자산으로 금 태환이 가능한 미달러에 대한 과도한 의존현상(구조적 딜레마)으로 국제통화체계(금본위제도)는 매우 불안정한 상태여서 금본위제도가 경제대공황 극복의 전제조건으로 제기되기도 했다. 경제대공황이 진행되고 있는데도 불구하고, 미국은 1930년 수입관세율을 최대 400% 수준으로 인상하는 스무트·홀리법을 제정했다. 그러나 무역수지가 개선되지 않고 오히려 악화되었으며, 산업생산은 더욱더 침체되면서 경제대공황의 잠재적인 요인이 되었다.

(2) 글로벌 금융위기

2007년 8월 9일, 심각한 금융위기가 신흥투자시장이 아닌 선진경제권인 미국에서 갑자기 발생하면서 글로벌 금융위기(Global Financial Crisis)의 조짐이 나타나기 시작되었다. 미국발 주택담보대출(mortgage market) 부실사태가 유럽대륙에 전이되어 금융시장의 긴급발작(panic) 현상이 발생했고, 2008~2009년 세계 전역에 경기침체가 확산된 것이다. 미국 종합주가지수(다우존스 산업평균)도 2008년 4월의 13,000을 고점으로 2009년 2월에는 6,500 수준으로 하락했다. 대형 주택금융공사(자산 5조 5천만 달러)인 연방모기지협회(Fannie Mae) 및 연방주택담보대출공사(Freddie Mac)에 대한 미정부 인수(2008년 9월 6일, 4천억 달러 지원), 5위 투자은행이던 베어스턴스(Bear Stearns)에 대한 기관투자자들의 단기여신차환(roll-over) 거절에 따른 JP모건체이스(JP Morgan Chase)의 베어스턴스 인수(2008년 3월, 290억 달러 지원), 4위 투자은행이던 리먼브라더스(Lehman Brothers)의 부도(2008년 9월 15일), 최대 보험회사(자산 1조 달러)인 미국국제그룹(AIG)에 대한 긴급대출(2008년 9월 16일, 850억 달러) 등의 사태가 발생한 것이다. 6위 뮤츄얼펀드인 워싱턴무츄얼은행(Washington Mutual Bank)의 JP모건체이스 인수(2008년 9월 25일)로 JP모건체이스(체이스의 JP모건 인수, 2000년 9월)는 미국내 2위 상업은행(자산 6,500억 달러)으로 부상했다. 1·2위 투자은행이던 골드만삭스(Goldman Sachs) 및 모건스탠리(Morgan Stanley)에 대한 미연준의 긴급대출(2008년 9월 24일) 등으로 자금시장도 경색된 가운데, 4위 상업은행인 와코비아(Wachovia)에 대한 웰스파고은행(Wells Fargo Bank)의 인수(2008년 10월 3일), 최대 상업은행이던 시티금융그룹(자산 8천억 달러)에 대한 아부다비투자기금(Abu Dhabi Investment Fund)을 통한 미정부의 구제금융(2008년 11월, 75억 달러), 3위 투자은행이던 메릴린치(Merrill Lynch)에 대한 미국은행(Bank of America)의 인수(2008년 12월) 등 미국 금융시장은 사실상 마비상태였다. BNP파리바, UBS 등 유럽지역의 대형 투자은행들도 월가의 투자손실(파생금융상품) 확대로 미국발 금융위기가 유럽에도 전이되었다. 유럽경제권이 유럽연합의 확대과정으로 동유럽 지역에 대한 서유럽 기업의 해외투자가 확대되었는데, 글로벌 금융위기로 인해 서유럽 투자은행(현지법인)의 투자축소(디레버리지) 및 자금회수로 헝가리, 루마니아, 우크라이나 등 경제기초여건이 취약한 동유럽 국가들이 국제통화기금에 긴급 구제금융(대기성차관)을 요청하기에 이르렀다.

글로벌 금융위기의 원인과 대책에 관하여 살펴보면, 미연준이 시장의 작동원리를 과신한 시장실패(market failure), 통화당국의 위기 인식에 대한 판단오류와 안이한 시장대처에 따른 정책실패(policy failure)에 대한 비판이 지배적이다. 폴 볼커(Paul Volker, 1979~1987) 후임의 앨런 그린스펀(Alan Greenspan) 미연준 총재(1987~2006)는 시장의 비이성적인 과잉반응과 비합리적인 과열을 인지하면서도 시장의 버블상태를 정확히 알 수 없었고, 버블을 불식할 만한 효과적인 정책수단이 없다고 판단했기 때문에 시장의 자율적인 작동원리를 신뢰하고 있었으며, 통화당국(미연준)의 시장개입이 불필요하다고 보았다. 부연하면, 자산시장이 버블로 판명되기 이전에는 시장 개입이 부작용을 초래하며 시장 의존적인 경제철학(시카고학파)을 견지하면서 미연준의 투기적인 거래에 관여하는 것은 바람직하지 않고 가능하지도 않다는 입장이었다. 자산가격에 급격한 조정이 발생하면, 미연준의 우선적인 정책목표는 자금시장에 충분한 유동성을 공급하는 것이며, 따라서 통화정책의 우선순위는 자산가격 조정이 아니라 인플레이션 억제에 방점을 둔 것이다. 밀턴 프리드먼의 통화주의(신자유주의 사조)는 벤 버냉키(Ben Bernake) 총재(2006~2014)에도 지속되어 기준금리 조절 등 전통적인 통화정책 대신에 저금리 기조 속에 과다한 유동성 공급(양적 완화), 자본시장 자유화 등의 조치가 취해졌다. 실제로 닷컴 버블(2000년 3월)로 경기침체 현상이 지속되자, 미연준(앨런 그린스펀 총재)은 완화통화정책을 시행했다. 미연준은 기준금리를 2001년 1월에 6%에서 1%로 급격히 인하한 상태에서 유지했으나 부동산연계 파생금융상품 등에 대한 투기과열현상이 나타나자, 미연준은 기준금리를 2004년 6월부터 2006년 6월까지 5.25% 수준으로 급격히 인상했다. 그런데, 2000년대 초반부터 장기간에 걸쳐 실질이자율이 낮은 수준에서 지속적으로 하락한 상태

였다. 실물시장을 중심으로 과도한 투기상품, 특히 부동산과 연계된 파
생금융상품이 폭발적으로 증가하면서 금융시장의 자산거품(버블)이 우려
되었다. 부연하면, 주택신용시장에서 장기간의 저금리 상태에서는 별다
른 금융문제가 발생하지 않았으나, 저금리를 활용한 자산시장에 대한 투
자증가(투기열풍)로 인해 자산시장에서 거품현상이 잠재된 상태였다. 그
러나 자산(주택) 가격의 급등으로 자산(주택) 구입(매수)에 따른 과다한 자
금차입(대출 원리금의 상환부담 과중), 자산 구입의 수요 증대로 인해 2005
년 말부터 대출이자율(차입비용)이 급등하기 시작했다. 갑자기 급등한 실
질이자율로 인해 2000년 초반부터 저금리의 차입비용으로 구매한 실물
자산(서브프라임모기지)에 대한 대출 원리금의 상환(지급)이 불가능해지면
서 자금시장에서는 유동성 부족현상이 발생했다. 2007년 중반의 고금리
지속에 따른 자산시장의 가격조정으로 서브프라임모기지 부실사태가 터
진 것이다. 금융시장과 상품의 불안정성 문제가 잠재된 상태에서 자본시
장의 투기행태로 인한 투기적인 거품(speculative bubbles)은 가격 상승의
기대에 의한 자산(파생금융상품 포함)의 급등으로 붕괴될 위험(급락사태)을
내재하고 있었다. 미국 경제학자인 찰스 킨들버거(1910~2003)는 투기적
인 거품을 금융시장과 파생금융상품의 불안정성 문제로 인해 자산의 가
격이 급등하는 현상이라고 정의했다. 그러나 미연준(벤 버냉키 총재)은 금
융위기를 진정하기 위해 2007년 8월부터 기준금리를 다시 인하하기 시
작하여 2008년 10월에는 1%로 인하했고, 12월 10일에는 경제대공황
이후 가장 낮은 0~0.25% 수준으로 인하했다. 미연준은 2008년 12월부
터 실제 시장금리와 연방기금금리 목표치 간의 격차가 발생함에 따라
시장금리를 연방기금금리 이내에 제한하려는 목적에서 기준금리의 구
간을 설정했다. 벤 버냉키 후임의 자넷 옐런(Janet Yallen, 2014~2018) 미연
준 총재가 취임하자마자, 2015년 12월 16일에는 통화정책기조를 양적완

그림 7 미연준의 기준금리 변동추이

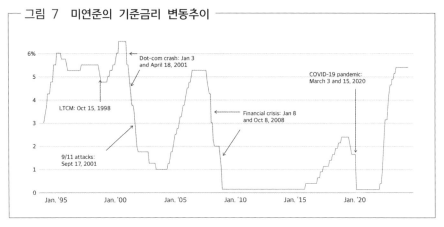

자료: US Federal Reserve.

화축소(tapering)로 전환하면서 기준금리를 0.25~0.50% 수준으로 2006년 6월 이후 9년 6개월 만에 인상했다. 이후 제롬 파월(Jerome Powell) 미연준 총재가 코로나위기에 따른 경제위기를 극복하기 위해 2020년 3월에 기준금리를 0~0.25% 수준으로 급격히 인하하고 2년간 유지하다가 2022년 2월 24일에 발발한 러시아·우크라이나 전쟁에 따른 인플레이션을 억제하기 위해 통화정책기조를 다시 전환했다. 미연준은 2022년 3월부터 기준금리를 인상하기 시작하여 2022년 12월에는 4.25~4.50%, 2023년 8월에는 5.25~5.50% 수준으로 인상한 이후 2024년 9월부터 기준금리를 인하하고 있으나 12월 기준으로 4.5% 수준의 고금리 상태다. 〈그림 7〉의 미연준의 기준금리 변동추이에서 1995~2023년 기간(2000년대 초반과 2010~2021년 제외) 미연준의 (평균)기준금리가 인플레이션 목표수준(2%)[3]보다 높은 수준에서 변동되고 있는 추이를 보여주고 있다.

---

3) Taylor Equation(1992): $r = 1.5p + 0.5y + 1$ (r: policy interest rate, p: inflation rate, y: real GDP growth rate)

글로벌 금융위기의 또 다른 원인으로 미국의 금융산업에 대한 효과적인 규제가 작동하지 않은 점도 문제였다. 1932년 2월에 의결(1933년 제정)된 글래스·스티걸법(Glass·Steagall Act)에 의해 미국에서는 상업은행(commercial bank)과 투자은행(investment bank) 간의 업무영역이 구분되었다. 글래스·스티걸법에 따르면, 증권거래위원회(SEC)에 의해 투자은행에 대한 자율적인 통제방식의 자본적정성을 감독하는 은행개혁법이었으며, 상업은행의 예금부채에 대한 적정자본(지급준비금)을 규정한 은행시스템이었다. 그러나 1999년 11월에 글래스·스티걸법이 폐지되면서 상업은행과 투자은행간의 업무영역이 혼재됨으로써 파생금융상품의 투자시장 규모가 폭발적으로 증가하게 되었다. 국제결제은행(BIS)에 따르면, JP모건이 1997년 1월에 개발한 신용부도스왑(Credit Default Swap) 거래잔액도 2004년 12월 6.4조 달러에서 2007년 12월에는 58조 달러로 급증한 것으로 추정된다. 또한, 1949년 알프레드 존스(Alfred Jonses)가 개발한 헤지펀드(Hedge Fund) 거래자산(펀드수) 규모도 2002년 7천억 달러(4천)에서 2007년 2조 달러(8천)로 확대되었다. 글래스·스티걸법 폐지로 1999년에 제정된 그램·리치·빌리법(Gramm·Leach·Billy Act)에 의해 투자은행은 상업은행뿐만 아니라 보험회사도 인수할 수 있었고, 은행지주회사로의 전환도 가능했다. 예를 들면, 대표적인 투자은행인 골드만삭스와 모건스탠리는 미연준의 인가로 은행지주회사로 전환할 수 있었다. 글로벌 금융위기 발생 이전에는 미국 해지펀드는 미연준의 규정을 준수할 필요가 없었고, 따라서 투자거래를 공개(투명성 요구조건)하지도 않았다. 예를 들면, 장기자산관리회사(Long Term Capital Management)의 파산위기(1998년 9월)에 대하여 뉴욕연준은 메릴린치, 모건스탠리, JP모건, 체이스맨해턴은행(Chase Manhattan Bank)

등 14대 대형은행을 대표해서 장기자산관리회사의 파산을 방지하기 위해 긴급 구제금융(36억 달러, LTCM 지분의 90% 인수) 조치를 취했지만, 글로벌 금융위기 이전에는 아무런 금융규제를 하지 않았다. 글로벌 금융위기 발생 이후 2010년 6월에 의결(2010년 7월 제정)된 도드·프랭크법(Dodd·Frank Wall Street Reform and Consumer Protection Act)에 의해 헤지펀드도 금융당국에 투자거래실적의 공개의무를 준수해야 한다.

또 다른 관점에서 글로벌 금융위기의 발생 배경에는 미국 경상수지의 과도한 불균형 상태를 고려하지 않을 수 없다. 2차 세계대전 이후 미국은 글로벌 경제의 패권을 장악하면서 국제통화체계를 주도하고 국제금융시장에서 글로벌 리더의 역할을 담당했기 때문에 미달러가 기준 대외지급준비자산(지급준비통화)으로 부상했다. 미국은 100년간에 걸쳐 무역수지 흑자를 기록했으나, 1970년대 중반부터 무역수지가 적자로 전환되었고 2000년 이후에는 최대 순채권국에서 순채무국으로 국제투자포지션(해외자산)의 급격한 변화가 나타났다(〈그림 6〉 참조). 미국의 무역수지 적자는 미달러표시 증권(채권·주식)과 실물자산에 대한 수요가 증가(미달러의 공급증가분 초과)하면서 나타난 구조적인 문제가 근본 요인이다. 부연하면, 글로벌 금융위기의 발생원인은 미국의 국제수지 불균형 지속, 재정수지 적자 확대와 정부채무 누적[4] 등으로 인한 경제 구조적인 문제가 노출된 결과이며, 자산시장의 투기행태가 겹치면서 미국의 금융위기가 유럽지역 등지로 전이된 것이다. 글로벌 금융위기는 금융시스템의 직접적인 연계로 인해 유럽지역의 금융시장에 파급된

---

4) 글로벌 금융위기가 종료되는 2009년 말 기준으로도 미국의 재정수지는 GDP의 -10%, 공적채무는 GDP의 85% 수준에 달한 것으로 추정된다.

사례이면서, 동시에 공동충격(common shock)을 통한 전염효과 (contagion effect)의 사례이기도 하다.

2 지역별 경제위기

글로벌 경제위기와는 다른 관점에서 지역별 또는 국가별 경제위기에 관하여 고찰할 필요가 있다. 지역별로는 1973년 3월 미국의 외환위기로 나타난 브레튼우즈체제(BWS) 붕괴, 1970년대 이후 수시로 발생한 중남미 외환·외채위기, 1992년 9월 영국이 유럽통화체제(EMS)의 환율조정 메커니즘(ERM)에서 이탈하면서 나타난 통화위기, 1997년 5월 태국(바트)의 환율변동에서 시작된 동남아 외환위기, 2009년 10월 그리스에서 촉발된 남유럽 재정위기 등이 대표적인 경제위기의 사례라고 할 수 있다.

(1) 선진경제권의 경제위기

2차 세계대전이 종식되기 직전인 1944년 7월, 미국 브레튼우즈(뉴햄프셔주 마운트워싱턴호텔)에서 44개국 대표단(UN 주관)이 참가한 국제통화금융회의(International Monetary and Financial Conference)가 개최되었다. 국제금융 역사에서 중요한 브레튼우즈협정(Bretton Woods Agreement)이 체결된 것이다. 브레튼우즈협정 체결의 목적은 경제위기의 재연을 방지하고 간전기 이후 발생한 실업사태를 억제하기 위함이었다. 브레튼우즈협정에 의해 국제금융기구인 국제통화기금(IMF)과 세계은행(World Bank)이 설립되었으며,5) 금 1온스를 35미달러로 고정하고, 기타 통화

---

5) 국제통화기금과 세계은행은 영국의 존 케인즈의 국제청산연합(International

는 미달러를 기준으로 ±1%의 환율변동밴드를 적용한 금환본위제도(브레튼우즈체제)가 채택되었다. 2차 세계대전 이후 1960년대에는 경기 호황 국면이 지속된 가운데, 베트남전쟁으로 미국의 국방비 지출증가로 화폐수요가 급격히 증대되었다. 외환시장에서 미달러가 공급과잉 상태인데, 화폐수요에 대응하기 위해 미연준은 화폐발행(통화공급)을 증가했으나 1968년 3월에는 미연준의 금보유액은 120억 달러에 불과하여 대외유동성 부채를 상환하지 못할 정도로 부족했다. 그 결과, 국제금융시장에서 미달러의 금태환제도를 신뢰하지 않게 되자, 미달러의 가치하락으로 미국은 외환위기(financial crisis)에 직면하게 되었고 미달러와 금간의 투기적인 거래가 성행하면서 국제통화질서가 흔들리기 시작했다. 당시 미국 경제학자인 로버트 트리핀은 금 보유수준이 미달러(지급준비통화)에 대한 수요증가를 충족하지 못해 미달러의 금태환이 불가능한 상황에서는 더 이상 미달러가 지급준비통화로서의 역할을 하지 못한다는 통화정책의 유동성 딜레마(Triffin's Dillemma)를 주장했다.6) 미국의 외환위기와 미달러의 신뢰문제(유동성 딜레마)를 해결하기 위해 국제통화기금은 특별인출권(Special Drawing Rights) 창출과 금의 이중가격제도(Two-Price System for Gold)를 시행했다. 1968년 3월에 시행된 금의 이중가격제도는 금 매입에 따른 국제통화위기를 극복하기 위해 금풀제도(International Gold Pool)를 대체한 것으로서 각국 중앙은행간의 금 거래는 브레튼우즈체제를 준용하되, 금거래 가격에 대한 금융당국의 개입을 중단하고 금 시세는 금시장에서 결정하게 한 조치였다.

Clearing Union)과 미국의 해리 화이트(Harry White)의 국제안정기금(United and Associated Nations Stabilization Funds) 설립 제안으로 창설되었다.

6) 미연준은 미달러에 대한 투기거래를 억제하기 위해 금 보유조항(Gold Cover) 폐지를 추진했는데, 당시 밀턴 프리드먼과 찰스 킨들버거도 동조했다.

1971년 8월에 영국과 프랑스가 미달러를 금으로 교환하는 계획을 발표하자, 리처드 닉슨(Richard Nixon) 미대통령은 8월 13일 미달러의 금태환 중지를 긴급 선언했다. 1971년 12월, 스미소니언협정(Agreement at the Smithsonian Conference) 체결로 미연준은 미달러의 가치를 금 온스당 35달러에서 38달러로 8.57% 평가절하하고 환율변동밴드를 ±1%에서 ±2.25%로 확대하는 조치를 취했다. 스미소니언체제가 출범한 지 6개월이 지난 후 1971년 6월, 영국, 프랑스, 이탈리아 등 유럽 전역에서 외환위기가 발생하면서 투기자본이 마르크와 엔에 집중되며 미달러의 시세는 계속 하락했다. 1973년 2월, 미연준이 미달러의 가치를 금 온스당 38달러에서 42.22달러로 10% 추가평가절하 조치를 발표한 이후 1973년 3월에는 유럽경제공동체(EEC) 회원국들이 변동환율제도를 채택하자, 3월 19일에 미연준도 고정환율제도를 폐기하고 변동환율제도로 이행함으로써 결국 브레튼우즈체제는 붕괴되었다. 1976년 1월 자메이카(킹스턴)에서 브레튼우즈체제를 대체하는 킹스턴체제를 통해 국제금융시장에서 독자적인 환율제도 채택의 재량권 부여(변동환율제도 도입), 국제통화기금의 기준화폐인 특별인출권(Paper Gold)의 국제통화로서의 기능과 역할이 강화되었으나, 국제통화기금은 특별인출권을 중앙은행 간 공적거래(차관지원)로 제한하여 운용하고 있다.

1970년대는 세계 전역의 통화가치 불안과 미국의 신규 환율시스템 도입 기피로 그 어느 때보다 환율안정이 필요한 시기였다. 독일의 미달러 보유급증으로 인해 1970년부터 마르크는 강세를 보였으나, 유럽 전역에서는 통화위기가 빈번하게 나타났다. 이에 따라, 유럽경제공동체(EEC) 회원국들은 스미소니언협정에 의해 1972년에 공동변동환율협약(Joint Float Agreement, European Currency Snake System)을 체결했다. 그럼에도 불구하고, 1974년 1월에 프랑스프랑의 환율불안 현상이 나타나면서 발레리 데스탱(Valery d'Estaing) 프랑스대통령은 환율안정을 위한 공동대책을 제기했다. 헬무트 슈미트(Helmut Schmidt) 독일총리도 유럽통화시스템(European Monetary System) 구축이 유럽통합을 지향하는 필연적인 조치로 인식하면서 1978년에는 미달러의 추가적인 약세(마르크 강세)로 독일의 수출경쟁력이 약화될 것을 우려하여 유럽확대통화시스템(European-Wide Monetary System) 구축을 주장했다. 그러나 1978년 4월의 유럽경제공동체 정상회의(코펜하겐)에서 불·독 정상들이 유럽통화시스템 추진을 발표했고, 그해 7월 유럽경제공동체 정상회의(브레멘)에서 유럽통화시스템 추진방안이 제시됨으로써 1979년 3월에 유럽통화시스템이 출범(1979년 12월, 브뤼셀 정상회의 합의)하게 되었다. 유럽통화시스템의 핵심은 환율안정을 위해 유럽통화단위(European Currency Unit)의 회계기법을 기준으로 환율조정체제(Exchange Rate Mechanism)를 채택한 것이다. 유럽통화단위(ECU)는 역내 국내총생산과 무역의 비중(가중치)에 따라 역내 통화바스켓의 가치 단위이며, 1999년 1월 1일 이후에는 유로존 단일통화인 유로(Euro)로 변경되었다. 유럽경제공동체의 환율조정체제는 유럽통화단위(ECU)를 기준으로 역내 회원국 통화의 환율변동밴드를 ±2.25%(이탈리아 ±6% 예외허용)로 제한하여 환율불안정에 따른 통화위기를 억제하기 위해 도입되었다. 그러나 환율조정체제가 도입된 이후 8년간의 환율변동 추세를 비교하면, 독일 마르크와 네덜란드길더의 평가절상 현상이 나타났지만 프랑스프랑과 이탈리아리라의 평가절하 현상으로 대조적인 양상(변동성)을 보였다. 역내 통화가치의 재조정 현상은 국가 간 경제성장률, 인플레이션과 경상수지의 불균형으로 나타난 경제펀더멘털의 격차로 인해 각국 중앙은행이 환율변동밴드 범위 내로 자국 환율을 안정적으로 유지하기가 어려울 정도로 대외경쟁력의 변화가 나타난 데 기인한다. 1989년, 자크 들로르(Jacque Delors) 유럽공동체(EC) 집행위원장은 역내 환율안정을 위해 경제통화동맹(Economic and Monetary Union) 추진을 제안했다. 그러나 소련의 공산주의체제가 붕괴되고 독일의 통합으로 유럽 전역은 경기침체가 나타나기 시작했다. 독일은 재정지출 급증에 따른 인플레이션을 억제하기 위해 기준금리 인상 등의 긴축통화정책을 취했으나, 영국과 프랑스에서는 경기침체로 인해 긴축통화정책을 시행하기가 어려운 상황이었기 때문에 독일 정부에 대해 긴축통화정책 완화를 요구했다. 독일과 영·불 간의 경제정책 갈등은 외환시장에서 영국파운드와 프랑스프랑에 대한 환투기가 발생하는 배경이 되었다. 경제상황이 악화된 스페인(1989년 6월), 영국(1990년 10월), 포르투갈(1992년 4월)에 대해서는 환율변동밴드를 최대 ±12% 허용된 상태였다. 결국 환율조정체제(ERM)를 수용한 스페인, 영국과 포르투갈의 통화가치 불안, 마스트리히트조약 비준에 대한 불확실성 등으로 1992년 9월, 영국(파운드), 이탈리아(리라), 스웨덴(크로나), 핀란드(마르카) 등지에서 통화위기가 발생한 것이다. 국제금융시장에서 유럽공동체 통화에 대한 환투기가 확산되자, 영국과 이탈리아가 환율조정체제에서 이탈했고, 프랑스(프랑), 벨기에(프랑), 덴마크(크로네) 등지에도 통화위기가 전이되었다. 1993년 8월에는 환율조정체제의 환율변동밴드가 ±15%로 확대되어 준변동환율제도(quasi-floating exchange system)로 변환되었다. 이후 단일통화 도입에 대한 결정은 1995년 12월의 유럽공동체 정상회의(마드리드)에서 비로소 이뤄졌으며, 1999년 1월의 마스트리히트조약에서 단일통화 도입(12개국 합의)이 결정되면서 2002년 1월부터 유로가 유통되기 시작했다.

미국발 글로벌 금융위기(2008~2009)가 유럽지역에 전이되면서 유로존에도 경제위기가 현실화되었다. 유로존은 단일통화에 의한 환율변동위험은 차단된 상태였으나, 역내 경제력 격차로 금융위기(뱅크런), 재정위기(정부차입 증가문제), 채무위기(채무불이행) 등의 경제위기가 발생할 가능성이 잠재되어 있었다. 유로존의 단일통화정책은 역내 국가 간 경제수준의 차이(경제 구조적인 비대칭성)를 고려하지 않고 동일한 수준의 기준금리를 적용하면서 상대적으로 경제 불안정(고물가·고실업)(self-reinforcing doom loop) 상황에 직면하고 있는 국가들에서는 통화(유로) 고평가 현상이 지속되었다. 글로벌 금융위기로 인해 불거진 남유럽 재정위기(2010~2012)는 흔히 유로존위기(Eurozone Crisis)로 불리며, 유로존 역내 경제 구조적인 문제점에 기인한다. 2009년 10월, 그리스 총선에서 집권한 신임 정부는 재정수지 적자가 국내총생산의 12.7%, 공적채무는 국내총생산의 100%(2011년 12월 180% 수준)를 상회한다며 전임 정부의 경제통계에 대한 조작(설)을 제기했던 것이 남유럽 재정위기의 발단이다. 2009년 12월 이후에는 국제금융시장에서 그리스의 정부채권(sovereign debt)에 대한 평가등급이 급락하기 시작했다. 2010년 2월부터 그리스 정부채권 가격이 폭락하면서 그리스 정부채권 수익률이 급등하기 시작했다. 그리스 정부는 신뢰위기(confidence crisis)에 직면했으며, 포르투갈, 아일랜드, 스페인 및 이탈리아의 정부채권에 대한 국제금융시장의 평가등급도 하락하면서 남유럽 재정위기가 유로존의 금융위기로 확산되었다. 그러나 남유럽 재정위기를 지원하기 위한 유럽연합의 금융지원 체계의 문제점이 노출되었고, 독일과 프랑스 국민의 재정지원 반대 등 역내 결속력도 약화됨에 따라 유럽연합(EU)의 즉각적인 금융지원이 지연되었다. 유로존 국가에 대한 리스본조약의 지원근거가 불명확하고 도덕적 해이(moral hazard) 등 나쁜 선례를 남길 수 있으므로 독일 정부는 그리스 지원에 대해 위기발생 초기부터 소극적인 입장7)이었다. 그렇다고 하더라도 유럽연합은 남유럽 재정위기를 방관할 수 없는 처지였다. 왜냐하면, 독일, 프랑스 등 유럽연합 중심국(core countries) 금융기관들의 부실여신(대출·보증)이 우려되었기 때문이다. 특히 독일 금융기관들은 남유럽 재정위기 국가들에 대하여 최대 대출채권(exposure)8)을 보유하고 있었기 때문에 부실여신이 급격히 증대할 가능성이 우려되는 상황이었다. 남유럽 재정위기를 해결하기 위해 2010년 4월, 유럽연합은 유럽중앙은행(ECB)·국제통화기금(IMF)과 공동으로 그리스에 대해 구제금융(1,100억 유로의 대출)을 지원하기로 합의했다. 2010년 5월 10일, 유로존 정상회의에서 그리스를 지원하기 위한 긴급 구제금융 지원프로그램(3년간의 한시적 금융지원기금)인 유럽금융안정기금(European Financial Stability Facility)을 조성(7,500억 유로)하기로 발표했다. 유럽금융안정기금은 유럽중앙은행의 정부채권 보증을 통한 특별목적의 운영자금(4,400억 유로), 경상수지 적자를 보전하기 위한 EU집행위원회 관리하의 유럽연합 예산지출(600억 유로), 국제통화기금 지원자금(2,500억 유로)으로 조성되었다. 그러나 남유럽 재정위기가 쉽게 해결되지 않자, EU·ECB·IMF는 재정위기에 직면하고 있는 아일랜드(850억 유로, 2010년 11월)와 포르투갈(780억 유로, 2011년 5월)에 대해서도 긴급 구제금융을 지원했으며, 그리스(1,090억 유로, 2011년

---

7) 유럽 선진경제권에 대한 구제금융 지원에 대하여 과거 독일 헌법재판소의 위헌 판결사례가 있어 독일 정부와 의회는 남유럽 재정위기에 대한 지원보류의 입장을 표명했다.

8) 독일의 대출잔액: 그리스 2,720억 달러, 포르투갈 2,420억 달러, 스페인 8,520억 달러 등

7월)를 추가적으로 지원했다. 남유럽 재정위기에 직면한 그리스, 포르투갈, 아일랜드, 스페인 및 이탈리아(PIIGS-5)의 정부채권수익률(10년 만기, 2012년 기준)은 독일의 정부채권수익률(German Bund)을 기준으로 그리스는 25%포인트(2,500bp), 포르투갈은 10%포인트(1,000bp)를 상회하면서 사실상 정부부도(sovereign default) 상태였다. 마침내 2012년 10월, 유럽금융안정기금이 항구적인 지원체계인 유럽안정메커니즘(European Stability Mechanism, 5천억 달러 조성)으로 대체되었다. 그러나 그리스 정부가 구제금융 이행조건을 준수하지 않으려는 움직임이 나타나자, 그리스의 유로존 탈퇴(Grexit=Greek+Exit) 가능성이 제기됨에 따라 국제금융시장에서 남유럽 국가들의 정부채권 가격이 또다시 급락했고 정부채권 신용등급도 하향 조정되었다.

남유럽 재정위기의 원인과 대책에 대해 살펴보면, 유로존 창설(1999) 이후 주택가격의 거품(housing booms)이 잠재해 있던 아일랜드와 스페인을 중심으로 인플레이션 현상이 만연되었다. 남유럽 재정위기 국가들의 실질환율[9]도 고평가되면서 대외경쟁력(수출가격)이 약화되어 경상수지 적자가 심화되었으며, 실질이자율[10]은 유로존 내에서도 국가간 극심한 경제력 격차를 보였다. 유럽연합 역내 국가 간 산업구조, 노동생산성, 대외경쟁력 등의 차이가 최적통화지역에 대한 근본적인 문제점(트리핀 딜레마)이 남유럽 재정위기를 유발할 가능성을 내재하고 있었던 것이다. 특히 그리스 정부의 재정수지 악화는 공적부문의 부

---

9) 실질환율(2008년 GDP deflator 기준, 1999=100): 아일랜드 125, 스페인 115, 포르투갈 105; 경상수지/GDP: 그리스 −14.6%, 포르투갈 −12.0%, 스페인 −9.8%; 실질이자율: 그리스 20%, 포르투갈 10% 수준
10) 실질이자율(2012년 기준, 2015=100)=(평균)정부채권수익률(10년 만기) − 소비자물가상승률(인플레이션)

패, 재정통계 조작, 만연된 탈세관행 등이 결합된 그리스병(Greek Disease)에 기인하며, 재정수지 적자를 보전하기 위해 정부채권을 과다하게 발행하면서 공적채무가 누적되는 결과가 초래되었다. 유로존 경제위기 이후 역내 경제안정을 위해 은행동맹(Banking Union)의 필요성이 제기되었고, 유럽연합은 은행감독과 유동성 지원, 부실정리와 예금보장 기능을 강화함으로써 금융위기 등의 경제위기 발생 가능성을 억제하려는 경제통화정책의 변화를 추진했다. 그 결과, 유럽연합 체계에서 EU집행위원회(은행감독청)보다는 유럽중앙은행을 통한 은행감독 기능이 강화되었다. 2012년 6월에는 EU집행위원회가 역내 은행 감독권한을 보유한 단일감독메커니즘(Single Supervisory Mechanism)을 통해 유럽안정메커니즘(ESM)의 은행자본금에 대한 직접적인 조정권한을 부여했다. 2012년 9월, EU집행위원회는 은행동맹을 위해 금융감독메커니즘(SSM)(2014년 11월 4일), 예금보장체계(deposit insurance scheme), 부실금융기관의 구조조정메커니즘(Single Resolution Mechanism)(2016년 1월 1일)의 단계별 추진방식을 권고했다. 유럽중앙은행은 2009년 3월부터 기준금리를 1% 수준으로 인하한 이후 그해 6월에는 1년간 무제한 대출지원을 통한 양적완화(QE) 통화정책을 시행했다. 2011년 11월, 장클로드 트리셰(Jean-Claude Trichet, 2003~2011) 후임으로 취임한 마리오 드라기(Mario Draghi) 유럽중앙은행 총재는 무제한 정부채권매입프로그램(Outright Monetary Transaction)을 도입했다. 그러나 유로존 경기는 회복되지 않았고 디플레이션 우려가 더욱 커지자, 유럽중앙은행은 기준금리를 아예 0% 수준으로 인하하는 조치를 취했다.

[2] 신흥투자시장의 경제위기

1979년 10월, 미연준(폴 볼커 총재, 1979~1987)은 금융기관의 신용증가와 인플레이션을 억제하기 위해 긴축통화정책으로 전환함에 따라 미국 정부채권수익률이 상승하면서 외환시장에서 미달러(매입증가)는 강세를 보였다. 미연준은 기준금리를 1979년 11.2%에서 1981년 6월에는 20%로 급격히 인상한 이후 그해 12월에도 21.5% 수준으로 추가 인상했다. 그 결과, 인플레이션 기대심리로 급등했던 금 가격은 1980년 1월을 고점으로 하락하기 시작하면서 1981~1983년 세계 경제는 심각한 경기침체에 직면했다. 1982년 8월, 멕시코 중앙은행은 외환보유액이 고갈됨에 따라 더 이상 외채를 상환할 수 없다고 선언하면서 중남미 외채위기가 시작되었다. 멕시코와 유사하게 아르헨티나, 브라질, 칠레 등 중남미 국가들에 대한 민간 채권단들의 신규 신용지원 축소와 기존 차입금의 조기상환 요구가 잇따르면서 채무상환이 사실상 불가능해지는 채무불이행 사태(the event of a generalized default)가 나타난 것이다. 중남미 지역 이외에도 소비에트블록(폴란드)과 아프리카 지역에서도 채무불이행 사태가 전이되어 1986년 말 기준으로 40개국 이상의 국가들에서 심각한 차입불능문제(financing problems)가 불거졌다. 특히 미국계 은행들은 중남미 등 신흥투자시장[11])에 대한 과다한 대출로 부실여신이 심각한 상태였다.[12]) 그러나 중남미 외채위기는 1989년 말에

---

11) IMF는 국민소득 수준과 경제발전 단계를 기준으로 선진경제권(Advanced Economies)과 신흥투자시장(Emerging Markets and Developing Economies)으로 분류하고 있다.

12) 대출/자본 비중: 264%, 부실여신 비중: 50% 수준(미국 8대 은행(평균), 1981년 기준)

도 해결되지 않았고, 1990년 멕시코에 대한 채권(채무)의 12% 삭감 이후 아르헨티나·브라질(1992)에 대한 채무리스케줄링 협상으로 일단락되었다.

중남미에서 멕시코는 1973년 40억 달러이던 외채가 오일쇼크, 미 연준의 기준금리 인상 등으로 인해 1981년 430억 달러 수준으로 10배 이상 급증함에 따라 외채위기에 직면했다. 1982년 8월, 멕시코는 채무불이행(800억 달러의 외채) 상태였으며, 1987년 2월에도 과중한 외채상환부담을 견디지 못해 멕시코 정부는 모라토리엄(지불유예)을 선언했다. 1987년의 경제안정개혁프로그램(재정적자와 공적채무 감축), 1989년 통화(페소)의 고정환율제도(미달러 기준) 변경(crawling peg system)으로 1987 ~1994년 기간의 인플레이션이 크게 진정(159% → 7%)되었으나, 실질실효환율이 상승(통화가치 고평가)하면서 경상수지 적자(GNP의 8%, 1994)가 확대되었고, 외환보유액은 고갈되었으며, 금융기관의 부실여신(정부 신용지원의 확대)이 심화되었다. 그런데, 멕시코 정부는 적합한 규제기준을 수립하지 않은 상태에서 금융기관의 민영화 및 자본계정 공개, 해외 펀드에 대한 금융기관의 차입허용 등을 조치를 취했다. 그러나 멕시코 금융기관은 채무상환의 문제가 발생하면, 최종대부자로서 정부의 구제금융 지원을 기대하는 도덕적 해이 현상이 팽배한 상태였다. 1989년 3월, 미국 정부가 지원한 브래디플랜(Brady Plan)[13]에 의한 채무탕감으로 멕시코 외채위기가 진정되었다. 1992년에는 국제통화기금 주도로

---

13) 브래디플랜은 미국 정부가 1985년 신규 차관공여를 통한 외채상환능력 확충 목적으로 멕시코에 지원한 베이커플랜(Baker Plan)의 한계를 탈피하기 위해 1989년 3월, 니콜라스 브래디(Nicholas Brady) 미국 재무부장관이 외채원리금 삭감과 브래디채권 발행 등을 통한 긴급 구제금융 지원프로그램이었다.

1,360억 달러에 달하는 외채리스케줄링이 시행되었으나, 단기외채가 지속적으로 누적되는 경제 구조적인 문제가 해결되지 않았다. 1994년 대통령선거 이전, 야당후보 암살과 농민반란 사건 등으로 정치사회적인 불안이 겹치면서 데킬라효과(Tequila Effect)로 인해 멕시코에서 외환·외채위기(단기외채 300억 달러, 외환보유액 60억 달러)가 재연되었다. 1993년 11월에 체결된 북미자유무역협정(NAFTA)에 의해 미국과 캐나다는 멕시코에 긴급 구제금융(67억 달러의 신용공여한도 설정)을 지원했다. 1994년 12월, 멕시코 외환시장에서 자본유출이 급증하면서 외환보유액은 20억 달러 수준으로 급감하면서 멕시코 페소가치는 미달러 기준으로 3페소에서 6페소 수준으로 폭락했다. 정권교체 이후 통화가치의 15% 평가절하 조치로 인해 국제금융시장에서 페소에 대한 투기적인 공격이 더해져 멕시코 통화당국은 변동환율제도를 채택하지 않을 수 없었다. 통화의 가치급락으로 채무불이행이 재연되면서 미국 정부(재무성)와 국제통화기금이 긴급대출(416억 달러지원)[14]로 멕시코는 채무불이행 사태를 모면할 수 있었다. 그렇지만 경제위기의 영향으로 1995년 역성장(-6%), 실업 증가, 고금리 지속, 은행위기(banking crisis) 등의 거시경제 불안정 현상이 보편화되었다. 브라질은 1993년 연중 2,489%에 달하는 초인플레이션을 억제하기 위해 1994년 7월, 화폐개혁(Real Plan)을 단행하면서 신규 통화(헤알)를 도입하여 고정환율제도(1헤알=1미달러 기준)를 채택했다. 1995년에는 통화의 가치하락을 억제하기 위한 고정환율제도 채택(fixed, upwardly crawling peg system)으로 1994~1997년 기간의 소비자물가상승률은 2,669%에서 10%로 크게

---

14) 미국 환율안정기금(ESF) 200억 달러, IMF 178억 달러, 세계은행 15억 달러, ADB 13억 달러 등

안정되었다. 그러나 외채상환부담(고금리) 누적과 통화 고평가(실질실효환율 상승)에 대한 시장의 압박(의구심)이 잠재된 상태에서 수출부진과 경기침체(기업 매출실적 악화), 재정수지 적자 현상이 지속되었다. 특히 브라질 정부의 외채이자를 상환하기 위한 정부차입(Ponzi finance) 증대로 인해 공적채무도 누적되는 악순환 구조에서 벗어나지 못했다. 브라질중앙은행의 보유외환이 1998년 6월의 710억 달러에서 그해 9월 말에는 460억 달러로 급감하자, 1998년 10월에는 브라질 정부(페르난도 카르도소 정권, 1995~2003)가 국제통화기금에 긴급 구제금융(420억 달러)[15]을 요청했다. 1999년 1월, 통화가치의 8% 평가절하 이후 변동환율제도가 도입되면서 통화가치는 미달러에 대해 40% 급락했다. 아르헨티나 경제는 1976~1983년 군사독재 시절 이후 민주정권의 수립에도 여전히 악화된 상태였다. 1990년 이후 은행위기, 재정(상황) 불안정, 초인플레이션 현상 등을 극복하기 위해 1991년 4월, 아르헨티나 정부(카를로스 메넴 정권)는 통화(peso)의 미달러에 대한 태환(동등교환) 조건의 고정환율제도를 도입한 태환법(Convertibility Law)을 제정했다. 아르헨티나의 태환법은 인플레이션을 억제하기 위한 환율기반의 물가관리정책이었으나, 결정적으로 통화위기를 초래한 요인이 되었다. 부연하면, 통화 기반의 100% 외환보유가 요구되는 태환법이 시행된 상태에서 통화위원회제도(Currency Board System)의 도입으로 아르헨티나 중앙은행은 더 이상 국내자산을 보유할 필요가 없게 되었던 것이다. 일반적으로 통화위원회제도에서는 외환보유액 한도 내에서 미달러 유입(유출)에 대하여 자국통화의 유출(유입)을 통한 통화량 조절방식이나, 본원통화를 외환으로 지급보증하고 중앙은행은 자국통화의 발행 역할을 하

---

15) IMF 180억 달러, 세계은행 90억 달러 등

지 못하므로 통화정책의 독자적인 시행에는 제한받는다. 그러나 경제 구조적인 취약성에 노출된 국가에 대해서는 외환시장의 투기적인 공격 (위험)으로부터 회피하기 위해 달러연동환율제도(Dollarization)를 채택하는 사례도 있다. 아르헨티나 태환법의 경제적인 효과를 분석하면, 1990~1995년 기간의 소비자물가상승률은 800%에서 5%로 크게 낮아졌으나, 통화(페소)의 실질환율이 30%나 급상승하면서 경상수지 적자 확대, 실업 증가(노동시장의 경직성) 등의 현상이 유발되었다. 세계적인 경기침체로 인해 경제 구조적인 취약성이 노출된 아르헨티나는 2012년 12월부터 페소 가치가 급락하면서 2002년 1월 3일, 810억 달러의 외채상환에 대한 모라토리엄(역사상 최대 규모의 채무불이행 사례)을 선언한 이후 통화위원회제도(페소·미달러 고정환율)를 폐기했다. 그 결과, 통화 (페소) 가치급락과 초인플레이션 현상이 나타났으며, 국제통화기금과의 갈등, 채무불이행 재연(2019) 등으로 국제금융시장에서 아르헨티나 정부 채권 평가등급은 채무불이행(투기등급) 수준으로 평가받고 있다. 아르헨티나 채무불이행 원인은 브라질헤알에 비해 상대적으로 고평가된 통화 (페소)로 인해 수출경쟁력이 저하된 상태에서 아르헨티나 정부의 채권발행(채무누적)과 국내투자 위축 등으로 경기침체가 악화된 데 기인한다.

동남아 외환위기는 1997년 7월 2일, 태국 정부가 외채상환이 불가능하다고 선언하면서 통화(바트)의 갑작스런 평가절하(15%)로 본격화되었다. 실제로는 1년 전부터 경상수지 적자(국제수지 불균형)가 누적된 데다 부동산과 주식 시장의 침체로 이어진 금융압박(financial strain)의 징후가 나타났다. 태국에서는 바트/미달러 기준환율이 25바트로 고정되어 통화 고평가(실질실효환율 상승)에 따른 수출경쟁력 저하로 인해 1990년대 들어 경상수지 적자가 확대되고 있는 추세였다. 1994년 중국

위안의 평가절하 조치로 동남아 국가들은 중국과의 경쟁 격화로 수출산업이 타격(기업 수익성 악화)을 받은 상태에서 1997년 5월부터 외환시장에서는 태국바트에 대한 투기적인 공격으로 통화가치의 변동성이 커지면서 태국 통화당국의 외환시장 개입으로 외환보유액은 고갈되었다. 태국의 통화위기(currency crisis)는 주변국가로 전이됨에 따라 통화가치의 급락에 대응하기 위해 1997년 7월 11일, 필리핀 정부(통화당국)는 페소에 대한 환율변동밴드를 폐지했고, 인도네시아 정부도 통화(루피아)의 환율변동밴드를 확대했다. 1997년 9월 말에는 말레이시아(링기트), 인도네시아(루피아), 필리핀(페소)의 통화가치가 외환위기 이전에 비해 24~33% 하락했다. 동남아 외환위기가 증폭된 배경에는 금융시스템(외자 유치를 위한 고금리 정책 시행과 투기자본의 급격한 유출에 대응미흡)이 취약하고 자본자유화에 따른 단기차입 급증(외채상환부담 누적) 상태에서 금융기관의 무분별한 대출과 투자 증가(부실여신비율 급증) 등 경제기초여건의 문제가 근본 요인이라고 할 수 있다. 예를 들면, 태국의 외화표시채무는 국내총생산의 28.4%(1995년 말 기준), 단기채외차입/자본유입(민간포트폴리오) 비중은 50%(1996년 말 기준), 인도네시아의 민간채무는 830억 달러(1997년 말 기준)로 누적된 상태였다. 1997년 10월, 태국, 필리핀 및 인도네시아 정부가 채무불이행을 모면하기 위해 국제금융기구 등에 긴급 구제금융을 요청했다.16) 특히 인도네시아에서는 1998년 이후에도 경제위기와 정권교체17)에 따른 정치 불안정이 겹쳤다. 지루한

---

16) 인도네시아 401억 달러(IMF 101억 달러, 세계은행 45억 달러, ADB 35억 달러 등), 태국 201억 달러(IMF 39억 달러, ADB 22억 달러, 세계은행 19억 달러 등)

17) 1968년부터 30년간 장기집권한 하지 수하르토(Haji Soeharto) 대통령이 퇴진하고, 1998년 5월에는 압둘라흐만 와히드(Abdurrahman Wahid)(인도네시아 최초의 민선대통령) 과도내각이 수립되었다.

통화위원회제도(CBS) 도입 논란, 모라토리엄 선언 우려 등으로 1998년 1월 22일에는 루피아/미달러 기준환율이 17,000루피아를 상회하면서 경제위기 이전의 2,434루피아에 비해 통화가치가 무려 85% 하락한 상태였다. 동남아 외환위기국에 투자한 외화자산이 루피아 부실채권으로 전락하면서 동남아 외환위기의 전염효과(contagion effects)가 우리나라와 일본에도 영향을 미쳤다. 인도네시아 최대 투자국이던 일본의 엔/미달러 기준환율이 1997년 7월 이전의 85엔에서 1997년 말에는 120엔으로 40% 상승했고, 1998년에는 최고 147엔으로 상승했다. 설상가상으로 일본의 경기침체가 겹쳐 동남아 외환위기는 동북아지역(한국, 대만, 홍콩, 싱가포르)뿐만 아니라 동남아지역이 아닌 신흥투자시장(러시아, 브라질, 칠레)에도 경제위기가 전이되었다. 우리나라도 1997년 12월에 긴급 구제금융(570억 달러)[18]을 요청하면서 IMF 경제개혁 프로그램을 이행하면서 심각한 경기침체를 겪었다. 러시아에서는 1997년 말 이후 국제유가의 하락으로 수출과 재정수입이 급감한 가운데, 1998년부터 통화가치와 정부채권가격이 급락하면서 경기위기 상태였다. 외환시장에서 외자유출이 급증하고 외환보유액의 2배를 초과하는 단기외채(외화표시 재정증권 채무)를 상환할 수 없는 상황에서 1998년 7월, 러시아 정부는 국제통화기금에 긴급 구제금융(170억 달러)을 요청했다. 그럼에도 불구하고, 러시아는 1998년 8월의 변동환율제도 채택과 루블의 평가절하 이후 모라토리엄을 선언했다. 브라질에서도 1999년 1월의 변동환율제도 채택 이후 재정수지 적자 심화, 외자 유출 등으로 경제위기가 재연되었다.

---

18) IMF 210억 달러, 세계은행 100억 달러, ADB 40억 달러 등

PART
02

해외투자요인과 리스크관리

미국 작가인 토마스 프리드먼(Thomas Friedman)은 "세계는 기울어진 운동장(unlevel/uneven playing field)이 아니라 점차 편평해지고 있다."고 술회했다. 시장(수요)과 생산(공급)의 글로벌화 추세로 세계 경제는 상호의존적이고 통합된 상태로 변화하고 있다. 경제성장과 생산성 향상에 관하여, 미국(오스트리아계) 경제학자인 조세프 슘페터(Joseph Schumpeter)가 주창한 창조적 파괴(creative destruction)에 따르면, 생산능력의 현대화와 효율성을 통해 지역경제(투자대상국)에 편익을 제공해 주기 때문에 해외직접투자(overseas direct investment)는 투자대상국(host country)의 경제성장과 생산성 제고에 결정적인 요인으로 작용한다는 것이다. 조세프 슘페터(1883~1950)는 기업가정신(entrepreneurship)을 강조하면서 "기업의 기술혁신(technological innovation)을 위해 창조적 파괴가 필요하다"고 역설했다. 특히 슘페터(1934)는 자각(인식)의 발전은 새로운 통합능력에 의해 가능하다고 주장했는데, 신규 자원의 통합은 기업혁신의 근원이고, 통합능력의 본질은 자원(또는 자본)과 지식을 재통합(또는 재조정)하는 과정에서 가치를 창출하는 것이라고 정의했다. 미국 경영학자인 데오도르 레비트(Theodore Levitt)는 "세계는 하나의 공동체로 확장되고 있는데, 그 강력한 힘은 기술과 국제경영(글로벌 기업운용)에 의해 표준화된 제품, 생산(제조)과 무역으로 국가 또는 지역의 선호(취향)는 통합되고 시장(소비자)과 생산(기업)의 글로벌화가 진전되었다."고 주장했다. 시장의 글로벌화(globalization of market)는 역사적으로 분리된 국가단위의 시장이 거대한 단일시장으로 변화하는 것을 의미한다. 생산의 글로벌화(globalization of production)는 국가별로 상이한 생산비용(생산요소)과 제품(품질)을 활용하기 위해 해외에서 상품과 서비스를 조달하는 것을 의미한다. 특히 기술의 변화와 발전은 산업혁명뿐만 아니라 시장과 생산의 글로벌화 진전에서 핵심적인 역할을 했다. 예를 들면, 인텔 창업자인 고든 무어(Gordon Moore)는 마이크로프로세서 기술의 힘에 의해, 18개월 단위로 그 성능은 2배 향상되면서 생산비용은 2분의 1 수준으로 절감할 수 있다는 무어의 법칙(Moore's Law)을 주창했다. 소비자의 관점에서 산업의 핵심기술(core technologies)을 재분류한 튤더·준(1988)은 수많은 제품을 선도하며 생산과정의 다양한 분야에서 지대한 영향을 미치면서 거의 모든 분야에 적용가능하고 경제진보의 궤도를 재편성할 수 있어야 핵심기술이라고 정의했다. 튤더·준에 따르면, 1990년대에는 전자·정보통신과 바이오테크놀로지 기술이 대표적인 핵심기술의 클러스터를 형성했다는 것이다. 시장과 생산의 글로벌화 현상은 2차 세계대전 이후 국제기구 출범과 규제완화(무역과 금융의 장벽폐지) 등에 따른 국제무역과 해외투자의 증가추세와 유사한 패턴(흐름)을 보였다. 특히 다국적기업(MNEs)의 해외투자가 활발하게 이루어지면서 글로벌화 현상은 찬반논쟁에도 불구하고, 역행할 수 없는 대세로 굳혀졌다. 그러나 글로벌 시장은 국가별 정치경제적인 발전수준과 사회문화적인 차이 등으로 분절화 또는 세분화되어 있기 때문에 국제경영의 글로벌 표준화전략뿐만 아니라 해외지역별 현지화전략에서도 글로벌 시장에 대한 적절한 대응이 요구된다.

글로벌 공급체계는 상품 생산의 전방단계(upstream portions, inbound supply chain), 상품의 생산 이후 최종소비자(end-user)에게 연계되는 후방단계(downstream portions, outbound supply chain)로 구분된다. 가치사슬(value chain)에 관하여, 포터(1985)는 기업의 관리경영에서 분리된 가치활동(value activities)을 중심활동(primary activities)과 지원활동(support activities)으로 구분했다. 중심활동은 생산제품의 물리적인 창출, 수입자에 대한 제품이전과 판매(마케팅)를 의미하며, 지원활동은 조달, 기술, 인적자원과 인프라스트럭처를 제공하는 투자를 의미한다. 기업의 중심활동은 생산과 유통(logistics) 등의 전방활동(upstream activities), 마케팅과 고객서비스 등의 후방활동(downstream activities)으로 구분된다. 포터·그래머(2011)는 공유가치창출(creating shared value)을 위한 활동을 제품과 시장의 재구성, 생산성의 재정립, 현지 기업집단(클러스터) 조성가능성 등으로 분류했다. 글로벌 공급체계에서 전방단계와 후방단계의 거래당사자[1] 간의 관계도 국제경영조직과 관리의 상호작용 조정, 통합과 신뢰관계 관점에서 그 수준과 강도(중요도)가 상이하게 나타난다. 글로벌 공급체계의 구축과 확보 등을 위해서는 지속적이고 강력한 신뢰관계가 요구되는 것이다. 해외직접투자는 글로벌 가치사슬(global value chain)의 관점에서는 투자국(본국)을 기준으로 역외생산(offshore production)을 의미한다. 글로벌 가치사슬에 따른 기업의 역외생산이 확대되면서 해외투자가 수출의 선택대안이 되고 있다. 이에 따라, 저비용(효율성)과 고품질(효과성)을 위한 글로벌 생산과 공급체계 관리가 국제경영에서 더욱더 중요시되고 있는 추세다. 예를 들면, 스마트폰 세계 1위(20.1%, 2023년 출하량 기준)를 점유하고 있는 애플의 아이폰 생산을 위한 글로벌 공급체계는 퀄컴(미국)의 5G모뎀, 키옥시아(일본)의 플래시메모리, SK하이닉스(한국)의 D램, 브로드컴(미국)의 와이파이모듈, 삼성디스플레이(한국)의 LCD, 소니(일본)의 카메라, LG이노텍(한국)의 카메라모듈, NXP반도체(네덜란드)의 NFC컨트롤러, ST마이크로일렉트로닉스(스위스)의 마이크로컨트롤러 등으로 구축되어 있다. 따라서 애플은 글로벌 공급체계에 밀접하게 연계되어 있는 협력업체의 부품공급 중단, 제휴 단절 등의 사태가 발생하면, 생산과 판매 차질이 발생할 수밖에 없다.

---

1) 전방단계: vendor, supplier, partner; 후방단계: buyer, customer, client

CHAPTER 05 해외투자의 개념

조르겐슨(1963)의 신고전학파모형(neoclassical model)에서 "투자는 경쟁적인 산업 또는 기업의 적정한 자본(량)에 대한 조정이다."라고 정의했다. 부연하면, 자본은 예상 산출(수준), 자본의 투입과 산출의 관계, 자본의 사용자비용(이자·감가상각률)에 대한 산출가격에 의해 결정된다는 것이다. 그러나 해외직접투자의 통합형태에 관한 이론을 제기한 케이브스(1982)에 따르면, 다국적기업의 신고전학파모형에서 다국적기업의 투자활동이 후생경제학에 미치는 영향을 규범경제학의 접근방식으로 분석했다. 리처드 케이브스(Richard Caves)는 정부의 정책결정(조치)을 국민의 실질소득(극대화), 소득의 기능적인 분배, 기업의 이윤(극대화) 또는 이윤과 리스크의 적정화, 자산/자원 비중, 재원(자본조달)/투자유치 비중을 기준으로 분류했다. 자산/자원 비중은 다국적기업 자산의 산출에 대한 (−)관계의 수요곡선(우하향 형태), 자산의 자원 매매계약에 대한 (+)관계의 공급곡선(우상향 형태)을 가정하고 있다. 재원/투자유치 비중은 다국적기업의 투자유치를 위한 역할에서 투자대상국 정부의 정책결정을 가정하고 있다. 후생경제학의 관점에서 신고전학파모형의 일반적인 가정은 투자대상국(정부)의 국민소득을 극대화하는 데 중점을 두고 있다.

1 해외투자의 분류기준

투자는 투자기업을 기준으로 국내기업에 의한 투자와 외국기업에 의한 투자로 구분된다. 그런데, 국내기업에 의한 투자는 국내뿐만 아니라 해외에서도 이루어지는데, 특히 국내기업의 해외에 대한 투자를 해외투자(overseas/outward investment)라고 하고, 외국기업의 국내에 대한 투자를 외국인투자(foreign/inward investment)라고 한다. 투자에 관한 중요한 분류기준인 이익의 중심(center of interest)이 원천적으로 투자국(home/investing/reporting country)에 있기 때문에 투자대상국(host/recipient country)에 위치한 현지법인(해외자회사)은 투자국의 본사(parent enterprise)에 의해 투자활동이 통제된다. 부연하면, 투자주체를 기준으로 투자국은 투자를 행하는 기업의 본사가 위치한 국가이며, 투자대상국은 해외 제휴회사(foreign affiliate)에 의해 투자활동이 행해지고 있는 투자유치국을 의미한다. 그리고 투자대상을 기준으로 직접투자와 간접투자로 구분되는데, 직접투자(direct investment)는 지분(주식)과 고정자본(설비·기자재)에 대한 투자이고, 간접투자(portfolio investment)는 증권(채권)에 대한 투자를 의미한다. 국내기업의 해외에 설립된 기업의 지분에 투자하는 직접투자는 자금조달(source of funds)이 아닌, 경영통제(control of operation)와 소유권지배(level of ownership)를 통한 투자활동이다. 그러나 간접투자는 지속적인 이해관계와 통제의 요건이 필요하지 않다는 점에서 직접투자와는 본질적으로 다르다.

[1] 해외직접투자의 정의

국제적인 회계기준에서는 해외직접투자를 기업의 지분(equity stake/

capital)을 10% 이상 투자한 것으로 정의하고 있는데, 일반적으로 해외직접투자는 지분, 기업 내 대출(본지사 간 금융)과 사내유보금의 재투자로 구성된다. 해외포트폴리오투자는 채무투자(채권·예금) 및 지분투자(주식) 방식으로 구분된다. 채무투자(bond instruments/finance)의 경우 경제상황과 관계없이 상환만기에 고정된 금액(이자 포함)을 채무자가 상환할 의무가 있지만, 지분투자(equity instruments/finance)에 대해서는 채권자가 고정된 금액보다는 기업이윤에 대한 보상청구권을 행사할 수 있다. 해외포트폴리오투자는 거래채권의 형태인 대출도 포함하고 있다.2) 경제협력개발기구(OECD)는 생산과 수익의 극대화를 위하여 지속적인 이해관계를 설정할 목적으로 어떤 경제권의 거주독립체(resident entity, direct investor)가 다른 경제권(category of cross-border investment)의 직접투자기업에 대한 의결권(또는 지분)을 최소 10% 이상 소유하는 경우를 직접투자로 정의하고 있다. 거주(residence)의 개념은 국가 등 다른 법적 개념인 국적과는 다르게, 경제적 영토에 따른 경제적 독립체(economic entity) 또는 제도적 단위(institutional unit), 즉 지배적인 경제이해관계의 중심지를 기준으로 한다. 고전적인 개념정의에 의하면, 이해관계자(stakeholder)는 조직의 목적을 달성하면서 영향을 미치는 그룹 또는 개인이다. 경영관리(조직구조)의 관점에서 이해관계자는 소유권자, 경영관리인, 채권자 등인데, 경영관리인은 이윤보다는 성장과 지속적인 고용(인계인수 기피성향)에 특히 관심을 두고 있다. 유럽연합(EU)의 국가통계시스템(SNA)에서는 제도적인 단위를 가계 및 법사회적 독립체로 구분하여 법사회적 독립체는 법인, 사단법인과 정부를 포함하고 있다. 법인(incorporated enterprise)과 구별되는 준법인(quasi-corporation)은

---

2) 해외투자의 제3의 형태는 은행대출(bank loans)을 통한 방식이 일반적이다.

소유권자(가계, 정부, 외국인거주자)로부터 분리된 지점, 토지소유자, 유한
·무한책임회사(파트너십), 신탁회사(트러스트) 등 주식회사가 아닌 경영
조직을 의미한다. 부연하면, 주식회사가 아닌 경영조직은 법적인 조직
체가 아닌 생산자 단위(producer unit)이고, 거주자는 부동산(토지·건물)
등 실물자산(금융자산 제외)의 비거주자 소유권에 대한 준법인과 마찬가
지로 개념적인 단위(notional unit)라고 할 수 있다. 다국적기업은 전형
적으로 국제경영(활동)에 관여하게 되는데, 법적인 형태 또는 소유권(공
공·민간 복합)에 관계없이, 국가 간 투자활동을 하는 법인체를 의미한
다. 다국적기업의 해외직접투자는 기업통제를 위한 의결권(voting
power)을 기준으로 10% 이상의 지분소유를 원칙적으로 적용하고 있
다. 부연하면, 유럽연합에서 규정한 지분(보통주식)의 10% 의결권은 투
자자가 투자대상기업의 관리(경영)에 영향을 미칠 수 있는지를 결정하
는 수준을 의미한다. 미국상무부도 투자대상기업을 10% 이상 동세할
목적으로 경영활동에 대한 금융지원의 형태로 이루어지는 장기자본의
이동을 해외직접투자로 정의하고 있다. 일본에서는 해외투자에 대한
관리적인 장애요인(행정규제)을 철폐하기 위해 외환거래법(Foreign
Exchange Law)을 개정(1980)하여 투자기업에 대하여 사전 허가를 요구
하지 않고 투자계획을 재무부에 대한 신고기준(notification basis)으로
변경했다. 다만, 소규모 투자(3백만 엔(1980~1984), 1천만 엔(1984~1989)
미만)에 대해서는 신고대상에서도 제외했다. 1980년 12월부터 일본에
대한 해외투자를 직접투자와 간접투자로 구분하면서 기존 해외직접투
자의 25% 소유권 기준(ownership benchmark)을 10%로 대체변경했다.3)

---

3) 영국: 1999년 이전, 지분의 20%를 기준으로 구분

해외직접투자에 대한 개념적 정의에 대하여, 경제협력개발기구는 해외직접투자의 기본정의(2008)에서 직접투자관계를 위한 체계의 기준을 규정하고 있다. 경제협력개발기구 투자위원회(Investment Committee)의 요청에 의해 금융기업국(DFEA) 국제투자통계작업반(Working Group on the International Investment Statistics)에서 해외직접투자의 기본정의에 관한 업무를 담당한다. 경제협력개발기구에 따르면, 투자대상기업을 통제하는 투자모기업(법인 형태)을 기준으로 법인과 준법인으로 구분한다.4) 그러나 직접투자관계에 대한 체계에서는 해외투자의 형태(투자본질)를 자회사(subsidiary), 제휴회사(associate), 지점(branch)의 수직적인 연계형태의 통합배열로 구분하고 있다. 일반적으로 투자대상기업의 의결권을 10% 이상 소유하는 경우를 직접투자로 분류되며, 투자형태를 기준으로 자회사(지사)에 대하여 50% 초과, 제휴회사(연합회사)와 지점(준법인 형태)에 대해서는 10~50% 수준을 투자대상기업의 의결권 기준으로 설정하고 있다.

(2) 해외직접투자통계

해외투자통계에 관한 개념과 작성기준은 국제연합(UN), 경제협력개발기구(OECD), 국제통화기금(IMF), 유럽연합(EU)5) 등에서 작성된 통계를 기준으로 한다. 해외직접투자 통계는 작성 기관과 방법에 따라 상당한 차이가 존재한다. 예를 들면, 우리나라의 해외직접투자 유출통계

---

4) 유사법인(fellow enterprise)은 다른 법인에 영향을 미치는 직접투자는 아니지만 투자모기업의 소유권(계층구조)에 의해 직간접적으로 영향을 받고 있는 수평적인 연계 형태의 전문화구조로 분류된다.

5) The System of National Accounts (SNA) by the Commission of the European Communities

(한국수출입은행 해외경제연구소)는 증권투자(지분), 대부투자(채무상품), 영업비용 투자(지점·사무소), 역외금융(offshore/international project finance) 등을 포괄한 총투자금액을 기준으로 산출된다. 그러나 우리나라에 대한 해외직접투자 유입통계(산업통상자원부 투자유치과)는 송금 신고를 기준으로 총투자금액이 반영된다. UN무역개발협의회(UNCTAD)의 해외직접투자 통계는 지분투자, 채무상품과 수익재투자를 포괄한 총투자금액에서 투자회수액을 차감한 순투자금액(국제수지의 금융계정)을 기준으로 작성된다. 1964년 스위스(제네바)에서 개최된 UN총회에서 상설기구로 설치된 UN무역개발협의회는 후진국의 경제발전에 필요한 국제무역과 해외투자의 확대를 위해 설립되었다. UN무역개발협의회에서는 해외직접투자금액(누적통계 기준)을 투자기업의 자본(주식)과 본사귀속의 사내유보금(이윤 포함), 자회사(제휴회사 포함)의 (순)채무액을 기준으로 작성한다. 그러나 경제협력개발기구에서는 사내유보금(투자지분 포함), 투자구매(지분매각 제외), 대출·신용 순증가분을 합산한 금액에서 현지법인의 차입비용을 차감한 금액을 해외직접투자금액으로 산출한다. 해외투자통계의 작성기준과 관련하여, 경제협력개발기구의 해외직접투자 기본정의(Benchmark Definition)에서 해외직접투자포지션과 관련 금융·소득거래를 포괄하는 해외직접투자통계를 중점적으로 다루고 있다. 국제통화기금에서는 국제수지와 국제투자포지션에 관한 매뉴얼(Balance of Payment and International Investment Position Manual)에 의해 해외투자통계가 작성되고 있다. 경제협력개발기구와 국제통화기금은 1997년부터 해외직접투자를 위한 방법론적 기준의 시행에 관한 조사(Survey of Implementation of Methodological Standards for Direct Investment)[6]에서

---

6) www.imf.org/bop and www.oecd.org/daf/simsdi

국제표준산업분류(International Standard Industrial Classification)를 공동으로 작성하고 있다. 특히 경제협력개발기구의 해외투자통계기준에서 해외직접투자 통계산출의 표준은 채권자와 채무자 기준(debtor and creditor principle), 자산과 부채 기준(asset and liability principle), 국가와 산업(투자활동) 기준(directional principle)의 접근방식(원칙)으로 구분하여 적용하고 있다. 유럽연합의 국가통계시스템(SNA)에서는 해외직접투자를 국민금융계정(National Financial Accounts and Flows Accounts)으로 계상하고 있다. 특히 다국적기업의 투자활동 등 기업에 관한 통계는 해외직접투자 통계에 의해 산출된 기업의 하위분류에서 다루고 있다.

해외직접투자는 국제수지의 자본수지(금융·자본계정)에 계상되며, 경제성장을 위한 유효수요의 대표적인 구성요소다. 거시경제이론의 대가인 존 케인즈(1883~1946)의 유효수요이론(the theory of effective demand)에 따르면, 유효수요에 의해 결정되는 국민소득은 소비와 투자를 합산한 값이며, 유효수요는 유동성선호함수(liquidity preference function), 자본의 한계효율(marginal efficiency of capital)과 투자승수(investment multiplier)에 의해 결정된다. 부연하면, 자본의 한계효율은 리스크와 불확실성을 고려한 투자의 예상수익률(편익)과 자본의 공급가격(비용)과의 관계에 의해 결정되며, 투자규모는 시장이자율과 자본의 한계효율과의 비교분석에 의해 결정된다. 경제협력개발기구에서 해외직접투자에 관한 계정은 투자포지션, 투자금융거래(흐름) 및 투자소득으로 구분된다. 투자포지션은 투자수단(지분·채무)에 의한 누적투자, 투자금융거래는 자산(매각액과 상환액의 차감)과 부채(채무변제액의 차감) 기준에 의한 순투자(유입액−유출액), 투자소득은 지분투자에 대한 배당금과 본지사간 대출, 수출신용 등에 따른 채무를 각각 반영한다. 투자금융거래(흐름)는 금융형태를 기준으로 지분투자액의 인수 또는 처분, 소득재투자(배당금 제외), 본지사 간 채무로 구분된다. 경제협력개발기구가 해외투자통계를 분석한 지표에서 투자포지션/GDP 비중은 글로벌화 범위(경제의존성), 투자금융거래/GDP 비중은 글로벌화 정도(상대적인 매력도), 투자소득/GDP 비중은 투자기업의 소득에 대한 상대적인 중요도를 의미한다. 투자소득(지분)은 투자대상기업의 이윤수준(투자기업의 경쟁력)을 측정하며, 배당금, 재투자소득과 지점의 이윤이 포함된다. 특히 투자포지션/GDP 비중은 경제 구조적인 지표로서 해외투자유출 비율은 경제대리인(economic agents)의 해외 소유권의 정도, 해외투자유입 비율은 외국인 소유권의 범위를 의미한다.

1970~2022년 해외직접투자 유입실적은 2000년의 닷컴 버블(dot-com bubble)로 인한 글로벌 금융빌작(financial collapse), 글로벌 금융위기(2008~2009) 등으로 감소추세로 반전하는 패턴을 보였다. 그런데, 세계 전체적으로는 해외직접투자 유출실적의 국가별 합계와 유입실적의 국가별 합계는 일치하므로 세계 전체의 투자수지는 이론적으로 균형이다. 인수·합병(M&A) 투자활동[7]의 비중은 1982년 52%에서 2000년 82% 수준으로 증가하면서 1990년대 중반 이후 다국적기업의 투자활동[8]이 급증했는데, 세계 전체의 국내총생산(GDP)의 합계에 대한 해외직접투자 유입실적의 비중(FDI Inflows/GDP)은 1970년의 0.5%

---

7) 2002년 기준으로 세계 전체의 수출총액은 18조 달러 수준이었고 다국적기업에 의한 해외직접투자 규모는 8조 달러로 추정된다. 2002년, 다국적기업의 해외 자회사(foreign affiliates)에 의해 창출된 부가가치는 3조 4천만 달러로 1982년 수준의 2배에 해당되고, 세계 전체의 국내총생산(GDP)의 10분의 1 수준인 것으로 추산된다.

8) 100대 다국적기업의 총매출규모＝세계 전체의 GDP 10.7%(2015년 기준)

이하에서 2000년 4.0% 수준에 달했다. 세계 전체의 해외직접투자 유입실적은 2000년에는 1조 5천억 달러, 2010년 2조 달러로 증가추세를 나타냈으나, 코로나위기로 2020년에는 9,989억 달러로 급감했다. UN 무역개발협의회가 매년 발표하는 세계투자보고서(World Investment Report)에 따르면, 해외직접투자 유입규모는 1973년 120억 달러 수준에서 1985년 500억 달러, 1990년 2천억 달러로 급증추세를 보였고, 2007년 2조 2천억 달러로 사상 최고치를 기록한 이후 감소추세를 나타내면서 2020년에는 코로나위기로 인해 1조 달러 미만 수준으로 크게 위축되었다. 2020년 말 누계기준으로 해외직접투자 유입규모(잔액)는 39조 달러로 추산되는데, 이중 다국적기업의 인수·합병을 통한 투자규모는 33조 달러(FDI 유입누계기준: 84.6%)에 달하고 있다. 〈그림 8〉의 해외직접투자 유입추이(1990~2023년 통계자료, 백만 달러 기준)에서 투자유입총액은 1990년의 2,048억 달러에서 2023년에는 1조 3,318억 달러로 6.5배에 달했으며, 2023년 연중기준으로 해외직접투자 유입추이(비중)에서 최대 실적을 나타낸 국가는 미국(23.4%), 중국(12.3%), 싱가포르(12.0%), 홍콩(8.5%) 등의 순으로 나타났다.[9] 우리나라는 2023년 기준으로 해외직접투자의 유출총액(345억 달러)이 유입총액(152억 달러)을 초과하여 투자수지는 193억 달러의 적자를 기록했다.

1990년대 이후 다국적기업을 중심으로 국제경영(활동)이 활발해지면서 선진경제권뿐만 아니라 신흥투자시장에 대한 해외직접투자 규모

---

9) 해외직접투자의 투자유출총액은 1990년의 2,439억 달러에서 2023년에는 1조 5,506억 달러로 6.4배 수준으로 증가했으며, 2023년 연중기준으로 해외직접투자 유출추이(비중)에서 최대 실적을 나타낸 국가는 미국(26.1%), 일본(11.9%), 중국(9.5%), 스위스(6.8%), 독일(6.5%)의 순으로 집계되었다.

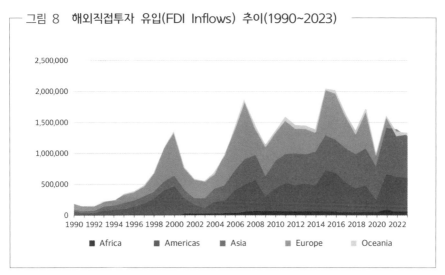

그림 8　해외직접투자 유입(FDI Inflows) 추이(1990~2023)

자료: UNCTAD Statistics and Data.

가 무역분쟁이 격화되기 이전에는 지속적인 증가추세를 보였다. 그러나 다국적기업의 인수·합병의 규모와 건수가 2016년 이후에는 미국과 중국의 무역분쟁이 확대되면서 부진한 상태다. 특히 2020~2021년에는 코로나위기로 세계 전역에 걸친 경제사회적인 봉쇄조치가 시행되고 글로벌 가치사슬에 의한 생산과 투자의 연결고리가 단절되면서 역외투자보다는 역내투자가 늘어났고, 해외투자도 회귀, 축소 및 철수 등 투자패턴의 급격한 변화가 나타났다. 해외직접투자 유입 비중(FDI/GDP)은 2000년 이후 글로벌 금융시장의 극심한 변동성과 경제위기 등으로 인해 2022년 기준으로 2% 수준으로 정체된 상태다. 투자확대를 위한 국가간 또는 지역별 합의 등 다양한 시도에도 불구하고, 해외직접투자 유입규모가 안정적인 수준에서 지속적인 증가추세보다는 연도별 변동성이 크게 나타나는 패턴을 보였다. 국제경제흐름의 큰 틀에서 해외투자를 활성화하기 위한 본격적인 시도는 유럽연합의 확대과정을 통한 동유럽 국가들의 유럽연합 가입(2004년 5월)이 대표적인 사례라고 할 수 있다. 유럽연합 확대의 효과는 유럽 기업의 생산입지에 따른 글로벌 경쟁우위를 달성하기 위한 것이었다. 경제통합의 효과는 역내 국가 간 무역거래비용을 낮추고 생산여건의 불일치를 조정하는 것이다. 따라서 경제통합은 무역창출효과와 무역전환효과를 유발하면서 생산·투자의 수준, 구조와 입지를 결정하게 되는 것이다. 1980년대 말부터 증대하기 시작한 미국에 대한 유럽 기업들의 투자는 투자국의 경기호황을 견인했지만, 투자 관점에서는 다국적기업에 의해 글로벌 경쟁지위를 유지하고 제고하려는 계획적인 전략에 기인한 것이다.

해외직접투자의 통계자료(투자패턴)는 UN무역개발협의회의 세계투자보고서(World Investment Report)가 대표적이다. UN무역개발협의회의 세계투자보고서는 해외직접투자에 관한 연도별, 지역별, 산업별 통계자료를 생산하여 발표하고 있다. 다국적기업의 투자통계자료에 관해서는 미국상무부(US Department of Commerce), 영국무역투자청(UK Trade and Investment) 등에서 발표하고 있다. 일반적으로 다국적기업에 관한 통계자료(투자활동)는 국제수지계정을 기반으로 자산, 생산과 고용에 대한 정보를 포괄한다. 미국상무부는 미국 내 다국적기업의 역외생산에 관한 통계(1950)를 시작으로 다국적기업의 미국 내 경영에 관한 통계를 1974년부터 발표했다. 미국상무부는 미국 내 다국적기업의 해외 제휴회사와 다국적기업의 미국 제휴회사를 포괄한 총부가가치(생산)를 기준으로 통계자료를 생산하고 있다. 영국에서는 영국투자청(Invest in Britain Bureau) 설립(1977) 이후 2000년에는 무역과 투자의 기능이 분리되었다가 2003년에는 영국무역투자청으로 확대재편되었다. 해외직접투자가 증가추세를 보였던 일본 정부에서는 재무부(MoF) 및 대외통상부(MITI), 일본은행(Bank of Japan), 일본국제협력은행(JBIC)에서 해외투자에 관한 통계를 생산하고 있다. 일본재무부는 연간신고기준(notifications), 일본대외통상부는 부동산, 금융과 보험을 제외한 산업조사(industry surveys), 일본은행은 국제수지통계를 기반으로 재투자소득을 제외한 자본흐름(capital flows), 일본국제협력은행은 투자결정요인과 사례연구(case study)를 중점적으로 분석하고 있다.

글로벌 해외직접투자의 통계를 기반으로 투자 수준의 비교우위를 측정하는 방법에 관하여, 더닝 등(2007)은 초국가성지수(Transnationality Index), 글로벌지수(Globalization Index), 현시투자비교우위(Revealed Investment Comparative Advantage) 등을 제시했다. 초국가성지수(TI)는 특정 국가에 대한 해외직접투자의 유입과 유출 통계의 수준을 해외 제휴회사에 의해 (회계)산출된 해외 자산, 판매규모와 고용의 비율로 평가하고, 글로벌지수(GI)는 해외직접투자의 유입과 유출 통계의 지리적인 집중과 분산의 범위를 측정한다. 현시투자비교우위(RICA) 또는 투자집중도지수(Investment Intensity Index)는 다른 지역(지리적인 기준)에서 특정 국가의 해외직접투자(유출 통계) 건수가 평균 수준을 상회하는지 또는 미달하는지에 대한 측정방법으로 세계 전체의 투자누계에 대한 상대적인 비중(범위)을 평가한다. 러그먼(2004)과 버베크(2008)는 후방생산활동(다운스트림)의 지리적인 분포인 투자활동의 장소(locus)에 관하여 집중적으로 분석했으나, 더닝 등(2007)은 투자의 후방생산활동뿐만 아니라 전방생산활동도 포괄하고 있다. 허핀달지수(Herfindahl Index)[10]

는 해외직접투자 통계의 추세(흐름)를 기준으로 해외투자의 지리적인 분포를 측정한 대표적인 통계지표다. 허핀달지수는 해외투자기업의 시장점유율을 합산한 값이며, 경제(산업) 분야별 해외직접투자의 지리적인 집중도(분산도)를 측정한다. 허핀달지수에 대한 비판적인 견해에도 불구하고, 저소득국(LDC) 정부는 흔히 조세감면기간(tax holidays) 설정, 수출지향(export-oriented) 산업에 대한 인프라스트럭처 투자, 수입경쟁(import-competing) 산업에 대한 관세보호 등으로 다국적기업에 대하여 투자인센티브(유인) 조치를 취하는 경향이 있다.

〔3〕 수출과 해외투자의 관계

비교우위론에 따르면, 생산요소의 이동이 국가 간이 아닌 국가 내에서만 가능하며, 산업의 구조변화 또는 초과생산에 대한 인센티브가 없는 국가에서 생산비용이 비교우위적인 상품 생산과 수출에 특화한다고 가정하고 있다. 따라서 비교우위론은 산업의 구조적인 변화를 설명할 수 없고, 국가 간 생산요소의 이동 또는 해외투자를 고려하지 않고 있다. 그런데, 국제무역은 해외생산에 대한 통제 또는 관리(경영)가 요구되지 않는 상품의 교환이고, 해외투자는 생산요소 투입분의 교환 또는 관리(지분투자)와 관여된 생산요소의 거래를 의미한다. 전통적인 국제무역이론은 완전한 시장시스템, 시장가격(상품·생산요소)의 균등화, 생산요소(노동·자본) 투입분의 국가별 불변상태를 가정하고 있으나, 해외직접투자이론은 시장의 불완전성, 시장가격의 불균등현상, 국가 간 생산요소의 이동을 가정하고 있다. 따라서 국제무역(수출)과 해외투자에 대해서는 별도로 고찰해야 하지만, 국제경영(활동)에서 수출 또는 해외투자를 결정하기 위한 선택적인 문제(선택대안)에 직면할 수 있다.

실제로 수출은 무역장벽과 운송비용으로 물리적인 제약을 받지만, 해외투자를 실행하기 위해서는 현지법인의 설립에 따른 리스크와 투자비용 등의 문제를 고려하지 않을 수 없다.

　"수출과 해외투자는 상호 대체적인 관계(substitutionary relation)인가? 아니면 보완적인 관계(complementary relation)인가?" 수출에 대한 대체관계(export-substitution)는 자본이 국내에서 해외로 이전되는 경우 요소부존론에 따라 무역(상품거래)의 범위가 실제로 감소하는지에 관한 것이다. 부연하면, 수출에 대한 대체관계는 다국적기업의 자체 자본조달(재원) 결정에서 해외투자가 수출실적(매출)을 필연적으로 대체할 수 있느냐에 관한 문제다. 그러나 해외투자에 대한 대체관계(investment-substitution)는 자본이 국내에서 해외로 이전되는 경우 실제로 국내에서 자본감소가 해외에서 추가적인 자본증가로 나타날 수 있는지에 관한 문제냐. 실세로 해외투자에 대한 대체관계는 자본이전으로 투자국의 총자본(량)이 감소하거나, 아니면 투자대상국의 총자본(량)이 증가하지 않을 가능성을 포함하고 있다. 일반적으로 국제무역은 국내에서 생산하여 해외로 수출(반대의 경우는 수입)하는 형태이고, 해외직접투자는 해외에서 생산하기 때문에 수출을 대체하는 형태라고 할 수 있다. 해외시장 진입(유형)의 선택대안(결정요인)에서 국가리스크, 입지친숙도, 시장수요여건 등 투자여건(요소)을 고려하지 않을 수 없다. 투자여건은 자원배분(할당), 통제와 유연성 등을 위한 기업의 전략적인 의사결정에 영향을 미치며, 국가리스크가 우려되는 국가에 대해서는 해외투자보다는 수출을 통한 진입전략을 선택할 수 있다.

　전통적으로 국제무역(수출)과 해외직접투자의 관계는 선택적인 대안전략(alternative strategies)으로 구분된다. 캐나다 경제학자인 로버트 먼델(Robert Mundell, 1957)은 국내 기업의 해외투자가 많을수록 수출을 통한 무역거래가 결국 위축될 수밖에 없기 때문에 수출과 해외투자를 대체관계로 보았다. 미국 해외투자의 수출실적에 대한 대체관계와 보완관계에 관한 실증분석(버그스텐 외, 1978)에서 미국 자회사의 현지 (순)판매실적이 일정 수준에 도달하기 이전에는 미국의 수출실적과 비례하여 증가하지만, 해외설비의 추가적인 투자는 수출실적을 대체한다는 것이다. 그러나 수출을 촉진하려는 해외 자회사의 역할은 그 투자규모보다는 그 자회사의 존재자체(다국적기업의 조직모델)에 의해 영향을 받는다. 거시경제이론의 관점에서 국가의 무역과 투자 행위를 비교분석한 코지마(1982)는 투자 유입과 유출 패턴을 국가 단위로 분석하고, 국제경영의 운영의 규모, 형태 및 구조를 결정하는 것은 그 국가의 비교입지 또는 경쟁우위에 있다고 분석했다. 부연하면, 비교열위에 있는 산업에서는 자원을 활용하기 위해 해외직접투자의 유입이 적합하지만, 비교우위 산업에서는 자원을 확보하기 위해서는 해외직접투자의 유출이 필요하다는 것이다. 특히 신고전학파의 입장에서 국가 간 (무역거래) 시장이 완전경쟁에 근접한다는 논리를 가정하고, 해외투자는 무역을 저해하고 무역의 비교우위를 악화할 가능성이 있기 때문에 수출과 해외투자는 대체관계라는 것이다. 브레이너드(1997)는 수평적인 통합형태의 해외직접투자에 관한 실증분석(국가＝27, 산업＝52, 1994년 미국 기업의 통계자료)에서 수출과 해외투자의 관계를 설명했다. 해외직접투자는 현지 수요자(고객)에 대한 지리적인 근접성을 통해 수출의 거래비용(운송비용)을 절감할 수 있지만, 수출은 본국(투자국)에서의 생산 집중화(집적도)를 통해 현지투자비용(인수·건설비용)을 절감할 수 있다는 것이다.

부연하면, 해외직접투자의 고정비용이 높으면 해외투자를 통한 현지 매출에 비해 수출의 수익성이 상대적으로 제고될 수 있지만, 무역(수출) 장애요인이 클수록 수출에 비해 해외투자의 수익을 제고할 수 있으므로 지리적인 근접성(해외투자)과 생산 집중화(수출)는 상호간 대체관계라는 견해다. 지리적인 근접성과 생산 집중화의 상충관계(trade-off)는 관세회피를 위한 해외투자(tariff-jumping investment)의 유인으로도 설명된다. 무역(수출)과 해외직접투자의 대체관계를 분석한 마쿠센·베너블(1998)에 따르면, 해외직접투자의 규모와 부존자원이 비교적 유사하거나 소규모 기술노동(숙련노동자)이 풍부한 국가(시장)에서는 상품 수출을 대체하여 서비스 수출이 증가하거나 무역패턴(방향)과 반대로 해외직접투자(자유화)가 증가할 가능성이 크다고 분석했다. 즉, 부존자원이 유사하고 무역장벽이 비교적 높은 국가에서는 해외직접투자가 무역규모를 감소시키지만 부존자원이 상이하고 무역장벽이 비교적 낮은 국가에서는 해외직접투자가 무역규모를 증가시킬 수 있다는 것이다. 부연하면, 해외직접투자를 전제조건으로 수출은 부존자원이 유사한 국가(수평적인 투자형태)에서는 해외직접투자를 감소(대체관계)시키지만, 부존자원이 비교적 상이한 국가(수직적인 투자형태)에서는 해외직접투자가 증가(보완관계)하는 경향이 있다는 것이다.

국제수지의 관점에서 허프바우어·아들러(1968)는 다국적기업의 금융(회계) 처리방법을 자금이전과정(transfer process)으로 분석했다. 부연하면, 국가 간 자본량(스톡)의 변화에 대응하여 국가 간 자본이 이동한다는 고전경제학파의 가정과는 다르게, 허프바우어·아들러의 대안(reverse-classical assumption)은 다른 형태의 기업 간 제품시장의 경쟁에 근거를 두고 해외자본량은 증대되지만 국내자본량은 변동하지 않는다고 가정하고 있다. 즉, 해외투자는 실질적으로 국내자본량을 감소하지 않고 해외자본량을 증가시키기 때문에 해외투자와 수출은 보완관계라는 것이다. 퍼비스(1972)는 국내에서 해외로의 자본이동(해외투자)은 국가 간 무역규모가 증대되면서 새로운 균형상태로 접근한다고 주장했다. 부연하면, 자본의 한계생산물이 국내보다는 해외에서 더 크게 나타나기 때문에 자본이동은 국내총생산을 감소할 수 있어도 해외총생산을 증대할 수 있다는 논리다. 헬프먼·멜리츠·예플(2004)은 시장규모와 노동생산성(산출물/노동자)의 관점에서 수출과 현지 자회사의 매출(해외투자)을 통한 이윤의 상충관계를 분석했다. 해외직접투자의 고정비용이 수출보다 크고 수출의 수익성(곡선 기울기)이 더 높다면, 현지 매출(해외투자)의 수익성은 수출보다는 낮은 수준이라는 것이다. 그러나 다국적기업의 수평적인 또는 수직적인 통합형태를 통한 해외직접투자의 생산네트워크는 제휴회사에 대하여 중간재(투입)와 최종제품의 무역거래를 활성화될 수 있다. 부연하면, 다국적기업의 투자형태(관계)는 투자국의 수출에도 혜택이 발생하기 때문에 무역(수출)과 해외직접투자는 대체관계라기보다는 보완관계라는 것이다. UN무역개발협의회(2006)도 무역과 해외투자는 대체관계라기보다는 보완관계라는 입장인데, 해외투자가 수출 또는 국내투자와의 관계가 실제로 어떻게 나타나는지에 대한 실증분석이 필요하다. 그런데, 해외투자의 국내 유입과 유출 현상은 국내투자에 대한 대체관계라기보다는 보완관계라는 것이 해외직접투자이론의 대가인 더닝(1993)의 주장이다.

　　수출과 해외투자의 단계별 관계에 관한 논의는 미국 경제학자인 레이먼드 버논(Raymond Vernon)이 주장한 제품수명주기설(the product life-cycle hypothesis/theory)에서도 추론가능하다. 제품수명주기설은 개별 기업의 생산과정(발전단계)에서 해외투자의 관점을 국제무역이론과 연계해보려는 것이다. 버논(1966)에 따르면, 생산제품이 혁신을 통해 성숙·표준화 단계로 발전하면서 해외직접투자를 실행하려는 기업의 변화성향이 나타난다. 제품수명주기설은 미국 경제(평균임금, 단위노동비용 등)에 대한 실증분석에서 생산제품과정(product development process)을 성숙제품(maturing product) 및 표준화제품(standardized product) 수준에 대한 발전단계로 분석했다. 예를 들면, 국내생산의 단계(초기)는 본질적으로 규모의 경제가 작용하고, 개발제품에 대한 수요 증가와 생산과정의 진전으로 임금과 기술의 이전현상이 나타나면서 저비용의 임금과 기술 향상으로 생산단계(중간수준)가 발전하며, 성숙·표준화 단계(최종)에서는 생산과정이 표준화되거나 (가격)경쟁적인 시장이 나타난다는 것이다. 따라서 제품수명주기설은 생산과정이 성숙·표준화 단계에 진입할수록 특정 국가의 생산에 따른 비교우위(이득·손실), 중장기적 관점에서 생산방법론의 표준화와 제품혁신의 역할을 강조한 것이다. 제품수명주기설은 기업의 과점 경쟁상태의 관점에서 미국 다국적기업에 의한 신규 투자의 시점이 해외시장에서 비교적 초기에 실행되었다는 사실을 보여주고 있다. 더닝(1993)은 제품수명주기설이 기본적으로 미국보다 생활수준과 경제구조가 낙후된 국가에서 수입대체를 위한 산업(제조활동)에서 미국 기업의 해외직접투자를 설명한 이론이라고 분석했다. 버논(1971)의 국제화과정모형은 국제화 정도(수준)에 따라 성과(performance), 구조(structural), 태도(attitudinal)의 관점에서 분류된다.11)

---

11) 국제화과정모형(internationalization process model, stages model of internationalization)의 본질(mechanical nature)은 기업의 해외(시장)진입 또는 입지의 선택대안에서 전략적인 결정(역할)이 없다.

성과는 해외에서의 성취결과(what goes on overseas), 구조는 해외에서의 자원배분(what resources are overseas), 태도는 경영진의 국제적인 사고방식(what is top management's international orientation)을 의미한다. 버논(1974)은 시장에 참여하고 있는 다국적기업의 행위(방법)가 그 시장을 형성하는 기업들을 다국적인 성향으로 전환하는 데 중요한 역할을 한다고 주장했다. 연구와 기술 지향적인 기업은 혁신 분야에서 경쟁력을 보유하게 되며, 신규 기술의 출현(산업 패러다임의 변화)과 발전은 기존 시장구조를 변화시킨다. 경쟁자에 의한 과점적인 반응의 이면에서 주된 요인으로 작용하는 경쟁 위협과 이윤 기회가 경쟁전략의 선택에서 중요한 영향을 미칠 수 있다. 레이몬드 버논의 '해외투자와 무역'(1966)을 근간으로 '경영의 글로벌화'(1993)를 저술한 존 더닝(John Dunning)은 다국적기업과 해외직접투자의 결정요인(투자동기)을 외부적인 요인(산업·정부·기술의 역할 측면)과 내부적인 요인(조직·시장·관리·금융에 대한 이론적인 관점)으로 설명했다.

2 해외직접투자의 유형과 효과

해외직접투자이론을 정립한 더닝(1981)에 의하면, 해외직접투자(FDI)는 국제경제이론(신고전학파)에서 제기한 자본이전(포트폴리오투자)과는 다른 형태를 의미하는데, 시장 이외에 기업 내에서도 자원이 이전되는 경영관리(조직)를 포함한다는 것이다. 경제협력개발기구(OECD)에 따르면, 간접투자(포트폴리오투자)는 자산의 관리 또는 통제보다는 지분 또는 증권의 인수 및 매각을 통한 자산수익에 대한 투자라고 정의하고 있다. 경제협력개발기구에 따르면, 해외직접투자의 표준적인 정의는 경영관리에서 효과적인 권한을 행사하기 위해 해외에서 또 다른 기업에 대한 통제력을 보유하려는 기업활동(개념)이라고 규정했다. 다국적기업의 내부화론을 제기한 카슨(1987)은 중간재(서비스형태) 제품을 생산하기 위해 시장을 내부화하려는 기업을 다국적기업으로 정의했다. 더닝(1993)은 서비스 투자활동의 해외생산이론(the theory of foreign production)에 관한 정형적인 패러다임을 제기하면서 해외생산은 상품을 생산하는 기업의 서비스 투자집약도가 증가하는 국가 간 생산에서 다국적기업에 의한 해외직접투자로 금융활동이 동반된 생산으로 정의했다. UN다국적기업위원회(UNCTC)는 서비스의 해외생산에 관한 결정요인에 관한 분석(1988)에서 무역관련 금융활동이 서비스투자의 85%를 차지하고, 15%는 생산제품에 대한 서비스(공급)와 서비스의 내부화정도에 의해 서비스 투자활동이 구성된다고 설명했다.

(1) 해외직접투자의 진출유형

해외직접투자의 주요 형태(요소)는 지분투자를 위한 자본이전, 해외 자회사에 대한 본사의 대출, 자회사에 의한 보유이윤(사내유보)의 재투자 방식이 일반적이다. 해외직접투자 구성(진출방식)의 관점에서는 신규법인에 대한 투자(greenfield investment), 현지법인에 대한 증설투자(brownfield investment) 및 현지법인의 인수·합병(mergers and acquisitions)으로 구별된다. 해외직접투자에서 다국적기업의 형태(본질)는 수평적인 통합(horizontally integrated), 수직적인 통합(vertically integrated) 및 수평·수직의 복합체(international conglomerates, complex)로 구분된다. 부연하면, 수평적인 통합은 다른 시장에서 동일한 상품 또는 서비스를 생산하는 형태이고, 수직적인 통합은 최종 소비상품과 연계된 부가가치(가치사슬)에 투입되는 다양한 상품 또는 서비스를 생산하는 형태이며, 수평·수직의 복합체는 기업이 노출된 리스크를 경감하기 위해 재량적인 결정으로 다변화를 추구하는 형태를 의미한다. 해외에 진출하는 형태(entry mode)는 기업의 생산제품, (인적)기술, 관리와 다른 자원의 외국에 대한 진입을 허용하는 제도적인 합의(institutional arrangement)에 따른 것이라고 정의된다.

해외 진출유형은 다시 외부화(externalization) 및 내부화(internalization)로 구분할 수 있는데, 외부화는 국제무역, 외주생산(아웃소싱), 라이선스(프랜차이징 포함) 등 계약에 기반한 진출유형이며, 내부화는 전략적 제휴(strategic alliance), 합작투자(joint ventures), 단독투자(wholly-owned subsidiaries) 등 현지법인을 통제할 목적으로 투자함으로써 투자기업의 자원할당(지분투자)과 연계됨에 따라 투자리스크가 수반된다. 자원할당(resource commitment)은 비용(가치손실) 없이 선택적인 투자활동(선택대안)에 재배치될 수 없는 전용자산(dedicated assets)을 의미한다. 외부화는 계약과 연계된 거래형태로서 국제경영에 대한 특정 수준의 관리적인 통제가 필요한 해외직접투자로 분류되지 않는다. 외부화의 진출유형에서 국제무역은 외국에 상품과 서비스를 이전하는 것을 의미하지만, 해외투자와 다르게, 현지법인에 대한 전략적인 의사결정과 경영에 대한 통제권이 없다. 외주생산은 기업의 비교우위에 근거하여 전문화 또는 노동분업의 관점에서 자산(자원)의 이전을 수반하지 않고, 더 나은 성과를 창출하기 위해 다른 기업과의 파트너십 참여 또는 외주처리의 형태를 의미한다. 라이선스는 외국기업에 대한 자원할당이 수반되지 않고, 외부시장에서 다른 기업에 대한 지식과 노하우의 규모 또는 이전의 형태를 의미한다. 반면, 내부화의 진출유형에서 전략적 제휴는 지분투자(equity/stakes investment)가 필요조건이 아니지만 교류와 공유, 생산제품과 기술(서비스 포함)의 공동개발의 관점에서 기업 간 협력형태이며, 상호 파트너십 관계를 형성한다. 합작투자는 소액지분 투자 (minority stakes)보다는 경영통제권이나 투자리스크가 강화된 형태로 투자의 이윤과 손실은 지분투자의 분담비율(범위)에 따라 결정되고, 투자당사자는 중요한 의사결정의 공유계약에 기반한 진출유형이다. 따라서 투자기업의 다른 상대방에 대한 실질적인 통제권 여부에 따라 전략적 제휴(if not) 및 합작투자(if yes)로 구분된다. 단독투자는 투자기업의 본사가 최종적인 경영통제권을 보유한 형태이며, 신설법인의 설립과 증설에 대한 신규·증액투자 또는 기존법인을 인수하는 인수·합병의 방식이 일반적이다.

"해외투자기업은 왜 해외생산을 통한 투자활동에 참여하려고 하는가?" 너닝(2000)은 해외직접투자의 결정요인(동기)을 자원개발(natural resource seeking), 시장확보(market seeking), 경영합리화(효율성)(rationalized/efficiency seeking) 및 전략자산확보와 역량추구(strategic asset acquiring and capability seeking)를 위한 투자유형으로 구분하여 설명했다.12) 자원개발 투자유형(생산요소여건)은 천연자원 또는 저숙련 노동자에 대한 접근이 가능하기 위한 투자를 의미하고, 시장확보 투자유형(수요여건)은 특정 해외시장(집단)을 활용하기 위해 고안된 선점우위(first-mover advantage)를 의미하며, 경영합리화 투자유형(생산요소여건)은 기존 자산의 포트폴리오 특화(재조정) 또는 노동(분업)의 효율성 제고를 촉진하기 위한 투자유형을 의미한다. 전략자산확보와 역량추구 투자유형(생산요

---

12) 더닝(1993)은 다국적기업의 해외직접투자 전략을 자원개발, 시장확보, 경영합리화(효율성), 전략자산확보와 역량추구의 4대 유형으로 구분하여 분석했다.

소여건)은 투자기업의 소유권 이점을 보호하거나 강화하기 위한 투자를 의미하는데, 전략자산은 기술, 고숙련 노동, 노하우 집약적인 기업의 네트워크 등으로 분류된다. 시장확보 또는 자원개발 투자유형은 기업의 보유자산(활용)을 통한 경제적인 지대를 창출하고 본질적으로 자산을 활용하는 기본적인 요인이고, 경영합리화 투자유형은 노동비용 축소의 관점에서 비용최소화를 추구하는 형태이며, 전략자산확보와 역량추구 투자유형은 자산을 증대하는 예외적인 투자활동(사례)으로 해외직접투자의 결정요인에서 가장 진전된 요인으로 분류된다. 특히 자산의 인수, 합병 또는 전략적 제휴방식 등에 의한 전략자산확보와 역량추구 투자유형에서는 확보한 자산과 인수(구매)한 기업의 소유자산으로 인한 보완성이 국제경영활동(시장)에서 경쟁우위를 유지하거나 제고하기 위한 효과가 기대된다. 부연하면, 투자기업의 관리(운용) 관점에서 추가적인 생산(공정) 활동과 해외(시장) 수출을 위한 투입원료(자재) 확보, 대체방법(선택대안)에 비해 수익 창출이 가능한 수출시장에 대한 상품·서비스 공급, 기존 해외자산(포트폴리오)의 재편성에 근거한 초기 투자보다는 연속적인 투자, 기존 경쟁우위보다는 또 다른 형태를 통한 자산확보 등을 위해 해외직접투자의 유인이 발생한다는 것이다. 수출시장에 대한 상품·서비스 공급을 위한 해외직접투자는 수입국가의 보호조치 또는 경쟁자의 행위에 대한 방어적인(또는 회피적인) 반응으로 시도될 수 있으며, 미래에 보다 많은 이윤이 발생할 수 있거나 경쟁자에 비해 우위를 차지할 가능성이 있기 때문에 기존 생산입지를 이전하려는 공격적인 투자전략도 가능하다. 연속적인 해외투자는 요소부존(자원)의 차이에 따른 편익의 최대화, 전문화와 범위의 경제(효과) 활용, 대외여건의 변동성 최소화 등을 위해 다국적기업의 생산에서 노동의 국가 간 분업형태로 이루어진다. 다국적기업에 의한 생산에서 연속적인 해외투자의 내표적인 유형은 자원개발 또는 시장확보 투자진략보다는 기업 자체의 네트워크 등을 통한 경영합리화 투자전략이다. UN무역개발협의회(2006)는 해외직접투자의 결정요인(동기)과 관련한 기업 내 무역패턴(본지사간 거래)을 자원개발, 시장확보 및 효율성추구의 형태(유형)로 구분하여 설명하고 있다. 부연하면, 자원개발 투자유형은 자원의 수입과 개발을 위한 형태이고, 시장확보 투자유형은 중간재와 최종상품의 수출을 위한 형태이며, 효율성추구 투자유형은 설비·중간재 수출과 최종상품 수입을 위한 형태로 나타난다는 것이다. 20세기 해외직접투자를 주도한 국가(지역)는 미국과 유럽연합을 중심으로 한 선진경제권이다. 유럽연합의 투자전략(유형)에서 자원개발을 위한 투자는 해외직접투자 유출실적에서 나타난 대표적인 투자형태이지만, 다른 형태의 투자유형은 해외직접투자 유입실적의 일반적인 형태로 분류된다. 유럽연합에서는 해외직접투자 기업에 대해 부과한 계약상의 의무와 암묵적인 합의사항을 구별하는 것은 쉽지 않으나, 정부와 다국적기업이 협상으로 체결한 투자조건은 법적 구속력이 없다. 1960~1970년대 다국적기업의 투자활동이 증가한 현상은 경쟁업체에 대응하여 해외에서 그 경쟁우위(지위)를 유지(보호)하기 위해 특히 기술적으로 발전된 분야(산업)에 대한 미국 과점기업의 필요에 기인한 것으로 미국 자회사의 설립시기에 관한 니커보커(1973)의 연구에서도 입증되었다.

서비스 투자활동의 해외직접투자와 관련하여, 존슨(1970), 케이브스(1974), 하이머(1976), 매기(1977) 등이 핵심자산이론(the core−asset theory)을 제기했다. 해외직접투자이론의 대가인 리처드 케이브스는 소비재 산업을 분석하면서 서비스 기업의 능력은 품질 또는 다양성에 의해 제품을 차별화하고 특징적인 브랜드 이미지 또는 상표를 창출하는 것이라고 설명했다. 특히 존슨(1970)과 매기(1977)는 기술과 노하우를 결정적인 핵심자산(critical asset)으로 분류했다. 그루벨(1968)과 러그먼(1979)은 위험분산가설(the risk diversification hypothesis)을 제기했는데, 리스크를 회피하거나 최소화하기 위해 해외직접투자의 포트폴리오를 다변화하려는 다국적기업의 투자활동은 제조업(자본집약적)에 비해 서비스(노동집약적) 산업에서는 적절하지 않다는 것이다. 실제로 전략적 제휴를 통한 투자유형의 진입형태에서는 지분 소유권을 통한 고객지향 (client following) 전략과 전략적 제휴를 통한 시장확보(market seeking) 전략(가설)13)으로 구분될 수 있다. 예를 들면, 서비스 산업의 소프트웨어기업(soft-service firms)에서 고객지향 전략은 국내 고객의 외국기업 (자회사)을 지원하기 위한 광고 대행사(대리점) 설립, 시장확보 전략은 해외(현지) 고객을 지원하기 위한 해외시장 패스트푸드(체인)의 가맹점 영업권(franchise) 지정 등이 사례가 될 수 있다. 서비스 산업의 하드웨어기업(hard-service firms)에서 고객지향 전략은 국내 고객의 외국기업 (자회사)에 대한 소프트웨어기업의 소프트웨어 지원, 시장확보 전략은 건축 디자인회사의 외국 고객에 대한 건축설계 제공(판매) 등이 대표적인 사례라고 할 수 있다.

(2) 해외직접투자의 기대효과

해외직접투자의 효과(범위)는 투자대상국(현지 정부)의 무역과 산업 (체계) 등에 관한 거시경제정책, 현지 시장과 제도(기관)에 따른 투자환

---

13) 고객지향 전략: holding well across the board for, 시장확보 전략: inclination to team up with external entities

경(대응), 다국적기업의 기업투자전략 등의 상호작용(요인)에 의해 영향을 받게 된다. 특히 다국적기업에 의한 해외직접투지는 투지대상국에 대한 기술이전, 현지 생산능력과 산업연관효과 창출 등으로 긍정적인 효과가 나타난다는 것이 통설이다. 해외직접투자의 기대효과는 실용적인 관점에서 해외투자에 따른 투자국과 투자대상국의 비용편익분석(costs-benefits analysis)으로 추론가능하다. 케이브스(1982)는 다국적기업 투자와 금융에 대한 분석(통계연구)에서 시장의 추세와 수익성(환율고려)에 대한 간접적인 지표에서도 추론되듯이, 현지 자회사의 설비(플랜트)와 자재에 대한 투자지출의 가능성(여부)은 예상현금흐름(expected cash flow)에 달려있다고 주장했다. 기업투자에 대한 신고전학파모형의 접근방식과는 다르게, 다국적기업의 글로벌 자본형성 여건(결정)은 재투자 등으로 내부기금(사내유보금)을 창출할 수 있는 기업 자체의 글로벌 생산능력(capacity)에 의해 영향을 받는다고 리처드 케이브스는 분석했다. 투자대상국의 편익은 자본·기술·관리능력의 이전으로 인한 자원이전효과(resource-transfer effects), 현지법인의 부품업체간 직간접인 기업(직업) 증대를 통한 고용창출효과(employment creation effects), 현지법인의 수출증가, 수입대체, 자본유입 등에 의한 국제수지개선효과(balance-of-payments effects), 신설법인의 증가에 따른 가격경쟁으로 소비자 후생증가(상품 가격하락과 선택증가), 자본투자의 증대에 의한 생산성 제고, 기업 혁신 등에 기인한 경제성장·기업경쟁효과(effect on competition and economic growth) 등의 효과로 나타난다는 것이다. 그러나 투자대상국의 입장에서 기존법인의 인수·합병 이후의 경쟁수준 저하(인수법인의 독점력 강화), 상품 가격상승과 선택감소 등에 따른 경쟁의 부작용효과(adverse effects on competition), 현지자회사의 본사(투자국)에 대한 이윤과 배당 송금(자본유출), 수입증가 등에 따른 국제수지 악화효과(adverse effects on the balance-of-payments), 현지 정부의 현지법인에 대한 통제권 상실에 따른 주권위협효과(perceived effects on national sovereignty and autonomy) 등의 비용이 발생할 수 있다. 반면, 투자국의 입장에서는 현지법인의 투자국에 대한 설비·부품의 수요증가, 본사에 대한 이윤과 배당의 송금으로 국제수지개선효과(improved balance-of-payments effects), 현지자회사의 본사에 대한 수입수요 증가에 따른 관련 산업의 고용증가효과(increased employment effects), 현지법인의 기술습득 이후 본국 역이전에 따른 자원역이전효과(reverse resource-transfer effects) 등의 편익이 나타난다. 그러나 해외투자에 따른 투자국의 위협으로는 해외투자에 소요되는 초기 자본유출, 저비용 생산입지 선정, 수출대체 등에 따른 국제수지악화효과(adverse effects on the balance-of-payments), 생산기지의 해외진출로 해외투자의 생산대체에 따른 고용감소효과(decreased employment effects) 등의 비용이 발생할 수 있다.

투자대상국에 대한 해외직접투자의 편익(혜택)을 경제적인 외부효과(external effects)[14]의 관점에서 분석한 존스·렌(2006)은 파급성(spillovers)과 외부성(externalities)으로 구분했다. 파급성은 외부성과 다르게, 해외 설비(플랜트) 또는 공급연계에 의해 국내에서도 노동시장(고용)을 통해 작동되는데, 마쿠센(1998)은 파급성의 외부효과를 생산성(productivity)과 시장접근성(market-access)으로 세분했다. 생산성은 다국적기업이 투자대상국(현지 경제권)에 진입하여 국내 기업의 생산성을

---

14) the nature depending on the precise transmission mechanism

증대하는 경우에 적용되고, 시장접근성은 국내 기업이 다국적기업의 투자시장에 관한 지식(수출시장 또는 네트워크)을 획득할 수 있거나 기업 자체적으로 유리한 정보를 활용하는 경우에 해당된다. 특히 존스·렌(2006)이 분석한 해외직접투자의 편익은 생산성과 시장접근의 파급효과(productivity and market-access spillovers), 경쟁·연계효과(competition and linkage effects), 지식·자본효과(knowledge-capital effects), 기술이전효과(technical effects) 및 흡수능력(absorptive capacity)으로 분류된다. 생산성과 시장접근성의 파급효과는 다국적기업과 국내 기업의 공급·구매연계효과(backward linkage effects), 다국적기업과 국내 설비(indigenous plants)의 투자에 따른 노동이동, 국내 기업에 의한 다국적기업 특유의 기술모방(demonstration effects), 국내 기업의 효율성 제고를 위한 경쟁효과(competition effects) 등을 의미한다. 경쟁·연계효과에서 경쟁효과(batting-average effects)는 파급성과 관계없이, 다국적기업이 최종상품(제품)을 생산하는 산업에서 국내 기업을 대체(이탈)하여 그 산업의 (평균)생산성을 제고할 수 있다는 것이고, 연계효과는 중간재를 생산하는 국내 기업도 편익이 발생할 수 있다는 것을 의미한다. 특히 전방연계효과(forward linkage effects)는 중간재 생산자가 규모의 경제를 달성한다면, 가격 인하에 따른 최종상품의 산업(분야)에 대한 신규 진입기업의 투자를 유인하는 것을 의미한다. 지식·자본효과는 생산, 생산과정의 기술, 기업 이미지(트레이드마크 포함)에 따른 기업 특유의 무형자산(보급)효과를 의미한다. 지식·자본효과는 라이선스 진출방식보다는 해외직접투자를 통해 지식·자본의 경쟁우위요소(이점)를 기업 자체에 내부화하려는 인센티브를 유발하기 때문에 해외직접투자의 내부화론에 근거한 투자방식으로서 기술이전효과와도 연계된다. 기술이전효과는 직접효과와 간접효과로 구분되는데, 기술이전의 직접효과는 다국적기업이 투자대상국에 생산설비를 투자하고 현지 기업에 대해 라이선스를 부여하거나 현지 기업의 생산능력을 제고하기 위해 생산자(공급자)로 참여하는 경우에 나타난다. 기술이전의 간접효과는 특정 산업에서 경쟁자들에 의해 기술이 학습되거나 모방되는 경우(horizontal spillovers), 다국적기업이 생산원료(투입)를 공급하거나 생산제품을 판매(보급)하는 기업에 대하여 기술을 이전하는 경우(vertical spillovers)에 나타난다는 것이다. 흡수능력은 현지 기업들에 의해 생산성을 다국적기업 수준으로 제고하는 것(catching-up)과 연관되어 있는데, 다국적기업과 현지 기업간 기술적인 능력의 격차(technical distance)가 클수록 기술변화에 대한 압박(수요)이 증대되고, 그 결과 파급효과가 빠르게 이전될 수 있다는 것이다. 그러나 생산성이 이전되는 범위는 투자대상국의 흡수능력에 달려있는데, 투자유치국의 인적자본과 인프라스트럭처이 상대적으로 낮은 수준에 있다면, 즉 다국적기업과의 격차가 크면 클수록 투자대상국이 대규모 생산성의 파급효과를 흡수할 가능성도 낮아질 수 있다. 국가간 투자활동의 소유권에 관한 경쟁우위를 기업의 관점에서 분석한 코거트(1983)에 따르면, 소유권 특유의 우위요소는 해외생산의 초기 행위를 위한 필요조건(전제조건)과 해외생산의 직접적인 효과(결과) 또는 생산증대에 관하여 구분하고 있다. 해외생산의 직접적인 효과는 환경위험, 제품과 생산공정의 전문화에 의한 글로벌 효율성의 극대화 역량, 기업 본지사 간 거래(무역)에 따른 편익을 포함한다. 코거트의 연속투자이론(the sequential theory)에 의하면, 신규 투자기업은 제품수명주기설 또는 핵심자산이론에 의해 예견된 방식으로 행동할 가능성이 있지만, 다국적기업은 본질적으로 다국적성에서 기인한 절충적체계론에 의해 영향을 받을 가능성이 있다는 것이다.15) 코거트의 분석 관점은 환경 변동성의 축소 또는 확대, 국가 특성에 따른 자본화, 요소부존 및 수요의 창출과 확보 등의 측면에서 그 경향이 나타날 수 있다고 해석된다.

해외직접투자는 투자대상국(투자유치국)에 대하여 직접적으로 고용 증대, 경제 다변화 등을 통한 경제성장을 위한 긍정적인 효과(편익 증대)뿐만 아니라 (외부)충격의 부정적인 효과도 완화할 수 있는 것으로 기대된다. 해외직접투자로 인해 해외 기업 및 제도와 연계된 수요와 공급(체계)을 통해 간접적으로는 (금전적)외부효과도 나타난다는 것이다. 그러나 (금전적)외부효과는 기술적 외부효과 등에 따른 파급효과와는 구별된다. 해외직접투자의 파급효과 등으로 국가간 자본이동의 현저한 증가는 국제경영에서 경제통합의 요인으로 글로벌화 진전에 적지 않은 영향을 미쳤다. 그러나 해외직접투자가 투자대상국에 대하여 단기적인 실업률 해소(mops-up)와 장기적인 국내 생산자의 해체(knocks-out) 간에는 일시적인 상충관계를 유발할 수 있다. 특히 관계구조(네트워크)의 관점에서 1990년대 이후 출현한 신지역주의론(new regionalism)에 따르면, 투자대상국에 대한 체화(embeddedness) 논리(개념)가 해외투자 기업의 사업네트워크(learning region)에도 적용된다는 것이다. 즉 해외 투자기업의 경제행위가 관계구조에 의해 영향을 받으며, 그 관계는 투자대상국에 대한 경제발전의 과정에 속한다는 것이다. 사업네트워크는 기업 간 협력, 기업에 대한 제도적 지원, 사업 성장을 위한 구조를 의미한다. 투자대상국에 대한 체화는 해외투자기업(외국기업)과 투자대상

---

15) 코거트(1988)는 시장 지배력 강화, 소소한 협상의 회피, 조직적인 노하우의 투명성을 전략적 기업제휴를 위한 조건이라고 설명했다.

국의 조직(local agents and organizations) 간에 존재하는 관계의 깊이와 질적인 수준, 경제발전의 기회를 제공해 주는 범위에 의해 규정된다. 그러나 펠프스 등(2003)에 따르면, 투자대상국에서 해외직접투자의 체화, 그 자체(embeds itself)에 대한 보다 엄격한 정의는 서로 배타적이지 않는 5대 요소, 즉 기업형태(기능)(corporate status and function), 연구개발과 디자인(R&D) 활동, 공급체계(supply chain), 기술과 훈련(skills and training) 및 반복투자(repeat investment)로 가능하다는 것이다. 즉, 기업형태는 역내 개발을 위한 생산설비의 잠재력에 대한 지표이고, 연구개발과 디자인 활동은 역내 연구기관과의 기능(수준) 제고와 (잠재적인)계약에 영향을 받으며, 공급체계는 해외설비의 역내 자원사용에 따른 연계효과(standard linkage effects)를 의미한다. 반복투자는 투자대상국에 대한 산업설비의 투자로 현지 기술기반(local-skills base)의 또 다른 체화 자원을 창출할 수 있다는 것이다.

CHAPTER 06 국제경영이론

　　해외직접투자에 관한 학문적 분야는 국제경영학에 속한다. 국제경영에서 다국적기업의 투자활동이 증대되면서 해외직접투자의 패턴과 추세를 주도하는 다국적기업에 관한 투자이론이 국제경영학에서 중요시되면서 해외직접투자이론에 관한 연구가 본격화되었다. 그러나 해외직접투자이론은 경제학의 신고전학파(the standard neoclassical theory)로부터 시작하여 해외직접투자의 결정요인(또는 투자동기) 등에 관한 분석을 포함한 독자적인 이론으로 발전했다. 부연하면, 해외직접투자이론은 신고전학파의 국제무역이론에서 설정한 가정, 즉 완전한 시장시스템의 작동원리와 국가 간 생산요소의 자유이동을 비판하면서 태동했다. 국제무역과 국제금융에 관한 전통적인 경제이론에서 탈피하여 해외직접투자에 관하여 최초로 탐구한 스테펀 하이머(Stephen Hymer)는 산업조직의 관점에서 다국적기업의 투자활동을 분석했다. 전통적인 경제이론에 따르면, 국제금융거래는 국가 간 자본이동의 재정거래(arbitrage)에 따른 이윤을 창출하려는 경제활동으로 간주했기 때문에 해외직접투자를 별도의 경제적인 현상(distinctive phenomenon)으로 고려하지 않았다. 그러나 스테펀 하이머는 생산요소와 상품의 거래시장에서 국가 간 자본 이외의 자원이동(유출·유입) 등으로 시장실패(market failure) 또는 외부화(externalization)가 존재한다고 보았다. 스테펀 하이머가 박사학위논문(1960)에서 제기한 시장실패는 규모의 경제, 지식과 신용의 우위요소(knowledge and credit advantages), 유통 네트워크, 생산 다변화 등에 기인한 시장구조의 불완전성(market structure imperfections)을 의미한다. 해외직접투자이론의 기초적인 가정인 시장구조의 불완전성은 본질적으로 시장실패에 기인한 것이다. 해외직접투자의 관점에서 시장실패는 하이머(1976)의 시장구조의 불완전성가설(Hymer's Bain type)과 윌리엄슨(1975)의 거래비용이론(Williamson's Coase type)에 기반한다. 시장구조의 불완전성가설에 따른 시장실패는 국제경영에서 내부갈등의 완화, 시장의 불확실성, 금융시장의 불완전성, 적정 정보의 불충분성(부족)에 대한 기준이 기업(내부)의 내생변수로 작용한다는 것이다. 그러나 거래비용이론 관점에서 분석한 시장실패는 기업의 대외이질성과 연관된 외생변수(비용·리스크)를 고려해야 하기 때문에 효율적인 자원이전이 가능한 해외시장을 내부화할 필요가 있다는 것이다. 하이머(1976)는 다국적기업이 해외생산에서 독점적인 자산을 활용하려고 하기 때문에 구조적인 시장실패의 추가적인 악화를 통제할 필요가 있다고 했으나, 윌리엄슨(1981)은 거래비용기반(transaction-cost-based)의 시장실패는 고질적인 문제이기 때문에 다국적기업은 시장거래의 효율적인 추진이 필요하다고 반박했다. 칼베트(1981)는 킨들버거(1969)가 제기한 시장시스템의 불완전성에 관한 연구를 근간으로 시장불균형가설(the market disequilibrium hypothesis), 정부주도의 시장왜곡(government-imposed market distortion), 시장구조 불완전성(market structure imperfections) 및 거래비용에 근간을 둔 시장실패(transaction cost-based market failure)의

4대 시장 불완전성을 구분했다. 그러나 프라할라드·도즈(1987)에 따르면, 투자기업은 국가의 다양성(국가 간 치이)으로부터 기인한 시장 불완정성을 극복하고 글로벌 효율성의 이점(우위요소)을 활용해야 하는데, 투자(생산)입지에서의 시장의 힘(market forces) 또는 현지 정부(competitive government)에 의해 형성된 수요에 대응할 필요가 있다는 것이다. 프라할라드·도즈는 글로벌 통합과 현지반응에 대한 압박을 산업투자활동의 통합·반응체계(integration-response framework)의 요건으로 고려했다. 앤더슨·가티논(1986)은 진입방식(형태) 결정의 관점에서 다국적기업의 독점적인 자산을 활용하여 해외생산입지를 확대하는 과정에서 수입장벽, 정보부족 등의 비효율적인 거래비용(리스크부담 포함)이 발생하기 때문에 구조적인 시장실패가 발생한다고 주장했다. 그러나 더닝(1993)은 시장실패에 대한 경제이론을 가치 창출의 비즈니스 관점과 연계하면서 기업의 해외투자 결정요인을 독점적인 자산의 활용에 기인한다는 하이머(1976)의 기업 특유의 우위요소(ownership advantage)에 추가하여 생산입지 우위요소(location advantage)를 제기했다. 존 더닝은 생산입지론에서 기업 특유의 우위요소를 활용하는 것이 해외직접투자의 주요 목적이라고 설명하면서도 다국적기업이 기업 특유의 소유권 이점을 강화하기 위한 내부화 우위요소(internalization advantage)의 중요성도 인정했다.

케이브스(1996)는 다국적기업의 역할을 산업활동과 투자대상국의 국내총생산에 대한 기여도를 각각 구분해서 측정해야 한다고 주장했다. 다국적기업의 국내총생산에 대한 기여도는 전통적인 비교우위론의 관점에서도 결정되지만, 산업활동에 대한 기여도는 요소부존론 등에도 영향을 미칠 수 있다는 것이다. 부연하면, 투자대상국(지역)에 대한 해외직접투자 수준의 증가는 제조업의 중요성을 강화하는 역할을 한 것으로 추정된다. 그러나 더닝(1993)은 경제활동의 주요 참여자를 정부, 계층(기업) 및 시장으로 분류하고, 생산에서 국가 간 조직(체계)이 변화하는 특성을 분석했다. 부연하면, 생산관리의 본질은 조직메커니즘의 3대 체제, 즉 정부, 계층 및 시장의 상호작용과 배치에 의해 결정된다는 것이다. 존 더닝은 시장실패에 관한 원인을 연구하면서 구조적인 시장실패(structural market failure)는 시장의 왜곡현상으로 나타나는데, 시장구조가 자원의 비효율적인 배분(할당) 방식으로 시장참여자가 행동하는 것을 허용한 데 기인한다고 분석했다. 구조적인 시장실패의 사례는 진입장벽, 기업의 특허권 소유에 대한 제한, 비경쟁적인 시장구조, 산출물에 대한 독과점 통제, 제한적인 기업 관행, 과다한 제품차별화 또는 시장분할, 정부의 시장메커니즘 개입 등이 대표적이라고 할 수 있다. 그러나 고유의 본질적인 시장실패(intrinsic/endemic failure)는 수요 그 자체로서 시장의 최적배분(파레토 최적상태)을 달성할 수 없기 때문에 발생하며, 경제활동(거래건수)가 증가하고 있는 상태에서 시장 불완전성이 내재한 데 따른 것이다. 시장이 불완전하고 복잡하며 운용비용이 소요되기 때문이기도 하지만, 조직관리 측면에서는 효율적인 거래가 더욱더 요구되는 상황이다. 고유의 본질적인 시장실패의 사례로는 거래의 편익비용 산출실패, 불확실한 리스크(uninsurable risk) 대응실패, 공공재적인 특성에 대한 대응실패, 제도적인 체계의 부족 또는 부적합 등이다. 특히 정부에 의한 시장친화적인 계층이전의 전략과 기술수요의 조합은 국제경영의 생산조직에도 영향을 미친다고 존 더닝은 분석했다. 부연하면, 요소부존(자원)보다는 불평등한 배분(형성)에 대한 경제활동의 이전이 자원역량(능력)으로 변화 가능하며, 민간계층에 대한 국제

경영(거래)의 재조직을 유발할 수도 있다. 그러나 시장에 내재한 불안
전성으로 인해 정부는 시장과 민간계층의 효율적인 조직 형성(관리)에
역할을 제대로 못하면서 오히려 부정적인 영향을 미쳤다는 사실이다.
특히 정부와 다국적기업과의 갈등관계는 내재적인 목적에서도 근본적
으로 차이가 존재한다. 정부의 역할은 2차 세계대전 이후 선진경제권
에서 경제와 산업의 흥망성쇠에 상당한 영향을 미쳤다. 정부 개입이 최
소화된 국가에서는 산업경제가 괄목할 만한 실적을 시현했으나, 오히
려 정부의 시장 개입이 과도한 국가에서는 행정과 규범(사법) 체계에
의한 자원의 효율적인 배분과 경제발전에 부작용을 초래했다. 반면, 다
국적기업은 1950~1980년대 글로벌 경제의 힘이 정부의 역할보다는
시장에서 작동(존재)한다는 것을 인식한 것이다. 다만, 다국적기업의 투
자행태를 정치경제적인 관점에서 분석한 더닝(1993)은 국가 경쟁력을
강화하기 위한 집적된 전략 추진, 국제경영(활동)을 위한 시장의 경쟁
여건 조성, 시장실패와 거래비용을 축소하려는 행위(정책) 등으로 정부
가 해외직접투자에 정책적으로 관여한다면 사회후생(복지) 수준이 제고
될 여지는 있다고 주장했다. 거래비용의 축소(또는 거래편익의 증가)가
정부의 행위(정책)로 인해 투자활동에 따른 거래편익이 거래비용을 상
회하는 경우에는 정부 개입이 정당화될 수 있다는 것이다.

1 다국적기업투자이론

UN무역개발협의회(UNCTAD)에 따르면, 다국적기업의 투자규모가
2004년에는 세계 국내총생산의 10%, 수출총액의 3분의 1 수준에 달할
정도로 다국적기업이 해외직접투자를 견인했다. 투자규모 기준으로 세

계 100위권 이내의 다국적기업(본사 기준)은 미국, 영국, 프랑스, 독일 등 대부분 선진경제권에 속한 것으로 나타났다. 경제협력개발기구(2000)는 2개 국가 이상에 설립되어 다양한 방법으로 경영활동을 영위(운용)하는 기업(또는 법인)을 다국적기업으로 분류하고 있다.

다국적기업의 존재로 인해 특성화되는 시장(또는 분야)은 본질적으로 독점 또는 완전경쟁 시장보다는 과점(oligopolistic) 형태가 일반적이다. 스테펀 하이머의 박사학위논문(1960)에서도 다국적기업의 과점 형태를 중점적으로 분석했다. 과점시장을 독점 또는 완전경쟁 시장과 비교하면, 가격과 산출물 결정에서 이윤극대화를 위하여 과점 형태는 수요·공급의 관계뿐만 아니라 경쟁기업의 예상반응도 고려해야 한다. 그러나 수요여건에서 개별기업에 의한 산출물의 반복적인 조정은 추가적인 양적 조정을 통해 추가 이윤을 창출할 수 없는 수준에서 균형상태에 도달한다. 시장에서 가격과 산출물(수량)이 결정(설정)된 상태에서는 개별기업의 최적 반응도 더 이상 작동할 수 없게 된다. 그러나 과점 형태(구조)에서 개별기업의 최적 반응으로 산출물을 추가 공급(생산)할 수 있다면, 개별기업은 또 다른 균형상태(Nash equilibrium) 수준에 도달하게 된다.

[1] 내부화론

"기업은 왜 해외시장에 진입하는 데 필요한 전략으로 라이선스보다 해외직접투자를 선호하는가?" 그 해답은 국제경영학의 한 분야인 내부화론(the internalization theory)이 근본적인 설명근거이며, 내부화론은 시장 불확실성 접근방식(market imperfections approach)과 연계된다. 예를 들면, 해외시장의 진입유형을 수출에서 해외투자로 전환되는 적정 시점에 관히여 분석한 버클리·카슨(1981)의 연구 둥에서 추론가능하다. 부연하면, 라이선스(생산·판매 권리)는 기술노하우의 유출 가능성, 현지법인 관리와 투자전략에 대한 통제권한 부족, 기업의 경쟁우위(능력)를 위한 효율적인 대응 약화 등의 제약으로 인해 해외직접투자가 상대적으로 선호될 수 있다는 것이다. 따라서 라이선스 메커니즘이 기업의 노하우가 라이선스 계약으로 적절하게 보호받지 못하는 경우, 현지진출에서 시장점유율과 이익을 극대화할 수 있는 현지법인에 대한 강력한 통제가 필요한 경우, 기업의 기술과 노하우가 라이선스 계약으로 변경되지 않는 경우 등으로 인한 부작용(시장실패) 등의 측면에서 해외직접투자가 라이선스에 비해 편익이 증가할 수 있다. 그러나 다국적기업의 경쟁형태는 국제무역이론에서 제기한 요소부존의 차이에 기인하기보다는 오히려 다른 기업들에 의해 쉽게 모방되지 않는 자원의 암묵성 또는 복잡성에 기인한다.

기업그룹의 투자행위에 관하여 분석한 버클리·카슨(1985), 러그먼(1986) 등은 내부화론을 주창했기 때문에 내부화학파(the internalization school)로 불린다. 그러나 버클리·카슨의 내부화론은 존 더닝의 절충적 체계론에 통합되면서 다국적기업투자이론에 관한 중요한 이론과 학설로 평가된다.[1] 국제생산의 일반이론에 관한 연구(동태적인 요인)에서 카

---

1) 버클리·카슨은 내부화론의 주창자로서 존 더닝이 정립한 절충적체계론(the eclectic theory)에 반영된 기업 특유의 우위요소에 관한 이론을 제기했으나, 해외직접투자이론의 대가 반열로 올려놓기는 논란의 여지가 있다. 왜냐하면, 해외직접투자이론에 관하여 이론과 학설을 제기한 찰스 킨들버거(스테펀 하이머의 박사학위논문 지도교수), 앨런 러그먼(마크 카슨의 동료), 마이클 포터(리처드 케이브스의 박사학위논문 제자) 등도 국제경영학의 권위자들이기 때문이다.

슨(1987)은 특정 기업의 경쟁적인 지위변화의 결정적인 관계는 기업가정신이론(the theory of entrepreneurship)에 기반하며, 버클리(1988)는 기업 특유의 우위요소의 변화를 정태이론의 내생변수로 가정하면서 다국적기업이론(the theory of multinational enterprise)에 대한 시간 투입(적용)이 절충적체계론과 내부화론의 차이를 결정한다고 주장했다. 내부화 패러다임에서 국제생산에 관한 일반이론을 제기한 러그먼(1979)은 환율과 교역조건의 변화는 경영이윤의 관점에서 국가별로 다르게 영향을 미칠 수 있다고 주장했다. 특히 실증적인 관찰(통계자료)에서 다국적기업은 다변화된 이득을 창출할 가능성이 크기 때문에 총자산에서 국외영업의 비중이 높을수록 그 기업의 자본이익률(the rate of return on equity capital)의 변동성은 관리(통제)될 수 있다는 것이다. 그러나 더닝(1993)은 경제발전, 기술진보와 정부의 역할을 외생변수로 설정했다. 더닝(1988)은 투자규모의 증가는 경제발전의 단계에 비례하여 해외직접투자의 유입 또는 유출의 변화패턴(변동추세)을 나타내면서 그 순환 또는 경로를 보인다고 주장했다.

내부화론은 마크 카슨(Mark Casson, 존 더닝의 후임교수)이 피터 버클리(Peter Buckley, 박사학위과정)와 공동 저술한 '다국적기업의 미래'(1976)에서 비롯되었다. 다국적기업이론은 수출·라이선스·해외직접투자의 시장진입에 관한 전략적인 의사결정(선택대안)에 중점을 둔 것이다. 특히 마크 카슨은 내부화론에서 계약합의사항(contractual arrangements)과 소유지식(proprietary knowledge)의 중요성을 강조했다. 부연하면, 전통 경제이론에서 시장의 정보와 지식을 공적자원(public resource)으로 고려한 데 비해, 버클리·카슨은 시장의 구조적인 불완전성(structural market failure)과 내부화(internalization)의 연계관계를 해외직접투자이론의 패러다임에서 최초로 제기했다. 버클리·카슨은 다국적기업을 본질적으로 다지플랜드(multiplant) 기업의 형태가 확장된 개념이라고 제시했다. 내부화론은 해외직접투자를 위한 결정요인(동기)을 지식(축적)과 내부화로 정의하며, 연구개발 등 지식의 습득(인수)와 활용이 내부화론의 중요한 내재 요소라는 것이다. 그런데, 내부화론이 독자적으로 자생한 이론이라고 할 수 있는가? 내부화론도 그 기원을 찾아가면, 국제경영이론(the theory of international business)에 근간을 두고 있다. 국제경영이론도 대부분 해외직접투자에 관하여 분석한 경제경영학계에서 그 이론적인 발전이 이루어졌다. 특히 국제무역이론을 연구한 도널드 맥도겔(1960)과 머래이 켐프(1970)는 신고전학파의 이론(the neoclassical theory)을 확장하여 해외직접투자이론을 탐구했다. 맥도겔·켐프에 따르면, 자본이동은 해외직접투자를 이해하는 핵심요소이지만 직접투자와 간접투자(포트폴리오투자)를 구분하지 않았으며, 다국적기업을 단순히 해외직접투자를 수행하는 기업으로 간주했다. 반면, 내부화론의 논리적인 구성체계는 고전경제학파인 스미스(1776)와 리카도(1817)의 경제이론(생산·무역), 베버(1929)의 경제지리론(교통·규모), 코스(1937)의 소유권과 계약에 관한 제도이론(the institutional theory), 챔벌린(1933)과 로빈슨(1933)의 독점과 카르텔에 관한 불완전경쟁이론 등에 기반을 두고 있다. 즉, 내부화론은 노동의 분업, 생산의 조립(modularization), 비교우위에 근거한 전문화 등을 고전경제학파에서 수용했고, 거리효과(distance effects), 교통비용과 관세 및 규모의 경제의 상호작용에 관한 경제지리론, 무형자산(공공재)과 수입자의 불확실성 문제에 관한 지식기반이론, 불완전경쟁이론 등을 신규 구성요소로 설정했다. 생산시스템의 모델구축과 관련하여, 내부화론은 기업의 자발적인 조직단위보다는 글로벌 경제(a self−contained unit)의 기업 행위에 대한 영향을 분석하면서 글로벌 경제(산업)에서의 생산 시스템에 중점을 두고 있는 것이다. 카슨(2018)은 국가 단위의 시장에 공급되는 차별화된 제품에 대한 기본적인 공급체계(supply chain)를 수직적인 통합형태의 해외직접투자에 관하여 분석했다. 일반적으로 생산과 소비를 통합할 수 없기 때문에 내부화론은 생산 분야에 국한되지만, 마크 카슨은 생산(전방단계·후방단계)과 배분(소비자계층 대상)의 단계를 구분하여 생산과 배분의 흐름을 설명했다. 더닝·런단(2008)의 분류에 따르면, 내부화론에 의한 투자활동을 생산기반(전방단계·후방단계) 및 지식기반(마케팅과 연구개발)으로 구분하고, 특히 해외직접투자 진출전략을 다국적기업에 의한 생산단계의 통합의 관점에서 자원개발, 시장확보 및 효율성추구로 구분했다. 다국적기업의 잠재적인 역할에서 효율성추구는 수출지향적인(export−oriented) 투자전략과 연계되고, 시장확보는 관례적인 관세회피(tariff−jumping)를 위한 투자전략으로 해석된다. 특히 시장확보 투자전략은 투자대상국의 투자·무역체계(정책)의 본질(특성), 즉 정책의 제도와 산업(효과)에 의존적인 경향이 있다. "기업은 왜 자회사 매출을 통해 해외시장의 참여, 아니면 해외 자회사에서 중간재(투입분) 생산방식을 선택하려고 하는가?" 그로스먼·헬프먼(2004)은 기업의 조직적인 의사결정은 내부화의 관리인센티브 분석에 달려 있다고 주장했다.

내부화학파의 중심적인 사고(명제)는 기업에 의한 국가 간 부가가치활동의 존재가 본질적으로 시장실패(경영효율의 목적)에서 기인한다는 것이다. 내부화론은 투자기업의 거래상대방(공급자·경쟁자·고객)의 경제행위에 따른 시장실패의 불확실성에 관한 개념을 내포하고 있다. 따라서 해외직접투자는 시장(제품)을 거래메커니즘으로서 발전시키는 데 목적을 두고 추진된다는 것이다. 시장실패를 인식하면서 제기된 내부화론은 조직적인 대체경로에서 발생하는 거래비용과 투자편익 비교분석(평가)을 기준으로 다국적기업의 투자활동이 결정된다는 것이다. 사실상 시장실패의 불확실성에 대한 대응전략이 다국적기업의 투자활동(존재·성장)에 대한 결정적인 이유(근거)가 될 수 있다. 시장실패가 존재할 때, 내부화론은 계층(조직) 내에서 조직적인 대응전략에 대한 분석을 근거로 기업의 투자행위를 위한 선택대안(전략)을 수립하는 데 중점을 두고 있다. 그러면, 내부화론에서 중점적으로 고려하고 있는 명제는 무엇인가? "특유의 지식(노하우)을 보유하고 있는 지식소유권자(knowledge-owner)[2]가 해외시장(국가)에서 현지시장(여건)에 관한 정보를 보유하고 있지 않다면, 현지시장의 정보를 보유한 기업, 즉 지식협력자(knowledge-partner)에 대하여 지식을 이전(판매)하지 않을 이유가 없지 않는가?" "지식이 이전될 수 있는 현지시장에 대한 투자절차를 수용(복제)하지 않을 이유가 없지 않는가?" 내부화론의 주제는 어떤 상황에서 다국적인 계층(구조)이 해외시장을 대체할 수 있는지, 또는 특정 기업이 다른 기업에 비해 글로벌 시장참여자로서 시장 점유율을 유지하거나 제고할 수 있는지에 관한 분석이다. 해외시장에서 지식협력자를 신뢰할 수 없다면, 지식소유권자는 자기 고유의 지식을 통제할 필요가 있는데, 그 경우에는 해외시장에서 지식의 이전보다는 지식에 체화된 제품을 생산하고 판매하면 다국적기업이 되는 것이다. 따라서 내부화론에서는 금융자본의 이전이 아니라 소유지식(proprietary knowledge)의

---

2) 지식소유권자가 지속적으로 지식을 발전시키기 위해 최선을 다하는 것을 자유롭게 하는 것이고, 현지 기업이 현지시장에서 전문성을 활용하기 위해 최선을 다하게 하는 것이다.

이전에 관한 문제가 관건이다. 예를 들면, 지식기반 다자플랜트기업론 (the theory of the knowledge-based multiplant firm)은 기술, 제품디자인, 브랜드 등을 포함하는 소유지식(소유권)의 모든 형태에 적용된다. 내부화론의 기본적인 체계에서 기업의 소유권을 구분하는 결정원리는 현지경영의 독립성(다른 플랜트와는 독립적으로 경영할 수 있는 플랜트 내의 조정), 현지정보의 중요성(신속한 정보 및 현지여건), 모니터링 또는 접근이 용이한 제품의 품질(은밀한 부정행위 탐지가능), 저렴한 전환비용(부정행위를 억제하기 위한 중간재(투입) 제품시장의 경쟁), 강력한 법규의 적용(부정행위 억제), 사회신뢰관계 조성(법규의 취약에 대한 해결, 부정행위 억제) 등에 관한 기본요소에 의해 작동된다.

　내부화론은 기업조직의 구성(형성)에서 코스(1937)의 거래비용이론 (the transaction cost theory)에 근거한 투자이론이다. "기업은 왜 경제거래(시장)에 모두 관여하지 않는가?" "거래비용의 관점에서 시장가격을 결정하는 거래비용, 거래당사자간의 계약 협상, 체결과 실행에 소요되는 비용을 어떻게 산출할 수 있는가?"에 관하여 로널드 코스(Ronald Coase)는 해외생산의 거래비용이론에서 그 해결방안을 찾고 있다. 거래비용이론은 해외직접투자와 지분투자가 아닌 투자형태, 합작투자의 규모와 연계된 지분투자, 합작투자기업의 수평적인 공동투자행위, 수직적인 통합과 공동합의 등의 분석체계와 연계되어 있다. 그러나 투자기업간의 협력과 공동투자행위에 대한 결정요인을 전통경제이론으로 설명할 수 있는가? 전통경제이론으로 국제경영에서 정보, 협상, 투자실행, 경영관리 등에 관한 거래비용을 산출하기가 사실상 어렵다. 예를 들면, 전통경제이론이 생산, 운송, 마케팅 비용에 관하여 얼마나 중요하게 다루고 있는지는 의문스럽다. 다만, 경제이론에서는 경험적인 관찰(원인분석)에 의해 거래비용의 국내총생산에 대한 비중 추정은 가능하다.[3] 기업 간 협력 관점에서 거래비용과 통제비용을 비교분석한 티스(1985)는 거래비용이론이 조직결정이론(the organizational decision theory)과 연계될 수 있으며, 기업의 역량을 발전시키기 위하여 고안된 자원의 효율적인 배분전략과 내부화론을 구별할 필요가 있다고 주장했다.[4] 그러나 더닝(1993)은 상품과 서비스의 공급에서 발생하는 거래비용을 생산비용과 구분했다. 생산비용은 중간재(투입) 제품과 생산요소 시장에서 시장실패가 존재하지 않는 상황에서 상품과 서비스의 양을 공급하는 데 발생하는 제반비용이며, 거래비용은 시장실패의 상황에서 구조적인 또는 고유의 본질적인 비용이라는 것이다. 생산비용은 사용된 자원의 기회비용, 즉 산출물 생산에 투입되는 지불가격이다. 그러나 거래비용은 본질적으로 완전시장에서 조직의 관계비용에서 유발되는데, 거래비용에서 내생비용은 중간재(투입) 제품의 가격과 품질이 주어진 상태의 조정비용이며, 외생비용은 외부적(또는 시장) 거래비용을 의미한다는 것이다. 코거트(1988)는 합작투자의 결정요인(critical dimension)은 계약상대방의 거래행위에 대한 불확실성의 해소 가능성에 달려 있다고 주장했다. 부연하면, 계약상대방이 투자자산 거래에 전문적이거나 단독투자에 의한 생산·인수 비용이 상호협력(합작투자)의 위험보다 더 증대하게 되는 상황에서 합작투자가 나타난다는 것이다. 국가와 산업에 관한 경험적인 연구는 내부화의 모든 거래비용이론에서 중심적인 요인이고 지식기반 소유권 우위요소에 대한 전형적인 대리변수로 활용되지만, 확실

---

3) 시장 배치(market configuration)에 관한 구체적인 예측을 위해 발견적인 모형(heuristic models)을 상회하는 수준이라면, 그 추정은 필요하다.
4) 티스(1986)는 혁신의 필요조건으로 특유의 공유자산(specific and co-specific assets)의 개념을 제시했다.

하게 정의하기는 어렵다. 국가우선주의모형(the national-preference model)에 따르면, 이해관계자그룹의 고려사항(정치적인 선택을 위한 대안)이 요구된다. 국가우선주의모형은 투자대상국 정부가 그 국가 내 자원배분(할당)에 영향을 미치는 다국적기업의 투자를 용인하는 경우(사례)에도 합치된다. 바네트·뮐러(1974) 등 주권접근적학파(the sovereignty-at-bay school)가 주장하는 정부정책모형(the government-policy model)이 국가우선주의모형의 대표적인 사례다. 정부정책모형은 다국적기업에 대한 차별적인 제한을 기반으로 정책(수단) 개입을 억제하는 정부행위(패턴)를 설명하는 데 적합한 모형이다. 바넷·뮐러(1974)에 따르면, 국민소득을 다국적기업의 매출실적과 비교하고, 그 결과 다국적기업이 정부 개입에 의한 성과를 압도한다는 주장이다. 케이브스(1982)는 정부정책모형5)이 다국적기업의 국내 진입에 대한 협상기회(선택대안)에 대한 정부의 정책결정을 설명하는 데 유용하다고 주장했다.

[2] 기업전략론

글로벌 경쟁시장에서 해외직접투자의 패턴(흐름)은 기업 간 전략적인 경쟁을 반영한다고 미국 국제경영학자인 프레데릭 니커보커(Frederick Knickerborker)가 주장했다. 프레데릭 니커보커의 전략적행위론(the strategic behavior theory)에 따르면, 해외직접투자의 경쟁관계에서 과점산업의 주요 선도기업 간 직접적인 영향과 대응으로 상호의존성(interdependence)이 크게 나타난다는 것이다. 즉, 과점상태에서 기업 간 상호의존성으로 해외직접투자의 모방행위가 즉각적으로 나타나는

---

5) 케이브스가 언급한 정부정책모형은 해외시장의 자원배분에 영향을 미치기 위한 정책수단으로서 다국적기업(본국 기반)의 가능한 활용도(유용성)를 의미한다.

경향이 있다. 기업전략에 관하여, 니커보커(1973)는 다국적기업의 투자활동에 기초한 해외투자의 지리적인 거점(클러스터)을 설명하면서 투자선도기업에 대한 모방행위전략(the imitative theory, the follow-my-leader strategy/tactics)을 제시했다.6) 모방행위전략(모방이론)의 가설은 다국적기업이 매출 집중으로 특성화된 산업에서 집적화되는 경향이 있으며, 글로벌 경쟁지위를 유지하고 제고하기 위해 모방행위전략으로 해외투자를 결정한다는 것이다. 해외투자의 범위는 과점적인 상호의존성의 형태에 의해 결정된다. 과점적인 상호의존성은 모방행위의 패턴을 의미하는데, 예를 들면, 선도기업이 가격인상 또는 설비확장을 시작하면, 다른 기업들도 가격인상에 따른 불리한 입장을 극복하기 위해 모방행위를 한다는 것이다. 과점적인 반응모형(the oligopolistic-reaction model)은 지역적으로 집중화(집적화)된 산업에서 모방행위가 나타난다는 것이다. 예를 들면, 시장이 집중화된 경우에는 전략적 기업제휴(strategic business alliances)가 모방행위전략의 새로운 유형이며, 전략적 기업제휴는 신규 시장진출에 대한 (계층적)진입비용이 과다하다고 인지되는 상황에서 발생한다는 것이다. 그래햄(1978)은 다국적기업이 주도하는 산업에서 다국적기업의 신규 자회사에 의해 국내시장이 잠식되는 경우에는 그 다국적기업의 본국(본사)에 진입함으로써 그 시장을 대응잠식할 수 있다는 전략(가설)을 제기했다.7) 미국 기업의 유럽 지역에 대한 투자(제조업 분야)에 대응하여 유럽의 다국적기업이 미국에 자회사를 설립하는 기업전략의 유의적인 투자진출방법에 대한 효과적인 검증이 필요

---

6) 내부화론(내부화학파)과는 다르게, 모방이론은 과점상태에서 선도기업이 수출(라이선스 포함)보다는 해외직접투자에 대한 선택대안을 결정하는지, 그 해외직접투자가 왜 효율적인지에 대한 설명은 없다.

7) 시장(판매)의 집중도, 연구개발 지출, 광범위한 제품차별이 존재하고 있는 산업에서는 투자지연의 대응전략이 나타난다는 것이다.

하다는 것이다. 그러나 아우기어·케이브스(1979)는 독점의 강도(degree of monopoly)를 허용할 수 있는지의 여부가 경쟁전략(정책)을 통해 결정되어야 한다고 주장했다. 독점기업은 수요의 가격탄력성에 의해 결정되는 한계비용을 상회하는 판매가격의 설정으로 단위가격의 독점이윤을 확보할 수 있다. 부연하면, 어떤 산업에서 국제화될수록 경쟁정책에 의해 허용되는 독점의 강도가 더 높아지는데, 그 독점의 강도는 해외시장의 매출실적과 비례한다는 것이다. 니커보커(1976)는 투자대상국(23개국, 1948~1967년 통계자료)에 대한 실증분석에서 제조업 분야의 다국적기업의 투자범위를 대상으로 진입집중지수(entry concentration indexes)를 산출했는데, 특정 산업에서 실질적인 경쟁기업 또는 잠재적인 진입기업으로서 다국적기업(미국 자회사)이 급증하고 있다는 사실을 발견했다. 다국적기업의 제품생산라인 다변화의 증가는 특정 산업에서 잠재적인 참여기업(외국기업)에 대한 제한을 크게 받지 않는다는 것을 의미한다. 그러나 다국적기업의 참여 다변화 정도가 낮은 산업에서는 제품차별, 연구개발, 자본비용과 광범위한 규모의 경제에 따른 진입장벽이 높은 편이다. 특히 해외투자에 대한 진입장벽은 산업화된 시장(선진경제권)에서 해외투자패턴(규모)의 증가와는 높은 (−)상관관계를 나타내지만 해외투자가 산업의 집중도에 대한 직접적인 인과관계는 없으며, 다국적기업에 의한 신규진입(경쟁행위)은 산업의 집중도를 오히려 낮추는 경향이 있다는 것이다. 니커보커(1976)의 연구는 다국적기업이 자체적인 진입결정에 의해 시장의 집중도를 낮추려는 잠재기업 또는 진입기업의 역할로서는 의미가 있지만, 최적의 다국적기업에 대해서도 진입장벽은 부정적인 영향을 미친다는 것을 실증적으로 보여주고 있다.[8]

---

8) 다국적기업이 해외투자의 과점적 경쟁기업과 경쟁전략을 채택하지 않는 경우에는 신규진입이 인수·합병의 형태로 흔히 나타난다는 사실은 설명되지 않았다.

글로벌 경쟁우위의 관점에서 바트레트·고샬(1989)은 기업은 비용
질감(cost reduction)과 현지대응(local responsiveness)의 압박에 직면하
게 된다고 주장했다. 비용절감의 압박을 받게 되면 가치창출을 위해 생
산비용을 최소화하려고 대응하고, 저비용의 생산입지에 기반한 산업에
서 기업 간 경쟁이 격화되면서 소비자의 표준화되고 있는 범세계적인
수요와 선호(universal needs and preferences) 현상에 직면하게 된다. 현
지대응의 압박에 대해서는 문화, 기업관행, 인프라스트럭처(유통경로),
경쟁여건, 정부정책 등의 차이에 기인한 국가별로 다양한 수요여건을
충족하기 위해 마케팅과 제품차별화 전략을 추진할 수밖에 없다. 그러
면, 비용절감 또는 현지대응의 압박에 대하여 기업은 어떤 전략적인 선
택을 해야 하는가? 바트레트·고샬은 비용절감 또는 현지대응의 압박이
현지화전략(localization strategy), 국제화전략(international strategy), 글로
벌표준화전략(global standardization strategy) 및 초국가전략(transnational
strategy)의 선택으로 차별화된 영향을 미친다고 분석했다. 국제화전략
은 국내시장에서 생산하고 해외 고객수요에 제한적인 대응에 기반한
기업전략(국제무역형태)이고, 현지화전략은 국가(시장)별로 차별화된 상
품과 서비스를 제공하여 고객지향적인 형태로 기업의 이윤을 제고하는
데 역점을 두고 있는 기업전략(단독·합작투자형태)이다. 글로벌표준화전
략은 입지와 규모의 경제, 학습효과에 따른 비용절감과 제품 표준화(라
이선스 계약)로 기업의 이윤을 극대화하려는 기업전략(프랜차이즈형태)이
며, 초국가전략은 본질적으로 현지고객(지역별 시장)의 차별화된 수요와
글로벌 네트워크(현지법인)의 다각적인 기술 유입의 강화를 동시에 달
성하려는 기업전략(다국적기업투자형태)이다. 〈그림 9〉의 비용절감과 현
지대응의 압박에 대한 선택전략에서 비용편익분석과 기회평가를 기준

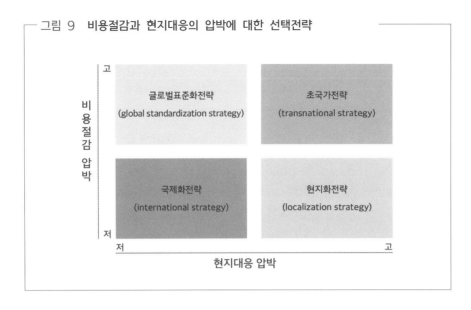

그림 9 비용절감과 현지대응의 압박에 대한 선택전략

비용절감 압박 (고 / 저)

글로벌표준화전략 (global standardization strategy)	초국가전략 (transnational strategy)
국제화전략 (international strategy)	현지화전략 (localization strategy)

현지대응 압박 (저 / 고)

으로 현지대응 압박이 상대적으로 낮은 경우에는 국제화전략과 글로벌표준화전략, 현지대응 압박이 높은 경우에는 현지화전략과 초국가전략이 적합하며, 비용절감 압박이 상대적으로 낮은 경우에는 국제화전략과 현지화전략, 비용절감 압박이 높은 경우에는 글로벌표준화전략과 초국가전략이 적합하다. 특히 조직 내부의 갈등을 조정하고 기술·관리에 관한 경영지식 등의 핵심역량(core competencies)을 이전하기 위한 초국가전략에서는 상대적으로 복잡한 글로벌 매트릭스 조직구조(global matrix structure)가 필요하다. 왜냐하면, 초국가전략에서는 조직 간 상호의존성 증가로 인한 성과측정의 모호성과 문화적인 통제와 보상비용(관리시간) 상승으로 갈등의 조정과 협력이 더욱더 요구되기 때문이다. 일반적으로 조직구조는 수직적인 조직분화(vertical differentiation), 수평적인 조직분화(horizontal differentiation) 및 조직 통합구조(integrating mechanisms)로 구분된다. 수직적인 조직분화에서 현지화전략은 핵심역량의 분산화가 적합하지만, 글로벌표준화전략은 집중화에 의한 조직통제가 보다 적합하다. 수평적인 조직분화에서 현지화전략은 조직의 지역구분(area divisions)이 적합하지만, 글로벌표준화전략은 조직의 산업구분(product divisions)이 적합하다. 전통적인 글로벌 매트릭스 조직구조에 따른 경영철학은 조직의 하부구조를 수평적인 조직분화에서 구분된 제품(산업)과 지역(국가) 차원을 조직구조 간 효과적인 조정을 위한 조직 통합구조로 조직운용의 결정에 대한 책임을 공유하는 것이다. 그러나 글로벌 매트릭스 조직구조는 엄격하고 계층적인 조직구조(관리체계)로 인해 제품(산업)과 지역(국가) 조직 간 갈등으로 의사결정 과정이 지연되는 사례가 발생하고 있기 때문에 특히 다국적기업에서는 기업 공통의 문화를 공유하고 보다 유연한 매트릭스 조직구조가 요구되고 있다.

연구개발의 전략적 제휴(메커니즘)과 관련하여, 쿠크·에머슨(1978)은 네트워크(연관관계 조합) 접근방식을 대학교 기반 제휴(university−located alliances), 민간 전략제휴(private strategic alliances), 기업 간 네트워크합의(interfirm agreements) 및 국제 협력프로그램(national or international collaborative programs)으로 구분했다. 예를 들면, 대학교 기반 제휴는 미국 반도체 연구협력 컨소시엄(SEMATECH), 민간 전략제휴는 정부의 개입 없이 협상하고 조직되는 유형, 기업 간 네트워크 합의는 정부 간 합의에 의해 조직된 유형으로 에어버스(Airbus), 유럽항공우주국(European Spatial Agency) 등이 대표적이며, 국제 협력프로그램에는 유럽정보기술연구개발전략계획(ESPRIT) 등이 그 사례라고 할 수 있다. 기업 간 네트워크합의는 시간구조(time−structure), 권력구조(power−structure), 이해구조(interest−structure) 및 역량구조(capacity− structure)로 구분될 수 있는데, 특히 역량구조는 네트워크 내부의 제휴관계로부터 기인한 시너지

효과에 영향을 미친다는 것이다. 자크민(1988)은 연구개발의 전략적 제휴에 따른 사회적인 편익(효과)은 산업·시장·기업 특유의 특성에 의해 결정된다고 분석했다.9) 연구개발의 전략적 제휴에 의해 연구개발 비중이 높거나 기업(시장참여자) 간 파급효과가 현실화된 시장에서 긍정적인 효과가 나타날 가능성이 크다는 것이다. 특히 중소규모의 기업에 의해 개발된 신규 기술의 경쟁우위에 특별히 적용되는 벤처캐피털(corporate venture capital)이 또 다른 투자유인이 될 수 있다. 국제경영에서 기업은 벤처캐피털을 통해 자체적으로 비용편익효과(이해관계)를 분석할 수 있으며, 자율적인 소규모의 혁신조직에서 벤처캐피털이 유동적인 금융재원이 될 수 있다. 실제로 기업에 의해 통제되는 금융재원은 조직네트워크에서의 상호작용과 행위를 위해 기본적인 역할을 하고 있다.

(3) 경쟁우위론

미국 경영학자인 마이클 포터(Michael Porter)는 해외투자기업의 비교우위에 영향을 미치는 경쟁우위의 결정요인(내생변수)을 요소여건, 시장수요여건, 기업의 전략 및 산업구조와 경쟁관계로 구분하여 분석했다. 포터(1990)의 다이아몬드모형(the diamond model)에 따르면, 국가의 경쟁우위(competitive advantage of nations)는 내재적인 강화(self-reinforcing)를 위한 결정요인(변수)의 상호작용에 의해 결정된다고 설명했다. 그러나 다이아몬드모형의 결정요인에서는 내생변수(요소여건, 시장수요여건, 기업의 전략, 산업구조와 경쟁관계) 이외에 외생변수(정부정책, 경영여건)도 중요하다. 내생변수의 요소여건(factor conditions/endowments)은 특정 산업에서

---

9) 기업 수익의 완전한 전용(책정)이 불가능한 경우에 발생할 수 있는 기술적인 시장실패를 근거로 한 것이다.

┌─ 그림 10   경쟁우위의 결정요인(다이아몬드모형) ─────────────────┐

내생변수		외생변수
요소여건 (factor endowments)	시장수요여건 (demand conditions)	정부정책 (government factor)
기업의 전략 (firm strategy)	산업구조와 경쟁관계 (industry structure, and rivalry)	경영여건 (chance events)

└──┘

경쟁에 필요한 인프라스트럭처 및 인적자원과 천연자원 등 생산을 구성하는 요소투입을 의미하고, 시장수요여건(demand conditions)은 산업의 생산제품 또는 서비스의 판매를 위한 시장수요의 본질(특성)을 의미한다. 기업의 전략(firm strategy)에서는 미시경제적인 관점에서 기업의 설립, 조직과 관리의 방법 및 기업지배구조를 포괄하며, 산업구조와 경쟁관계(industry structure, and rivalry)[10]는 거시경제적인 관점에서 국내 경쟁관계를 형성하는 산업구조의 본질, 대외경쟁력이 있는 공급(전방) 산업의 존재(여부)를 의미한다. 외생변수의 정부정책(government factor)은 경제·산업 정책뿐만 아니라 투자 유인(인센티브)과 규제를 포함하고, 경영여건(chance events)은 전쟁, 자연재해, 기술의 획기적인 발전, 예기치 않은 변화 등을 의미한다.

〈그림 10〉의 경쟁우위의 결정요인(다이아몬드모형)에서 경쟁우위의 내생변수에 관하여 부연하면, 요소여건은 천연자원, 기후, 입지와 인구 등의 기초요소(basic factors) 이외에도 통신 인프라스트럭처, 숙련 노동력(교육), 연구시설, 기술 노하우 등의 선진요소(advanced factors)로 구

───────────────

10) The core in which the clustered firms can stimulate productivity and promote value creation that is the basis of national growth.

분되고, 경쟁우위에서 선진요소가 더 중요하다는 것이다. 시장수요여건에서도 투자대상국 수요자(고객)의 요구조건(압박)이 강할수록 그 고객의 요구조건에 민감한 기업 제품의 품질수준이 향상되고 혁신적인 제품도 생산하면서 경쟁우위를 제고하는 데 중요하다는 것이다. 시장 확대를 위해 필요한 핵심역량은 경쟁기업들이 쉽게 추격하거나 모방할 수 없는 기업 노하우(기술)를 의미하며, 기업의 경쟁우위를 기반으로 한다. 핵심역량에 대한 개념은 기업의 자원기반의 관점(resource−based view)에서 지속 가능한 경쟁우위를 설명하는 대표적인 변수라고 할 수 있다. 기업의 전략에서는 경영진의 경영철학이 중요하며, 산업 내 경쟁으로 기업 혁신, 효율성·품질 제고, 비용 절감, 선진요소에 대한 투자 등에 관한 압박으로 경쟁우위의 최적 방안을 도출할 여지가 있다는 것이다. 전략적인 선택(경영활동의 포지셔닝)과 관련하여, 비교우위의 수익 창출을 통한 기업의 경쟁우위를 위해 기업의 전략, 관리(운용)와 조직설계가 일관적으로 결합되어야 한다는 것이다. 시장의 경영여건은 기업의 전략과 조직설계가 대내외적으로 일관성이 있어야 하며, 기업의 조직설계(organizational architecture)는 공식적인 조직구조와 조직문화(가치·규범에 관한 체계), 통제와 성과보상 체계, 의사결정 과정 등을 포괄하는 개념이다. 국가와 경영조직 간의 연계와 조정에 관하여 분석한 포터(1986)는 기업 투자활동의 배치와 조정에 대한 배치·조정모형(the configuration−coordination model)을 주창했다. 포터의 배치·조정모형은 가치사슬 활동 등의 배치를 지역적인 분산과 집중의 정도로 구분하고, 기업에 의해 조성된 마케팅 등의 조정을 광범위한 통제와 분산된 정도로 구분해서 해외직접투자의 형태를 글로벌 수준, 국가중심주의 또는 수출기반의 투자전략으로 설명했다. 기업의 경쟁우위에 근거한 체계(시스템)와 생산입지(국가)에 관하여 기업에 적용될 수 있는 선택사항을 배치와 조정으로 구분한 것이다. 배치는 변화를 유도하는 전략이며, 조정은 공통적인 관리(지배구조) 또는 범위의 경제를 각각 의미한다. 기본전략의 패러다임은 전략 선택의 지원요구조건(충분조건)에서 생산가능영역(효율영역)의 선정, 효율영역의 지원에 필요한 생산, 마케팅, 유통, 정보시스템, 인적자원 등 내부운용의 배치, 전략 실행을 위한 적합한 조직구조의 정립에 관한 중심 논리를 포괄한다. 산업구조와 경쟁관계의 관점에서도 선진요소에 따른 투자이득이 연관 사업에 대한 파급효과가 나타나면서 경쟁우위를 달성할 수 있으며, 기업간 지식공유를 통해 지역집중화(geographic clusters)를 형성할 수 있다는 것이다. 마이클 포터는 다국적기업이 가치를 창출하고 산업 내 경쟁우위를 달성하기 위해서는 입지경제(location economies)의 효과를 통한 저비용과 제품차별화 전략이 기본적으로 중요하다고 강조했다. 부연하면, 고수익 기업이 비교우위의 가치를 창출하고 비용구조의 효율화와 제품의 차별화를 통해 소비자의 프리미엄 가격지불도 가능하게 되며, 최종적으로는 소비자의 평균 제품가치와 제품의 생산비용의 차이에 따른 가치창출(value creation)로 그 기업의 경쟁우위가 결정한다는 것이다. 포터(2000)는 해외직접투자의 동태적인 결정요인(중요변수)으로 기업집단(클러스터)의 역할을 중요시했다. 부연하면, 국가 경쟁력의 관점에서도 기업집단의 역할이 중요하며, 지역집중화의 관점에서 경쟁우위는 기업이 경영활동을 하고 있는 지역(국가)에서 클러스터의 시너지효과로 인해 경쟁우위의 외부경제의 효과(외부성)가 창출될 수 있다는 것이다. 클러스터는 수출 증대를 위한 성장동력(요인)이고 해외직접투자의 유인이 될 수 있다. 포터(1994)는 클러스터의 범위에 관하여, 지역집중화(배치)

의 혜택(이득)을 분석하고 클러스터이론(the cluster theory)을 기업의 기술향상(투입비용의 최소화, 규모의 경제 최대화)을 통한 혁신지향 접근방식(innovation-oriented approach)의 정태적인 이론과 기업의 경영성과를 제고하는 수단 등을 위한 효율성지향 접근방식(efficiency-oriented approach)의 동태적인 이론으로 구분하여 설명했다. 그러나 클러스터 범위를 확장하면, 지리적인 거리(distant outsourcing)의 역할을 인접성을 고려한 투자국 중심의 접근방식(home-based approach)과 해외시장으로 확대한 투자대상국 중심의 접근방식(host-based approach)으로 구분된다는 것이다.11) 클러스터 경제의 범위는 지리적인 인접성에 의해 확장된 수직적인 통합형태, 수평적인 경쟁상태 및 혼합유형으로 구분하여 적용될 수 있다.

2 해외직접투자이론

해외직접투자이론에 관한 연구는 1970년대 산업조직론 등의 관점에서 미시경제적인 수준과 거시금융적인 관점에서 본격화되었다. 미시경제적인 수준에서는 산업조직과 국제무역에 관한 케이브스(1971), 거시금융적인 관점에서는 국제금융(패턴)의 구성과 요소, 해외직접투자 진입유형과 금융에 관한 헬프먼(1984) 등의 연구가 대표적이라고 할 수 있다. 부연하면, 리처드 케이브스는 다국적기업의 시장 지배력을 확대하기 위한 의향(욕구)과 시장의 불완전성 등에 관심을 가졌으며, 엘러

---

11) 클러스터의 범위를 해외시장으로 확대하는 요인은 투자국(국내)에서 확보할 수 없는 기업의 소유권 불이익을 극복하기 위한 것이다.

넌 헬프먼은 생산제품의 우월성 또는 이전(규모의 경제, 다자플랜트기업, 기술진보 등의 요인), 마케팅과 판매(배분) 등에 따른 기업 특유의 우위요소에 관하여 중점적으로 분석했다. 헬프먼(1984)의 해외직접투자의 진입유형 또는 금융에 대한 선택대안은 산업 특유의 요소에 의해서도 영향을 받는다는 것이다. 해외직접투자의 진입유형은 산업기술(과학·생산)을 의미하며, 금융에서는 지분, 기업 내부의 대출과 사내보유금의 재투자에 대한 구분이 필요하다.

해외직접투자이론에 관하여 중요한 업적을 남긴 스테펀 하이머(Stephen Hymer), 리처드 케이브스(Richard Caves)와 존 더닝(John Dunning)을 해외직접투자이론의 3대 대가라고 할 수 있다. 해외투자이론에 관하여, 신고전학파(the neoclassical theory)에서는 경제원리에 의한 무역과 생산입지(완전경쟁시장 가정), 지식 이전(이동)과 특허권에 대한 자유로운 활용(무료)을 가정하고 있다. 그런데, 신고전학파의 해외투자이론 접근방식은 국가 간 자본 이동, 투자패턴(고이윤→저이윤), 하이테크 또는 브랜드 집약적인 산업에 대한 투자집중현상, 지속적인 투자추세(패턴) 등에 관한 원인(이유)을 설명하지 못하고 있다. 해외직접투자이론은 기업 특유의 소유권 이점을 주장한 학파(the ownership school), 해외생산에서 기업의 전략적인 행위에 근간을 둔 내부화학파(the internalization school), 생산입지를 추가적으로 고려한 절충적체계론(the eclectic theory) 등으로 요약된다. 해외직접투자의 소유권 이점을 주장한 학파(우위요소론)는 다국적기업이 국제경영에 대한 장벽(장애요인)을 극복하는 데 필요한 기업 특유의 우위요소(이점)를 강조했다. 내부화학파(내부화론)는 해외생산을 위해 부족한 시장정보(지식)을 대체하기 위한 필수적이고 긴요한 내재적인 요소를 투자전략으로 제시했으며, 다국적기업의 투자형태론과 연계된다. 절충적체계론은 다국적기업의 소유권과 내부화 이점뿐만 아니라 생산입지를 추가한 탄력적 이론이다. 특히 절충적체계론은 해외직접투자의 결정요인(동기)이 생산입지(결정), 시장규모, 노동시장여건(노동비용)을 포함한 고전적인 결정요인(classical determinants) 이외에도 시장연계(market linkages)에 의한 외부효과(external effects), 외부성에 따른 파급효과도 고려한 복합적인 요인(agglomeration factors)을 포괄함으로써 해외직접투자이론을 집대성한 것으로 평가된다.

[1] 우위요소론

해외직접투자에 관한 본격적인 연구는 캐나다 경제학자인 스테펀 하이머(1934~1974)로부터 시작한다. 스테펀 하이머는 다국적기업과 해외직접투자에 관한 이론을 최초로 제기했기 때문에 국제경영학의 아버지(father of international business)로 불린다. 스테펀 하이머의 다국적기업의 투자활동에 관한 박사학위논문(benchmark doctoral dissertation)인 '국민 기업의 국제적 운용: 해외직접투자의 연구'(1960)는 미시적인 분석관점에서 해외투자이론에 관한 최초의 연구로 평가된다. 부연하면, 해외직접투자에 대한 연구 분야가 국제경제학에서 국제경영학으로 이전하는 계기가 된 것이다. 그러나 스테펀 하이머의 학위논문은 공개되지 못했고, 그의 유작으로 출간된 '국민 기업의 국제적 운용: 해외직접투자의 연구'(The International Operation of National Firms: A Study of Direct Foreign Investment, 1976)가 MIT대학교(경제학과)에서 출간되면서 국제경영학계의 관심을 받았다. 그 책은 총 6장(253쪽)으로 구성되어 있는데, 직접투자와 간접투자의 비교(1장, 1~31), 국제경영이론(2~3장,

32~96), 미국 기업(제조업)의 투자경험사례(4장, 97~166), 국제경영의 금융(대출)과 직접투자의 관계(5장, 167~210), 국제경영의 소득효과(6장, 211~253)에 관하여 분석하고 있다. 특히 그 책은 MIT대학교의 찰스 킨들버거 교수의 지도로 스테펀 하이머가 제출한 박사학위논문(1960)을 근간으로 작성된 것이다. 찰스 킨들버거는 그 책의 서문에서 스테펀 하이머의 박사학위논문이 국제투자이론에 기여한 최초의 저작으로 평가하면서도 스테펀 하이머의 급진적인 견해(경제사상)로 인해 그 책이 출간되기 위해 15년 이상의 시간이 필요했다고 술회했다.[12]

찰스 킨들버거가 평가한 스테펀 하이머의 투자이론(우위요소론)은 국가 간 이자율 변동에 반응하여 자본이 이동한다는 전통적인 경제이론과는 다르게, 자본의 이동은 통제(경영)를 달성하기 위한 동기(욕구)에 의해 발생한다는 것이다. 즉, 국가 간 자본이동으로 국제경영(운용)이 가능하다는 관점에서 전통적인 경제이론에서 제기된 자본의 이동(저금리 → 고금리)과는 반대방향(고금리 → 저금리)으로도 해외직접투자가 나타날 수 있다는 것이다. 또한, 투자기업이 해외자회사를 직접적으로 통제하면 직접투자이며, 반대로 통제하지 못한다면 간접투자라고 규정하면서 스테펀 하이머가 직접투자와 간접투자를 최초로 구분했다는 점에서 그 의미가 크다고 할 수 있다.[13] 부연하면, 간접투자이론의 기반은

---

12) 스테펀 하이머(1934년 11월 15일 출생, 1974년 2월 2일 사망)는 캐나다(몬트리올) 출신으로 맥길대학교(McGill University)에서 정치경제학을 전공(수석졸업)했고, MIT대학교로 유학(산업경제 전공)하여 MIT대학교(1961~1962)와 예일대학교(1962~1966)에서 경제학을 가르치며 공산주의 경제사상(Marxian Economics)에 심취했다. 그러나 스테펀 하이머는 1974년 2월에 갑작스런 교통사고로 유명을 달리했다.

13) direct investment vs portfolio investment

이자율에 있으며, 투자기업은 수익이 최대로 발생하는 곳에 투자함으로써 이윤을 극대화하려고 한다. 따라서 리스크, 불확실성과 이동장벽이 없는 곳에서 간접투자이론의 가장 단순한 형태가 존재한다면, 이자율이 낮은 국가에서 높은 국가로 자본이 이동한다는 것이다.14) 스테펀 하이머가 설명한 간접투자이론의 이론적인 배경은 이자율평형조건(피셔효과)과 기본적으로 동일한 것이다. 스테펀 하이머 이전의 해외직접투자에 관한 연구는 국가 간 자본이동이 이자율(금리)의 차이에서 결정된다는 수준(이자율평형조건)에 그쳤다. 그러나 스테펀 하이머는 해외투자의 본질과 요인 분석에서 간접투자(포트폴리오투자)와 직접투자(경영통제권 설정)를 최초로 구분했다는 점에서 해외직접투자이론의 새로운 지평을 열었다. 스테펀 하이머는 미국 기업의 해외투자에 관한 실증분석(1914~1956년 통계자료)에서 미국은 해외직접투자의 순수출국이지만 자본이전(포트폴리오투자)의 순수입국이라는 사실을 발견하고, 해외직접투자와 포트폴리오투자 간에는 근본적인 차이가 존재한다고 설명했다. 이자율의 국가 간 차이가 포트폴리오투자에는 영향을 미칠 수 있지만, 해외직접투자는 기업의 국제경영(운용)과 연계된 자본이동이며, 따라서 해외생산에 대한 통제가 요구된다는 것이다. 일반적으로 포트폴리오투자는 금융조직(금융기관)에 의해 이루어지는 형태이지만, 해외직접투자는 제조기업에 의해 실행되는 경향이 있다.

"국제경영(해외생산)에서 정치경제적인 여건, 법적인 체계와 언어 장벽 등에 따른 현지정보의 불확실성, 투자대상국의 외국인에 대한 차별대우 및 외환리스크(환율변동) 등의 장애요인에도 불구하고, 해외직접

---

14) equalization of interest rates: interest-rate theory

투자를 실행하는 이유(결정요인)는 무엇인가?" 이에 대하여, 스테펀 하이머는 해외시장(국가)에서 기업의 인수 또는 합병 등을 통해 산업경쟁력을 강화할 수 있고 국제경영으로부터 이점(우위요소)을 확보할 수 있기 때문이라며, 우위요소론(the advantage theory)을 제기했다. 이자율균등화이론(이자율평형조건)의 중요한 이론적인 결점은 자본의 통제에 관하여 설명하지 못하는 데 있다. 투자자는 이자율이 낮은 국가보다 높은 국가에서 투자(금융)하려는 경향이 있으나, 투자기업을 통제할 만한 논리적인 근거는 명확하지 않다. 그러나 우위요소론의 기본 논리는 시장의 구조적인 불완전성 속에서 기업 특유의 우위요소(소유권)를 통한 해외투자의 직접적인 통제를 강조한 것이다. 우위요소론에서 기업 특유의 우위요소(firm-specific advantage)는 지식기반의 자산통제(monopolistic control of a knowledge-based asset)에 따른 독점적인 경쟁우위(monopolistic advantage)를 의미한다. 부연하면, 우위요소론은 해외직접투자의 결정요인을 생산비용과 노동생산성의 우위(비교우위론), 요소부존에 특화된 생산의 우위(요소부존론) 등의 생산 측면보다는 기업 자체적인 특유의 독점적인 우위 등 기업의 관리(경영) 측면을 강조한 투자논리라고 할 수 있다. 투자기업에 영향을 미치는 통제수준에 관하여, 더닝·러그먼(1985)도 해외기업의 생산(활동)에 대해 투자기업의 직접통제가 가능하다는 점이 우위요소론의 근간이라고 설명했다.15)

우위요소론에 따르면, 간접투자이론은 (대출)이자율에 적용되며, 이자율평형조건은 국가 간 자본이동의 장벽을 고려하여 국외 대출이자율이 국내 대출이자율을 상회하지 않는 수준에서 형성되어 있는 이자

---

15) 더닝·러그먼: 하이머의 구조적인 시장실패에 비해 거래비용을 무시했다고 비판

율이라는 것이다. 국가 간 자본이동의 장벽은 차입비용은 크고 정보는 부족하며 환율변동위험이 잠재된 경우를 가정하고 있다. 그러나 우위요소론에서는 환율변동위험을 외국 정부나 기업에 대한 대출이 통제 불가능한 것보다 해외자회사에 대한 대출이 가능한 경우(무분별한 차입에 대한 우려), 국제경영의 금융(대출)에서 기업의 거래비용(정보비용 등)이 시장에서보다 낮은 경우를 구분하여 설명하고 있다. 국외이자율이 낮을수록 현지 차입비용이 낮아지고 국제경영에 따른 이윤이 증가할 수 있다는 것이다. 국외이자율이 낮더라도 라이선스 기회를 보유하고 있는 기업의 경우 해외투자를 하지 않아도 일정 수준의 수익을 창출할 수 있다. 즉, 국외이자율(현지 차입·생산비용)이 낮을수록 국제경영에서 보다 높은 이익이 창출될 수 있기 때문에 라이선스에 대한 선택대안은 낮아지고 해외직접투자의 가능성은 상대적으로 높아질 수 있다는 것이다. 그러나 국외이자율이 높은 경우 라이선스를 보유한 기업은 해외투자를 전혀 실행하지 않는다. 특히 이자율이 상승하는 현상은 리스크와 불확실성이 존재한다는 것을 의미하며, 현지금융을 통해 필요한 자본의 차입가능성을 회피하기 때문에 국제경영에서 국가 간 자본이동은 기본적으로 이자율의 차이에서 비롯된다는 것이다. 우위요소론은 직접투자와 간접투자에 대한 영향을 국가 간 이자율 차이로 비교분석했다는 점, 해외투자통계(1914~1956)를 직접투자와 간접투자로 구분하여 관찰했다는 점, 미국 기업의 영국에 대한 산업별 투자실적을 비교분석했다는 점 등 해외직접투자에 관한 실증분석(투자경험사례)의 관점에서 기존의 선행연구와는 차별화된 이론적인 고찰이라고 할 수 있다.16)

---

16) 지나치게 단순한 논리로 논리적인 구성체계에 대한 의구심이 제기되기도 했다.

우위요소론에서는 해외시장(국가)에서 기업 간 갈등을 제거하는 것이 국제경영의 주요 관건이라고 예시했다. 기업 간 갈등은 경쟁저인 산업에서 기인하기보다는 시장왜곡(불순한 상태)에 따른 것이며, 특히 국제경영의 또 다른 문제는 우위요소의 탈취(부당한 활용)라는 것이다. 이런 경우 그 기업은 자체적으로 국제경영을 위해 해외지사를 설립하는 대신에, 우위요소의 라이선스(특허권·면허권)를 선택대안으로 행사하는 경향이 있다. 시장의 불완전성(본질적인 특성)으로 인해 기업 특유의 우위요소에 따른 매출 또는 이익의 탈취(활용)를 억제해야 한다. 부연하면, 불완전시장의 경쟁상태(우위·갈등 유발)가 지속되면 기업은 해외투자를 통해 경쟁상태를 완화할 수 있으며, 시장에서 갈등을 제거하고 특별한 우위(기업 특유의 우위요소)를 점유할 수 있다. 우위요소론에 근거하여 국제경영패턴을 4대 유형으로 구분할 수 있는데, 1유형의 산업형태(집중)에서는 동일한 시장(산업)에서도 불완전 경쟁조건에서 제품판매 등의 국제경영이 가능하므로 국제무역패턴에 의해서도 영향을 받을 수 있다. 2유형의 국제경영패턴은 해외직접투자에서 우위요소를 보유한 기업이 속한 산업에서 현재의 지식수준(상태)에서 과점문제로 불확실성이 수반될 수 있다. 3유형의 국제경영패턴은 시장의 불순한 상태(왜곡), 불평등한 역량 등의 요인보다는 해외시장(국가)에서 기업 간 의존성으로부터 유발될 수 있다. 4유형의 국제경영패턴은 국내총생산에서 차지하는 비중이 압도적인 산업에서는 국제경영이 발생하지 않을 수 있으며, 국제경영에 속하지 않는 산업은 경제통합(글로벌화)의 부족 등의 현상이 나타날 수 있다는 것이다.[17)]

---

17) 국수주의 경향이 강할수록 기업간 거래는 현지통화로 결제될 가능성이 농후하며, 국외기업의 투자(착취·개발)에 대하여 적대적인 성향을 나타낸다.

[2] 투자형태론

해외투자이론에 관하여 포괄적으로 연구한 리처드 케이브스
(1931~2019)[18]는 창작산업(creative industries), 산업조직과 다국적기업
등 산업경제를 분석하며,[19] 하버드대학교(박사과정)에서 마이클 포터
(Michael Porter), 엘러넌 헬프먼(Elhanan Helpman)[20] 등 저명한 경제경
영학자들을 배출했다. 특히 마이클 포터(하버드대학교 경영대학원 교수)는
경영전략론(the business strategy theory) 분야에 정통한 미국 경영학자로
서 국가의 산업경쟁력을 결정하는 요인(Porter's Five Forces Framework)
을 분석한 것으로 알려져 있다. 포터(1990)는 기업·국가의 경쟁우위를
산업분석, 외부경제의 산업집적상태(industrial cluster through external
economies), 정부의 자원배분에 관한 관리행위 및 기업·시장의 행태의
관점에서 분석했다. 미국 경영학자(컬럼비아대학교 경영대학원 교수)인 브
루스 코거트(Bruce Kogut)는 마이클 포터의 기업과 국가에 대한 구분과
의미를 국제경영(과정)의 관점에서 분석했는데, 글로벌화로 진전될수록
국제환경변화에 대응하고 국제무역에 따른 이득 증대를 위한 기업 자

---

18) 리처드 케이브스(1931년 11월 1일 출생, 2019년 11월 22일 사망)는 미국 경제
   학자로서 하버드대학교에서 박사과정을 거친 후 1962년 하버드대학교 경제학과
   교수(산업조직·국제무역)에 임용되었다. 리처드 케이브스는 '산업협력: 해외투
   자의 산업경제학'(1971), '다국적기업과 경제분석'(1982), '창작산업: 예술과 상
   업(거래)간의 계약'(2000) 등을 저술했다. 케이브스는 특히 하버드대학교에서
   기업경제학(Business Economics)의 박사과정 주임교수(1984~1997), 2003년
   퇴임 이후에는 하버드대학교 석좌교수를 역임했다.
19) 스테펀 하이머의 시장 진입장벽과 기업 특유자산에 관한 이론을 산업조직의 관
   점에서 구체화했는데, 이는 니커보커(1973)의 구조적인 시장실패에 관한 주장
   과 연계된다.
20) 엘러넌 헬프먼(하버드대학교 경영대학원 교수)은 미국(이스라엘계) 경제학자로
   서 국제무역이론의 전문가로 알려져 있다.

체의 투자행위(방법) 등 다차원 관점에서 다국적기업의 투자활동(경쟁우위)의 본질이 변화한다고 주장했다.

리처드 케이브스는 해외직접투자이론에 관한 대표적인 저술인 '다국적기업과 경제분석'(Multinational Enterprise and Economic Analysis, 1982)에서 다국적기업의 해외투자에 관하여 다양한 관점에서 분석했다. 케이브스(1982)는 거래비용이론과 내부화론을 근간으로 해외직접투자이론을 심화·확대 발전시켰다. 그 책은 총 10장(346쪽)으로 구성되어 있는데, 경제조직으로서의 다국적기업(1장, 1~30), 다국적기업과 국제경제활동의 모형(2장, 31~67), 다국적기업의 조직과 성장(3장, 68~93), 시장경쟁의 패턴(4장, 94~130), 소득 분배와 노동관계(5장, 131~159), 투자행위와 금융흐름(6장, 160~194), 기술과 생산성(7장, 195~225), 과세, 다국적기업의 행위 및 경제적 후생(8장, 226~251), 개발도상국에서의 다국적기업(9장, 252~278), 공공정책(10장, 279~299)에 관하여 분석하고 있다.[21] 리처드 케이브스에 따르면, 다국적기업을 2개 국가 이상에 소재하고 있는 산업생산설비(플랜트)를 통제하고 관리하는 기업으로 정의하고, 다국적기업은 경영관리 체계에서 최고 경영진의 직접적인 통제를 받는 기업과는 다르다고 설명했다. 즉, 다국적기업은 자체적으로 또 다른 기업의 자회사로서 통제받는다는 것이다. 영국 경제학자인 로널드 코스는 자원의 기업 내 관리(할당)와 기업 간 시장배분의 경계가 발생하는 이유에 대하여 고전적인 질문을 던졌다. 시장경제체제에서는 기업들은 기업 내 관리가능한 거래범위를 증대시켜 시장거래를 자유롭게 대체하려는 경향이 있다는 것이다.

---

21) 해외직접투자이론에 관한 광범위한 조사와 분석, 체계적인 실증분석(투자사례)의 관점에서 걸작으로 평가되지만, 주석과 참고문헌 등에서 특정 대학교(Harvard University) 논문과 학술지 기고내용을 중심으로 과도하게 편중된 관점과 견해를 인용했다는 점에서 균형적이고 보편적인 이론을 토대로 한 서술 등의 측면에서 아쉽다.

리처드 케이브스는 특히 다국적기업을 수평적인 통합형태(horizontally integrated), 수직적인 통합형태(vertically integrated) 및 다변화 형태(diversified MNE)의 3대 형태로 구분하면서 투자형태론(the theory of the entry modes of overseas investment)을 제기했다. 투자형태론에 따르면, 어떤 기업이 외국에서 자기 소유의 동일한 생산제품 시장에 진입할 때 수평적인 통합형태가 나타나지만, 다른 생산제품 시장으로 진입할 때 수직적인 통합형태가 발생한다는 것이다. 부연하면, 투자기업이 고유의 자산을 보유하는 경우 과점 또는 제품차별화에 따른 시장구조에서 수평적인 통합형태가 나타날 수 있다. 반면, 전략적인 불확실성, 시장 진입을 저해하는 장벽을 우회하기 위해서는 생산의 다른 단계를 통해 수직적인 통합형태가 나타난다는 것이다. 투자국의 모기업을 기준으로 투자대상국 자회사의 수평적인 통합형태는 산업·제품이 동일하지만 시장·국가는 상이한 경우이고, 수직적인 통합형태는 시장·국가는 동일하지만 산업·제품이 상이한 경우이며, 다변화 형태는 수평적인 통합과 수직적인 통합의 그 어디에도 속하지 않는 경우를 의미한다. 다국적기업의 수평적인 통합형태(시장상이·상품동일)22)는 국내 생산제품(단계)가 해외에서도 동일하게 재생산(복제)되기 때문에 수출 또는 투자의 결정이 일반적으로 동일하다. 그러나 다국적기업의 수직적인 통합형태(시장동일·상품상이)23)는 생산단계가 물리적으로 다른 국가에 분리되기 때문에 제휴기업(본지사) 간 거래를 통해 생산단계의 중간재(상품)가 다른 국가로 이전되는 형태가 수반된다는 것이다. 부연하면, 수평적인 통합형태

---

22) firms which produce the same goods and service in different locations (cross-hauling)

23) firms which geographically fragment the production process by stage (slicing up the value-added chain)

는 판매시장에 인접한 생산입지(proximity-concentration)에 적합한 투자형태로 해외직접투자 결정요인에서 생산비용보다는 무역비용이 중요하다. 따라서 수출과 투자(해외생산) 간 이윤극대화 선택대안(결정)의 문제는 대체관계의 관점에서 수출비용과 생산설비에 투입되는 (고정)투자비용과의 비교분석(cost-effective way)에 기인한다. 그러나 수직적인 통합형태는 비교우위론에 기반을 둔 국가 간 생산비용의 차이를 고려하여 생산과정에 소요되는 부품의 해외조달(아웃소싱) 비용에 대한 분석이 필요하다는 것이다. 수평적인 투자형태의 대안으로 해외에서 본사를 대신하여 생산하고 상품을 판매하는 라이선스 계약을 선택할 수 있고, 수직적인 투자형태의 대안으로 생산과정의 부품공급 계약을 체결할 수 있다. 투자형태론에 대하여, 윌리엄슨(1971)은 수평적인 통합형태가 무형자산의 시장을 내부화하는 것이라면, 수직적인 통합형태는 중간제품을 위한 시장을 내부화하는 것으로 비교했다. 그러나 스티글러(1951)는 산업이 발전되면, 수직적인 통합형태의 해체가 진행되고, 더욱더 분리된 생산과정으로 노동 분야의 확대로 인한 실질이득이 기업의 전문화를 통해 이루어질 수 있다고 주장했다.[24] UNCTAD(1998)는 해외직접투자패턴을 복합적인 투자집중전략(complex integration strategies)을 기준으로 수평적인 투자(horizontal FDI), 수직적인 투자(vertical FDI) 및 플랫폼 투자(platform FDI)로 구분하고 있다. 플랫폼 투자는 자회사 설립(인수)의 목적이 본사가 소재한 국가가 아닌 제3국에 대한 제품의 수출형태다. 예플(2003)은 복합적인 투자집중전략이

---

[24] 아담 스미스가 주장했던 노동 분야의 확대는 생산과정의 전문적인 설치(시설)의 지리적인 확산에 의해 결정되지만 전문적인 설치의 거래형태와는 관계가 없을 수도 있다고 분석했다.

투자대상국의 해외직접투자 수준과 특성, 주변국 투자정책과의 관계에 의해 결정된다고 분석했다. 즉, 복합적인 투자집중전략의 본질은 투자대상국과 주변국의 보완관계 또는 대체관계에 따라 영향을 받는다는 것이다. 투자대상국에서 다국적기업의 투자활동이 확대(축소)로 주변국에서도 확대(축소)된다면 지역 간 보완관계이지만, 다국적기업의 투자활동이 상호 다른 형태로 나타나면 지역 간 대체관계라는 것이다.

일반적으로 해외직접투자의 결정요인(동기유형)은 시장접근(market access), 다른 기업의 진입을 억제하기 위한 전략적인 고려(strategic considerations), 생산원가 절감 또는 자원개발 등 원료(입지) 확보를 위한 효율성추구(efficiency seeking behavior) 등으로 분류된다. 시장접근 투자유형은 다국적기업이 최종 판매제품을 보유하고 있지만 시장의 진출 장벽을 극복하기 위한 목적으로 관세, 운송비용, 관리 등의 수출장벽을 우회하기 위해 해외 제휴기업을 설립하게 된다는 것이다. 전략적인 고려 유형의 투자는 전략적인 진입의 실행가능성에 관한 산업조직의 표준적인 문제(이슈)로 외국기업이라는 사실만 제외하면 국내기업과 동일하게 적용된다. 효율성추구 투자행위는 본질적으로 자유롭고 특정 입지에 특화된 투자로서 투자대상국에 대하여 상품과 서비스의 수출과 수입이 동시에 유발될 수 있다는 것이다. 그런데, 수평적인 통합형태는 해외직접투자의 결정요인에 모두 해당될 수 있지만, 수직적인 통합형태는 요소부존론과 무역비용(운송비용) 등에 따른 투자보다는 효율성추구를 위한 투자가 주된 투자목적이라는 것이다.

케이브스(1982)는 자본의 차익거래자로서 다국적기업에 관한 이론이 체계화되지 않있고, 자본재정거래가설(the capital-arbitrage hypothesis)에 대한 실증적인 검증에 의문을 제기했으며, 하이머(1960)에 의해 제기된 우위요소론의 실증분석을 신뢰하지 않았다. 스테펀 하이머는 다국적기업의 행위에서 투자패턴과 자본차익거래가설은 양립할 수 없다고 주장했다. 부연하면, 자본재정거래가설의 설명근거는 미국의 자본 유출입의 패턴에서 장기적으로 해외간접투자의 순유입이 아니라 해외직접투자의 순수출 현상이 나타났고, 투자유치국(영국)에 투자한 다국적기업의 자회사에 대한 국외(본국) 통제를 가정했으며, 해외직접투자가 순전히 자본의 차익거래로 이루어진다면 대형 금융기관이 주요 참여자로 개입할 수 있다는 명제를 예시했다. 스테펀 하이머의 미시경제학적인 접근방식에 의하면, 다국적기업의 전형적인 산업(분포)에서 특정 제품시장에서 비교우위(조건)는 해외직접투자의 패턴에 영향을 미치기 때문에 다국적기업은 이윤을 제고하기 위해 해외에 진출한다는 것이다. 그러나 다국적기업의 해외직접투자의 결정요인에서 자본의 한계생산물(가치)의 국가 간 차이가 경험적으로 명확하게 일치하지 않는다. 하이머(1960)와 킨들버거(1969)는 다국적기업의 투자패턴은 산업의 (완전경쟁)조직과 논리적으로 양립할 수 없다고 주장했다. 허프바우어(1975)에 따르면, 해외투자는 자본비용의 차이뿐만 이니라 수요탄력성과 생산함수의 매개변수에 의해서도 결정된다고 주장했다. 그러나 케이브스(1982)는 자본재정거래가설과 금융자산가격결정이론(the theory of financial-asset pricing)을 구분하면서 국제자본시장이론(the theory of international capital markets)을 주장했다. 리처드 케이브스에 따르면, 자본재정거래가설은 다국적기업이 글로벌 자본시장에서 최저 자본비용(금리) 수준으로 차입하고 예상수익이 최고 수준으로 기대하는 투자형태를 의미하고, 금융자산가격결정이론은 위험회피 성향의 (완전경쟁)자본시장에서 기업 간 금융자산(부채관계 포함)의 가격결정에 관한 이론이다. 자본·자산가격결정모형(the capital-asset pricing model)은 불확실한 미래소득의 금융자산에 대한 요구조건(권리)으로 위험회피 금융투자자가 순수한 경쟁자로서 시장가격 설정의 방법을 설명하고 있다. 자본·자산가격결정모형은 자본시장에서 특정 증권(소유권에 대한 소득 불확실성)에 대한 금융자산의 투자수익률(financial rate of return)은 투자위험이 없는 금융자산(단기정부채권)의 수익률(risk-free rate of return)을 기준으로 위험요율(리스크 프리미엄)을 추가한 값과 동일하다고 정의했다. 위험요율은 금융자산과 시장포트폴리오(증권투자의 총합)의 공분산 또는 상관관계에 의해 결정된다.

케이브스는 또한, 국제경제학에서 규정한 생산입지(지역)의 관점에서 다국적기업의 거래모형(the transactional model)을 설명했다. 부연하면, 수출(관세)과 해외투자(수평적인 투자형태)의 대체모형에서는 (기업 간)제휴를 통한 거래가 수출과 해외투자의 대체관계를 약화시킨다는 분석이다. 적극적으로 표현하지 않았지만, 케이브스는 수출과 해외투자의 보완관계가 존재할 수 있다는 점을 제기한 것이다. 해외시장에서 수출과 해외투자 간 선택대안(방법)이 나타날 수 있는데, 수출·해외투자와 관련하여 기업의 무형자산이 기술 라이선스의 결정요인이 될 수 있다. 케이브스(1982)는 다국적기업의 내부구조는 자체적인 거래모형의 논리적인 확장으로 설명된다고 주장했다. 더욱더 중요한 사실은 해외투자정책을 위해 다국적기업의 효율적인 관리(운용)와 내부적인 의사결정의 실행을 얼마나 잘 평가하느냐 하는 점이다. 그 평가는 기업의 외부자극에 대한 대응방법을 예측하는 데도 필요한 것이다. 경험적인 관찰에 의하면, 합리적인 관점에서 지출비용보다는 지속저인 해외시장 조사가 기본적인 문제해결을 위한 효율적인 방법이 될 수 있다. 다국적 기업의 시장여건과 내부조직과의 관계에 관하여 경제적으로 중요한 사실은 미시경제적인 관점의 세부사항이 아니라 거시경제적인 관점에서 경제적인 현상(발생과정·형태)이라고 리처드 케이브스는 강조했다. 그러나 버클리·피어스(1979)는 세계 최대 제조기업의 수출과 국외 자회사의 매출(산업비교)에 대하여 실증분석하면서 해외투자에 소극적이라도 수출에 적극적인 기업에서 규모의 경제(효과)가 더 분명하게 나타나며, 연구개발 역량수준은 수출과 해외투자에 모두 긍정적인 효과를 가져다 준다고 주장했다. 버클리·피어스가 관찰한 분석내용은 호스트(1971)의 이론적인 발견에 동조하는 견해로서, 규모의 경제는 다국적기업의 생산을 국내(본국)보다는 해외시장에 의존하는 경향이 있다는 것이다.

[3] 절충적체계론

영국 경제학자인 존 더닝(John Dunning)은 절충적체계론(the eclectic theory, OLI paradigm)을 제기했는데, 존 더닝은 해외직접투자의 근거, 본질과 방향성(rational, nature and direction)을 설명하는 데 중요한 입지우위요소(location-specific advantages)를 주장했다. 입지우위요소는 스테펀 하이머가 제기한 우위요소론에 근거한 해외직접투자이론으로 기업 특유의 소유자산과 역량을 결합하여 특정 생산입지(해외)에 보유 자산(resource endowments and assets)을 투자한다는 것이다. 절충적체계론은 우위요소론 이외에도 기업이 특유의 역량과 노하우가 라이선스로 보호받기가 어렵다는 내부화론도 받아들었다. 국제경영학의 권위 있는 학술지인 국제경영연구(journal of International Business Studies)에서 다국적기업의 해외직접투자에 관한 이론을 정립한 존 더닝 (1927~2009)[25]을 국제경영학의 아버지(father of the field of international business)로 논평했다. 그러나 존 더닝은 스테펀 하이머의 기업 특유의 우위요소를 채택하여 절충적체계론[26]을 제기했기 때문에 국제경영학의 분야에서 존 더닝보다는 스테펀 하이머가 개척자라고 할 수 있다. 절충적체계론에 따르면, 국제경영(해외생산)은 해외직접투자에 의해 투자자금(금융)이 조달되고, 다국적기업에 의해 투자활동이 추진되는 것으로 정의된다. 존 더닝은 다국적기업에 관한 이론적인 연구와 실증분석을 위해 마크 카슨, 피터 버클리 등 해외투자이론의 전문학자들을 옥스퍼드대학교의 리딩대학에 초빙했다.[27] 존 더닝의 절충적체계론을 집

---

25) 존 더닝(1927년 6월 26일 출생, 2009년 1월 29일 사망)은 '국제투자에 관한 연구'(1970), '경제분석과 다국적기업'(1974), '무역, 경제활동의 생산입지와 다국적기업: 절충적 접근을 위한 조사'(1977), '국제생산의 절충적 이론에 관하여'(1980), '국제생산과 다국적기업'(1981), '무역, 입지와 경제활동'(1988), '다국적기업, 기술과 경쟁력'(1988), '기업의 글로벌화와 국가의 경쟁력'(1990), '다국적기업과 글로벌 경제'(1992), '경영의 글로벌화'(1993), '정부, 글로벌화와 국제경영'(1997), '생산입지와 다국적기업'(1998), '글로벌화, 무역과 해외직접투자'(1998), '글로벌화와 해외직접투자의 새로운 지리'(1998), '해외직접투자 생산입지와 경쟁력'(2021) 등 다수의 저서를 발간했다.

26) OLI paradigm (ownership-location-internalization)

27) 존 더닝은 런던대학(College London) 출신으로 1953년부터 미국 기업의 영국에 대한 투자를 연구하기 시작하여 영국의 경제실적에 미치는 영향을 분석한 '영국 제조업에 대한 미국 투자'(1958)를 출간했다. 1964년에는 옥스퍼드대학교의 리딩대학(University of Reading) 경제학과 석좌교수로 임용된 존 더닝은 1977년에 저술한 '무역, 경제활동의 생산입지와 다국적기업: 절충적인 접근을 위한 조사'에서 절충적체계론을 제기하는 등 옥스퍼드대학교의 리딩대학 국제경영대학원(the Reading School of International Business)이 절충적체계론을 근간으로 다국적기업에 관한 연구의 본산으로 부상했다. 존 더닝은 미국(뉴저지)의 러트거스대학교(Rutgers University)의 퀸스대학 교수로 자리를 옮겨 러트거스대학교의 퀸스대학 국제경영학 박사과정 프로그램을 신설했다. 존 더닝은 또

대성한 '경영의 글로벌화'(The Globalization of Business, 1993)에 수록된 내용은 (1) 국제경영의 교육과 연구를 위한 도전, (2) 다국적기업과 다국적기업의 (투자)활동 이론에 대한 도전, (3) 다국적기업의 투자패턴에 대한 도전, (4) 정부와 지방정부의 정책에 대한 도전 등 총 15장(403쪽)으로 구성되어 있다. 더닝(1958)은 미국 제조기업의 영국 투자사례를 연구하면서 기업의 해외투자의 결정요인에 관한 흥미로운 사실을 발견했다. 존 더닝에 따르면, 미국 기업이 영국으로부터 투자재원을 조달한 영국 자회사에 대한 경영(통제)권을 포기하는 경향이 있다는 것이다. 그러나 이런 경향은 기업의 경영에 지분투자로 참여하여 해외 자회사에 대한 통제권을 모기업(투자기업)이 소유할 수 있다는 일반적인 견해(규칙)에서는 예외적인 사례에 불과하다. 특히 모기업과 자회사 간의 생산구조가 유사할수록 모기업의 통제권이 더 강해지지만, 현지적응에 대한 필요성이 증가할수록 그 통제권은 오히려 약화될 수 있다는 점을 존 더닝은 주장한 것이다. 해외투자의 국제적인 분포(통계자료분석)에 관하여, 케이브스(1980)는 해외투자의 산업범위가 국제경영(법인설립)의 규모와 생산 수준과는 독립적이라고 주장했으나, 더닝(1980)은 해외시장에서 미국 기업의 매출비중이 높을수록 해외시장의 규모가 확대된다고 주장했다. 더닝(1981)은 1인당 해외투자의 총유출입 규모가 1인당 국민소득을 기준으로 국가간 얼마나 다르게 나타나는지를 설명했다. 부연하면, 해외투자의 총유출 규모는 고소득국(HIC)일수록 크며, 소득수준이 낮을수록 급격히 감소하는 현상이 나타난다는 것이다. 반면, 해

한, 국제경영학회(Academy of International Business) 회장으로서 기업지배구조, 다국적기업의 윤리 등에 관한 논문을 기고했으며, 유럽국제경영학회(European International Business Academy)도 창설했다.

외투자의 총유입 규모는 1인당 소득수준과 비례하여 감소하지만 총유출과 비교해서는 빠르게 감소하지 않은 현상을 발견했다. 그 결과, 소득수준이 높은 국가에서는 해외투자의 순유출 현상이 나타나며, 중소득국(MIC)에서는 해외투자의 순유출 현상이 최고 수준에 달한다는 것이다.

절충적체계론에 따르면, 특정시점(t)에서 다국적기업의 해외생산(foreign product: FP$_t$)28)의 수준과 구성은 〈그림 11〉의 절충적체계론의 구성체계에서 (1) 기업 특유의 우위요소(ownership specific advantages), (2) 그 우위요소가 창출되고 습득되고 활용되는 국가에서 생산입지의 우위요소(locational advantages), (3) 국내와 투자대상국 간 기업 특유의 우위요소를 위한 기업의 시장내부화 기회의 수준과 구조, 즉 내부화 우위요소(internalization advantages)에 의해 결정된다는 것이다. 부연하면, 절충적체계론은 다국적기업에 의해 소유되고 통제되는 해외자산의 축적(양)은 기업 특유의 우위요소(우위요소론 및 경쟁우위론), 생산입지의 우위요소(생산입지론 및 지역경제론), 내부화 우위요소(내부화론 및 투자형태론)에 의해 결정된다는 것이다. 해외시장의 진입형태(수출 포함)에서 기업 특유의 우위요소29)는 다국적기업의 소유권의 범위와 본질에 따른 경쟁우위이며, 특허권 등 무형자산의 우위, 기업 지배구조의 우위 등이 해당된다. 기업 특유의 우위요소는 제품 또는 생산과정에서 특허 또는 특수한 생산방법의 측면에서 해외시장의 지배적인 이점을 향유하는 기

---

28) $FP_t = (f) \ OLI_{t-1}$, where (f) represents the strategic response of the firm

29) 차선이론(the economics of the second−best)을 주창한 캐나다 경제학자인 리처드 립시(Richard Lipsey)는 기업 특유의 우위요소는 문화적인 경쟁우위, 또는 국가(국민)의 문화 또는 태도의 비교우위를 의미한다고 설명했다.

업들에게 필요한 조건이다. 예를 들면, 기업 특유의 우위요소는 기업의 규모(시장규모, 합병에 대한 태도), 기술과 상표권(혁신에 대한 정부지원), 관리·조직 시스템(관리자의 확충과 교육수준), 역량발휘에 대한 접근성, 합작생산의 경제성, 시장과 지식에 대한 접근성, 리스크 다변화 등에 대한 국제경영의 기회 등을 그 대상으로 한다. 따라서 절충적체계론에서 가장 기본적인 변수인 소유권의 이점은 시장실패(시장 불완전성)에 따른 구조적인 관점에서 기업의 자원(자산) 구조로부터 발생하는 지식재산권 등의 무형자산의 이점과 다국적성에 의해 창출된 시너지효과에 따른 거래비용도 고려된다. 기업 특유의 우위요소는 다국적기업의 동태적인 능력과 관리역량으로 조직된 기업지배구조 시스템과 연계된다. 존 더닝이 독자적으로 주창한 생산입지의 우위요소(생산입지론)는 투자대상국에 의해 제공된 시장과 자원과 연계된 입지의 범위와 본질에 따른 다국적기업의 부가가치 창출·증대와 연계된 경쟁우위를 의미한다. 생산입지의 우위요소는 투자국(본국)에서 생산을 집중하기보다는 관세회피 또는 저임금 노동고용을 위해 해외에 생산설비(플랜트)를 이전하려는 투자유인(규모의 경제효과)을 고려한 필요조건이다. 예를 들면, 생산입지의 우위요소에서는 생산투입의 배분과 (노동)시장(규모·성장률), 노동·자재·운송비용, 정부의 개입과 정책(해외직접투자에 대한 태도·정책), 인프라스트럭처(법적·상업적 분야), 언어, 문화 및 관습(심리적인 거리), 산업화(정도), 기존 해외직접투자 유입실적, 투자정보 등을 포함한다. 생산입지의 우위요소는 기업(주주 포함)의 부가가치과정을 통제하는 제도적인 자산(institutional assets)으로서 전략, 경제적인 효율성, 성장, 사회적인 행복(구조) 등과 연계된다. 생산입지의 우위요소는 기업집단(클러스터)의 노하우가 사회적인 자본(social capital)으로 불리는 가치를 교환하고 창출하는 메커니즘이라고 할 수 있다.30) 내부화 우위요소는 다국적성 그 자체로 인한 시장우위에 대한 범위가 직접적으로 시장화되는 것보다는 다국적기업 그 자체에 의해 내부화되면서 나타나는 경쟁우위를 의미한다. 내부화 우위요소는 외국기업에 제품 또는 생산과정을 판매(라이선스 포함)하기보다는 내부적으로 기업 자체(in-house)의 소유권의 이점을 활용하여 공급 또는 서비스품질을 확보하려는 투자이유(소비의 관점)가 존재한 기업들에게 필요한 조건이다. 예를 들면, 시장불완전성을 극복하기 위한 내부화 우위요소는 조사, 협상 및 모니터링 비용의 축소, 재산권 실행비용의 회피, 가격 차별화 관여, 생산제품의 보호, 관세 회피 등을 활용하는 것이다. 특히 내부화 우위요소는 교육의 수준과 시장 규모가 지식기반의 기업 특유의 우위요소가 작동될 수 있는 가능성을 증가시킬 수 있다. 내부화 우위요소는 시장진입모형에 의해 설명되는 현지기업(기관 포함)에 대한 소유권 또는 통제의 정도를 의미하며, 소유권 또는 통제의 정도가 최저 수준인 라이선스가 해외시장의 외부화(externalization)라고 한다면, 합작투자 또는 단독소유 자회사는 해외시장의 내부화(internalization)라고 할 수 있다. 그러나 내부화의 정도는 불확실한 거시경제의 환경 속에서 비용편익분석에 의존하는 경향이 있다. 요컨대, 해외직접투자의 형태를 기준으로 기업 특유의 우위요소는 특수한 요인(기업의 관점)에 따른 투자이고, 생산입지 우위요소는 자원개발 또는 시장의 이점(국가·지역의 관점)을 활용한 투자이며, 내부화 우위요소는 거래비용 감소 또는 통제(권) 강화를 위한 수직적인 통합형태의 투자로 나타날 수 있다는 것이다.

---

30) 존 더닝의 생산입지에 대한 고찰(생산입지론)은 국제경제학자인 폴 크루그먼과 더불어 경제지리학(geographical economics)의 영역에 포함될 수 있다.

그림 11 절충적체계론의 구성체계

기업 특유의 우위요소 (ownership specific advantages)	생산입지의 우위요소 (locational advantages)	내부화 우위요소 (internalization advantages)
우위요소론(하이머)	생산입지론(더닝)	내부화론(버클리·카슨)
경쟁우위론(포터)	지역경제론(크루그먼)	투자형태론(케이브스)

　　더닝(1988)은 해외생산이론(절충적체계론)과 국제무역이론(요소부존론)을 비교분석했다. 국제무역이론에서는 모든 상품은 국가간 독립적인 수요자와 공급자 간에 교환된다고 암묵적으로 가정하지만, 해외생산이론은 중간재(제품)가 동일한 기업 내에서 이전(거래)된다는 것을 명시적으로 가정하고 있다고 존 더닝은 주장했다. 시장실패가 국제적으로 발생하지 않는다면, 해외생산의 존재이유는 없다는 것이다. 그러나 시장실패가 존재한다면, 요소부존의 국제적인 배분(구성배치)에 근거한 일반적인 패러다임으로서 국제무역과 해외생산의 설명근거가 있다고 할 수 있다. 국제경영의 글로벌화를 위한 전략적인 경영이론(the strategic management literature)에서 존 더닝은 절충적체계론의 중점내용(차이)을 변수, 특성, 기간 및 접근방식의 관점에서 분류했다. 절충적체계론은 해외생산을 위해 기업의 전략적인 행위에 내한 영향분석보나는 해외생산의 수준과 패턴(또는 변화)에 영향을 미치는 가장 중요한 변수를 선정(정의)하고 평가하고 있다. 전략변수는 해외투자기업의 부가가치활동에 영향을 미치는 직접적인 변수(요인)로 정의된다. 특히, 전략 그 자체(strategy perse)는 해외생산의 설명변수인데, 불완전경쟁시장에서 기업의 경영선택(결정)이 특정 이슈에 대해서만 작동된다면, 시장실패가 나

타날 수 있다. 시장실패는 시장왜곡으로 인해 시장참여자의 행위에 대하여 영향을 미치는 구조적인 요인(structural factors)과 시장의 불능(무능)으로 인해 시장의 특정 요구(임무)를 충족할 수 없는 본질적인 요인(endemic factors)으로 구분된다. 더닝(1988)의 전략변수에 관한 가설은 (자발적)유도변수(strategy induced variables)와 유발변수(strategy initiating variables)로 구분된다. 유도변수로서 투자전략의 관점에서는 자원의 운용 측면에서 검증 가능한 설명(변수)가 시장확보(market seeking), 비용최소화(cost−minimizing) 또는 자산확보(asset acquiring) 투자전략과는 다른 변수의 조합에 의존한다. 반면, 유발변수 전략은 해외생산에 대한 수준과 패턴에 대한 직접적인 효과를 나타낸다는 것이다. 해외생산의 유형을 분류(특정화)하기 위해 기능적으로 검증 가능한 해외생산이론에 관하여, 존 더닝은 상표 없는 제품(generic product), 혁신 또는 마케팅 전략과는 다른 관점에서 투자기업의 전략을 자원개발, 시장확보, 비용최소화 및 자산확보를 위한 투자로 구분했다. 따라서 절충적체계론에서는 생산제품, 원산지·도착지(국가), 기업 특유요소를 특별히 유의적인 변수로 고려한 것이다. 케이브스(1980)는 전략적인 그룹과 이동장벽의 개념이 전통적인 구조·행위·성과 패러다임(structure−conduct−performance paradigm)[31]에 부가할 수 있는 동태적인 독립전략변수로 작용할 수 있다고 주장했다. 실용적인 관점에서 특정의 전략변수를 절충적체계론의 동태적인 독립변수로 설정한 것은 기업의 해외 부가가치 투자활동을 설명하는 데 적용된다. 부연하면, 절충적체계론의 확장된 체계(extended

---

31) 구조·행위·성과체계는 1933년 에드워드 챔벌린과 조앤 로빈슨이 주장한 이론으로 시장환경이 시장구조에 단기간에 걸쳐 직접적으로 영향을 미치고, 시장구조가 기업의 경제행위와 시장에서의 성과에 직접적인 영향을 미친다는 산업조직론의 한 모형이다.

version of the eclectic theory)에는 기술·혁신, 제품, 외부차용, 생산, 인적지원관리, 마케팅·배분, 조직, 금융·회계, 소유권, 입지문제 등이 포함된다. 반면, 기업의 투자행위에 영향을 미치는 간접적인 변수를 기업 특유의 변수로 존 더닝은 추가정의하면서 리스크 인수자로서 의사결정 태도, 기업수익의 시간경로, 혁신, 연혁, 시장분할, 투자목적(장기) 등이 기업 특유의 내생변수로 설정했으며, 법인소득세, 연구개발 보조금, 훈련(교육) 지원, 관련 산업의 존재여부, 수요패턴 등을 외생변수로 고려했다. 특성(characteristics)의 관점에서는 해외생산을 결정하는 기업 특유한 특성의 중요성을 절충적체계론도 인정하지만, 절충적체계론은 국가(지역)와 산업(경제활동의 분야)에 대한 특성에 보다 중점을 두고 있다. 부연하면, 변수와 관련된 전략이 기업 분석가의 주요 관심대상이지만, 경제학자의 관점에서는 설명할 수 없는 변수(unexplained/unexplainable variables)도 존재한다. 기간(term)의 관점에서는 다국적기업이 투자활동이 국제적인 배분에 대한 특정 시점 또는 기간 부서에서 절충적체계론은 일반적으로 (비교적)정태적인 조건에 속한다. 접근방식(position)에서는 절충적체계론이 경쟁적인 지위를 유지하거나 확보하기 위해 기존 기업 특유의 우위요소보다는 기업의 인수·합병을 통한 해외투자(방식)를 활용한다는 것이다. 절충적체계론과 내부화론에 관하여, 웁살라모형(Upsalla Model)32)은 내부화론(모델)은 경제성장의 일정한 패턴으로 인식했다. 웁살라모형에 따르면, 해외직접투자의 생산입지 패턴은 심리적인 거리(psychic distance)에 의해 결정된다는 것이다. 심리적인 거리(이론)는 국제경영과 관련된 리스크와 불확실성 인식, 해외

---

32) 스웨덴 경제학자들에 제시된 웁살라모형은 인지된 리스크와 불확실성의 중요성과 정보부족을 가정한 행위이론(behavioral theories)에 기반을 두고 있다.

네트워크 접근에 따른 경영여건에 대한 적절한 정보를 내부화하고 확보하는 비용으로 정의된다.

전략적 제휴의 가치와 관련하여, 글로벌 비즈니스, 국가 간 조직 네트워크의 발전, 핵심기술(시스템)의 출현 등의 변수가 기업 특유의 우위요소, 생산입지의 우위요소 및 내부화 우위요소를 창출하고 제고(또는 유지)하는 방식에 영향을 미친다고 더닝(1993)은 주장했다. 존 더닝은 기업에 의한 해외시장에 대한 진입방식(유형)의 선택(대안)은 전략변수(strategic related variables), 환경변수(environmentally related variables) 및 거래변수(transaction related variables)에 따른 것이라고 분석했다. 더닝(1993)은 전략적 기업제휴를 통해 창출된 기술의 유입과 유출 현상은 국가, 산업(분야)과 기업에 걸쳐 다양하고, 전략적 기업제휴는 해외직접투자의 대안(대체관계)뿐만 아니라 조직 구성형태를 위한 보완관계의 역할을 한다는 것이다. 그 보완적인 역할은 국가와 기업의 특수한 경쟁우위(소유권·이점)를 확보하고 유지하면서 제고하는 데 필요한 것이다. 연구개발의 협력관계(벤처)는 국제적인 기준에서 제시되고 공유되고 향상된 기술 분야에서 복잡한 조직네트워크에 속하며, 전략적 제휴는 경제이론으로 통합되면서 기업활동뿐만 아니라 산업과 기업 교류의 국제화체계 내에서 중요시되고 있다. 다국적기업의 전략적인 상호작용에 대한 니커보커(1973)와 그래햄(1974) 연구를 기반으로 한 더닝(1970)의 절충적체계론은 국제경영학의 중요한 분야로 분리되었다. 특히 국가와 다국적기업의 투자활동의 비교우위에 관하여, 더닝(1990)은 해외 부가가치 투자활동을 다국적기업에 의해 통제되거나 해외직접투자금융(자금조달)에 의한 생산으로 정의하고 있다. 그러나 슘페터적인 접근방식(Schumpeterian approach)에 의한 포터(1990)의 경쟁우위모형(다이아몬드모형)에 따르면, 국가 경쟁우위의 강도, 구성과 지속성은 선도적인 경쟁자(국가)와 비교하여 그 국가 제품의 가치와 경제성장률로 나타닌다는 것이다. 부연하면, 포터의 경쟁우위모형의 구조는 4대 속성의 상호작용, 범위와 특징(질적인 수준)의 조합이라는 것이다. 포터의 경쟁우위모형의 4대 속성은 (1) 국내 소비자에 의한 상품과 서비스에 대한 수요의 양과 질, (2) 자원의 수준과 구성 및 창출된 요소의 생산능력, (3) 부(재산) 창출(생산) 기관의 국내 경쟁상태(기업 간 경쟁의 본질과 범위), (4) 기업의 투자활동과 연계된 기업집단(클러스터)의 지리(공간)적인 분류에 따른 집적 또는 외부 경제의 효과(편익의 범위)로 분류된다. 절충적체계론에 따르면, 특정 국가의 경제성장(호황)은 그 국가의 요소부존량(factor endowments), 시장(규모), 경제시스템과 정부에 의해 추진되는 경제사회적인 정책에 의해 영향을 받는다고 분석하고 있다. 특히 포터의 경쟁우위모형에 영향을 미치는 다국적기업의 투자활동을 존 더닝은 부가적인 외생변수로 설정하고 있다. 부가적인 외생변수는 수요 여건, 자원과 요소생산(factor creation)의 수준과 구조, 연계 산업의 기업집단과 집적 경제의 효과를 의미한다. 부연하면, 국가간 경영활동(다국적기업의 투자활동)의 차별화된 특성이 그 국가의 경쟁력에 미치는 영향은 3대 유의적 변수에 의해 달려있다는 것이다. 3대 유의적 변수에는 (1) 다국적기업의 본질(시장확보/자원효율(비용최소화)/전략자산 추구형), (2) 국가 경쟁우위의 범위와 구조, (3) 정부에 의해 제공되는 경제정책(구조·효율성)이 필수적인 전제조건(sin qua non)으로 예시되었다.

서비스산업의 초국가기업(다국적기업) 투자활동과 관련하여, 더닝(1993)은 해외시장에서 서비스기반 기업의 해외투자 경쟁우위(the OLI Advantages of Service-based Firms)를 절충적체계론의 관점(조직형태 기준)에서 재분류했다. 기업 특유의 우위요소는 (1) 품질 지속성, 평판 및 제품 차별화, (2) 범위의 경제(효과), (3) 규모와 전문화에 따른 경제(효과), (4) 효과적인 생산(공정)과 정보전달에 대한 접근성, 통제 및 능력(가능성), (5) 시장에 대한 투입원료에 대한 우호적인 접근성의 측면에서 나타날 수 있다는 것이다. 실제로 다국적화(다국적성)의 정도에 비례하여 나타나는 다국적 서비스의 지속적인 경쟁우위에서 금융 컨소시엄의 대표적인 사례는 1973년에 설립된 국제은행간통신협회(SWIFT)라고 할 수 있다. 국제은행간통신협회는 공공 데이터 네트워크의 확대와 금융기관을 위한 국제 자금결제 시스템의 역할을 담당하고 있다. 투자국의 입지경쟁우위(location for configuration advantages)의 관점에서 서비스의 해외생산에 관하여 UN다국적기업위원회(1988)가 특별히 선정한 변수(요소)는 (1) 상품 또는 노동에 체화되거나 자체의 소유권에서 거래될 수 있는 서비스33)의 범위, (2) 서비스 입지와 관련된 투자유치국(투자대상국)의 규제(여건) 등으로 구분된다.

---

33) in fact, location bound, i.e. immovable across space

리스크는 본질적으로 미래 결과에 대한 불확실성에 의해 잠재되어 있는데, 적합한 결정권자에 의한 반응을 합리화하기 위해 충분히 유의적인, 그리고 전략적인 목적달성 또는 성과지표에 부정적인 영향을 미치는 예기치 않은 사건 또는 행위변화의 가능성과 연계된다. 전통적인 분석방법에 의한 기업성과에 대한 경험적인 통계자료 분석(longitudinal studies)에서 리스크와 수익은 (＋)관계보다는 (－)상충관계가 나타나며, 금융, 전략적인 또는 조직적인 투자의 과정과 결정의 관점에서 투자오류를 최소화해야 한다. 예를 들면, 프로젝트투자에서 발생할 수 있는 대표적인 투자오류는 잠재적으로 좋은 프로젝트지만 채택되지 않은 1유형의 오류(Type I error), 나쁜 프로젝트이지만 채택된 2유형의 오류(Type II error) 등으로 구분된다. 1유형의 오류는 의사결정 과정에서 일반적으로 실패하지 않으려는 편견(anti－failure/obsessive bias) 현상을 유발하면서 경쟁우위의 관점에서 기회비용이 나타나며, 2유형은 부작용의 폐해나 부정적인 결과가 초래되는 경향이 있다.

리스크 형태와 수준의 관점에서 투자리스크(investment risk)는 글로벌리스크(global risk), 기업리스크(enterprise risk), 산업리스크(industry risk), 국가리스크(country risk) 등을 포괄하는 리스크 조합(matrix)이다. 글로벌리스크는 정치·경제·사회 리스크, 기술적인 리스크와 자연적인 리스크를 포함하며, 기업리스크는 경영과 금융 행위에 따른 리스크로 분류된다. 흔히 다보스포럼으로 알려진 세계경제포럼(WEF)에서는 글로벌리스크를 경제적, 환경적, 지정학적, 사회적, 기술적 리스크 등으로 분류하고 있다. 경영리스크는 노동, 투입(공급)과 생산에 따른 리스크를 의미하며, 금융리스크는 유동성과 신용 위험을 포괄한다. 산업리스크는 예기치 않은 산업여건의 변화로 인해 중요한 성과지표(또는 전략적 목표)에 대하여 잠재적으로 부정적인 영향을 미치는 요인으로 정의된다. 산업리스크에는 품질, 투입·제품시장, 경쟁·기술·규제에 따른 리스크 등이 포함된다. 기업리스크와 국가리스크의 본질에 관하여 분석한 화이트·환(2006)에 따르면, 기업리스크(프로젝트리스크 포함)는 기업에 대한 내부적이고 특수한 행위의 변화와 예기치 않은 사건으로부터 발생한 리스크를 의미하며, 기업의 중요한 성과지표에 대하여 잠재적으로 부정적인 영향(효과)을 미친다는 것이다. 따라서 리스크 관리와 통제가 기업리스크의 핵심적인 요체(be-and-end-all)이고 기업의 결정적인 경쟁요인이다. 실제로 합리적인 의사결정을 위해 리스크관리가 중요하며, 민감도테스트(sensitivity tests) 등으로 기업경영에 영향을 미치는 다양한 시나리오에 대한 영향분석이 필요하다. 리스크관리에 대한 일반적인 대응전략은 회피, 보유, 관리, 완화 등으로 나타나는데, 기업경영 여건의 불확실성에 대한 자생적인 반응은 회피, 통제, 협력, 모방, 유연성 등으로 나타난다.

해외투자에 따른 리스크관리는 국제금융시장(외환시장)의 불안정성에 대비하기 위한 필요조건이다. 외환시장의 환율변동과 자본유출 등으로 국제금융시장의 불안정성(현상)은 국제경제와 해외투자의 실질적인 위협요인이 되고 있다. 국제금융시장의 불안정성에 따른 리스크관리를 위해 선진경제권(11개국 중앙은행)은 1974년 스위스(바젤)에서 바젤위원회(Basel Committee)를 결성했다. 바젤위원회는 국제결제은행(BIS)이 위치한 지명(바젤)에서 유래한 국제금융기구로 금융 안정성을 위해 금융기관에 대한 규정, 감독 및 통제 업무를 담당한다. 바젤위원회는 다국적금융기관(자회사)을 감독하기 위해 투자국과 투자대상국의 책임분담과 정보공유에 관한 협정(the Concordat)[1]을 1975년에 합의했으며, 1988년에는 자본적합비율(leverage ratio of capital)과 자본측정시스템에 대한 가이드라인(Basel I framework)이 채택되었다. 2004년의 가이드라인 변경(Basel II framework) 이후 글로벌 금융위기로 인해 바젤위원회는 국제통화기금과 공동으로 규제표준의 최적관행(the Best Practice Regulatory Standards)을 기준으로 금융 감독을 위한 핵심원칙(the Core Principles for Effective Banking Supervision)을 제정했다. 바젤위원회는 추가적인 가이드라인 변경(Basel III framework) 합의(2010)로 선물환거래(계약)을 포함한 외화자산(total risk exposure, including off-balance)에 대한 자본적합비율을 규정하고 있다. 국제금융시장의 불안정성에 따른 위협요인과 잠재된 경제위기에 대응하기 위해 리스크관리 체계의 구축이 필요하다. 글로벌 금융위기(2008~2009)가 발생하면서 미국 의회는 도드·프랭크법(Dodd-Frank Act)을 2010년에 의결했는데, 도드·프랭크법은 금융시스템에서 중요한 투자은행과 보험회사에 대한 정부의 통

---

1) Terms by W. Cooke of the Bank of England, then chair of the Basel Committee

제권한 강화, 금융기관의 인수허용 등 금융시스템에 관한 개혁내용을 담고 있다. 도드·프랭크법 제정의 근본취지는 경제위기의 체계적인 대비와 해결을 위해 최종대부자(lender of the last resort) 역할을 하는 국제금융기구에 대한 의존도를 완화하고, 대마불사(too big to fail)에 따른 도덕적 해이 문제를 제거하는 데 있다. 우리나라에서도 1997년 외환·금융위기로 인해 금융시스템에 대한 관리 감독의 기능과 체계(금융위원회·금융감독원 설립)가 강화되면서 국제금융시장의 불안정성 위협에 대비하고 있다. 그러나 제도와 법규의 채택과 도입은 국제금융시장의 불안정성을 완화하는 필요조건은 될 수 있어도 충분조건은 아니다. 국제경제와 해외투자에 관여하는 경제활동 참여자(기업)뿐만 아니라 거시경제정책을 담당하는 정책당국(정부)도 체계적인 리스크관리를 위한 대책이 요구된다. 국제금융시장의 불안정성을 완화하고 대비하기 위한 충분조건은 경제기초여건(펀더멘털)과 기업경영여건(투자환경) 등에 관한 충분한 이해와 체계적인 리스크관리에 의해 결정된다.

해외투자 등 국제경영 활동에서 중요한 경제기초여건과 기업경영여건은 무엇인가? 부연하면, 해외투자를 위해 우선적인 고려사항은 투자대상국의 경제상황인데, 그 투자대상국의 경제상황에서 가장 기본적인 고려사항은 경제기초여건이며, 기업이 해외투자를 실행하기 위한 구체적인 고려사항은 기업경영여건이다. 경제기초여건에서는 국제무역이론 등의 거시경제이론, 국제금융체계와 국제금융시장 등에 대한 지식과 정보를 기반으로 국가리스크를 중점적으로 고려할 필요가 있다. 경제기초여건은 거시경제지표 등을 반영한 국가리스크 평가를 통해 투자대상국의 경제상황을 진단하고 경제위기를 예측할 수 있는 가늠자역할을 한다. 기업경영여건에서는 다국적기업투자이론, 해외직접투자이론 등 국제경영이론을 기반으로 해외투자를 실행하려는 기업의 시장 여건, 투자대상국의 투자 제도와 정책(투자 인센티브·규제) 등에서 나타난 투자 유인과 규제에 관한 지식과 정보를 종합적으로 반영해야 한다.

1 국가리스크 평가

해외직접투자를 실행하기 이전에 우선적으로 고려할 사항은 무엇인가? 투자기업은 투자대상국을 선정해야 하는데, 해외시장에 대한 정보가 부족하다면, 해외투자사업을 추진하기가 현실적으로 불가능하다. 따라서 해외시장 정보를 입수해야 하는데, 그 정보를 단시간에 확보하는 것은 사실상 어렵고, 또 정보를 입수하더라도 정확하지 않을 수 있다. 많은 시간과 비용이 소요되지만 입수가능하고 신뢰할 만한 정보는 해외투자사업 실행(여부)의 필요조건(전제조건)이다. 적절한 정보를 확보하는 것은 투자리스크의 관리에서도 중요한 요건이다. "해외시장 정보에서 투자대상국에 대한 경제여건은 그 무엇보다도 중요한 필요조건인데, 어떻게 투자대상국의 경제여건을 분석할 수 있을 것인가?" 투자대상국을 선정하기 위해 그 국가의 경제기초여건(펀더멘털)을 세밀하게 점검할 필요가 있다. 경제기초여건은 지속적인 경제성장을 가능하게 하는 기초적이고 근본적인 경제체력을 의미하는데, 경제위기 진단 또는 극복 여부를 판단할 수 있는 중요한 거시경제지표라고 할 수 있다. 자본시장에서 발생한 경제위기의 역사적인 사례를 살펴보면, 어떤 국가라도 경제위기가 발생할 가능성이 잠재되어 있다. 경제위기는 국가리스크가 노출되어 나타난 경제적인 현상인데, 어떤 국가에서도 국가리스크가 잠재되어 있으며, 국가리스크 정도에 따라 경제위기의 발생

가능성을 예측할 수 있다. 경제위기는 위기의 심화정도에 따라 유동성 위기(liquidity crisis), 외환·금융위기(financial crisis), 재정위기(fiscal crisis), 채무위기(debt crisis) 등으로 분류된다. 유동성위기는 금융경색으로 자금의 일시적인 상환중단에 따른 위기이고, 외환·금융위기는 환율 변동에 의한 통화가치 하락, 금융기관의 파산 등으로 외환·금융시장이 정상적으로 작동되지 않는 상태를 의미한다. 재정위기는 정부(공공기관 포함)의 재정상황 악화로 국제금융시장에서 채권발행도 사실상 어려운 위기이며, 채무위기는 경제위기에서 가장 심각한 단계로 특히 외채를 상환할 수 없는 채무불이행(debt default) 상태를 의미한다. 예를 들면, 유동성위기는 동유럽 지역에서 수시로 나타났고, 외환·금융위기는 동남아 외환위기(1997), 재정위기는 남유럽 재정위기(2010~2012), 채무위기는 중남미 지역에서 만성적으로 나타난 대표적인 경제위기의 발생사례였다.

국가리스크는 정부의 외환보유액(또는 자원의 배분할당) 부족으로 외채를 상환할 수 없는 리스크(외환·외채위기)를 포함한다. 화이트·환(2006)에 따르면, 국가리스크는 정치리스크, 경제리스크, 금융리스크 및 문화리스크를 포괄한다고 정의했다. 부연하면, 정치리스크는 정부 행위(정책)로 인한 투자가치 또는 자금포지션의 변화로 노출된 위험으로 정의된다. 따라서 정치리스크는 국가리스크 특유의 요소이기 때문에 그 자체로서 국가리스크를 구성할 정도로 중요시되고 있다. 정치리스크는 전쟁·혁명, 정부정책, 조세·화폐개혁, 가격통제, 국유화, 무역제한 등에 따른 정치 불안정성과 소요, 폭동, 시위 등에 따른 사회 불안정성으로 구분된다. 경제리스크는 경제정책성과, 시장과 인프라스트럭처에 대한 리스크로서 경제정책성과에서는 생산·자본 가격과 송금 통제에 대한 리스크를 의미한다 금융리스크(유동성·신용위험)에서 신용리스크(credit risk)는 금융기관과 자금시장거래에서 정립된 리스크의 대표적인 유형이다. 문화리스크는 부정부패, 관료주의, 파벌주의 등에 따른 거래비용과 협상에 따른 리스크를 의미한다. 따라서 국제경제와 해외투자에 관한 국제경영(활동)에서 투자대상국의 경제여건은 국가리스크에 관한 분석을 그 출발점으로 하고 있다.

[1] 국가리스크의 개념

국가리스크란 무엇인가? 국가리스크는 국가를 구성하는 개인이 통제하기 어려운 국가 전반적인 위험수준을 의미하며, 일반적으로 정치리스크(political risk)[2]와 경제리스크(economic risk)로 구분된다. 그러나 국가리스크는 정치리스크와 경제리스크 이외에도 주권적리스크(sovereign risk)도 포함하고 있다. 주권적리스크는 국가를 대리하는 정부가 발행하는 외화표시 장기채권(foreign currency long-term government bond)에 대한 신용수준을 의미하므로 정부리스크를 측정하는 대리변수라고 할 수 있다. 따라서 주권적리스크(또는 정부리스크)는 국가리스크와 동일한 개념이 아니며, 주권적리스크는 국가리스크에 속하는 하위개념이다. 그런데, 국제경제(국제무역·금융)와 해외투자(국제경영)에서 발생하는 위험을 보전하기 위해 실무적으로는 정치리스크(비상위험)와 상거래리스크(commercial risk)를 구분하여 운용되고 있다. 예를 들면, 국제무역거래의 보증·보험에서는 정치리스크를 개별 기업에 귀속한 상거래리스크가 아닌 비상리스크(non-commercial risk)로 분류하여 리스크를 평가하

---

2) 국가리스크의 대용기념으로 정의되었으나, 1970년대부터는 국가리스크에 대한 개념과 인식이 확대되기 시작했다.

고 위험 발생에 대하여 손실을 보상하고 있다. 상거래리스크는 국제무역에서 발생한 기업리스크로 인식하고, 비상리스크는 기업이 감당하기 어려운 정치리스크 관점에서 분류되고 있는 것이다. 정치리스크는 특정 국가의 정치적인 힘이 사회불안과 경영악화 등에 의해 부정적인 변화를 초래할 가능성으로 정의된다. 예를 들면, 정치리스크에는 전쟁, 투자몰수(nationalization), 송금통제 등이 대표적인 사례인데, 따라서 해외투자에 따른 정치리스크를 보전하기 위해 투자위험 보험 또는 보증이 필요하다. 경제력개발기구(OECD) 분류기준에 따르면,3) 국가리스크를 공적수출신용의 관점에서 수입자(buyer) 또는 차입자(borrower)를 기준으로 정부(sovereign), 공공기관(public entity), 기업(corporate) 및 금융기관(banking sector)으로 위험부담의 주체(risk taker)를 분류하고 있다. 이중 국가리스크 신용수준에서 정부를 최고 신용수준으로 설정하고 있는데, 왜냐하면, 국가를 대리하는 대외적인 주체를 정부로 간주하여 정부채권을 발행하는 재무부(Ministry of Finance) 또는 중앙은행(Central Bank)을 국가별 최고등급 수준으로 설정하고 있기 때문이다.4)

그러면, 국가리스크의 평가사유는 무엇인가? 국가리스크 평가는 채무상환을 최종적으로 책임지는 채무국 정부(채무자)가 채무상환이 불가능한 상태에서 채권자가 채권행사를 할 수 없을 때 발생하는 손실을 측정하고 경제위기에 대응하기 위함이다. 실제로 채권자의 최대 손실

---

3) the Arrangement on Officially Supported Export Credit, Aticle 24 a)

4) 주권적리스크(sovereign risk)에 대한 신용수준(credit-worthiness)은 발행·유통 채권(debt instruments)에 대한 기준금리에 가산금리(스프레드)를 추가한 값으로 나타난다.

위험은 채무자의 채무불이행이다. 1980년대 이후 외채상환문제가 국제금융시장에서 중대한 이슈로 대두됨에 따라 국가리스크 평가에 대한 인식이 확산되었다. 2000년대 중반 이후 글로벌 금융위기, 2020년에 발생한 코로나위기 등으로 경기침체가 빈번하게 나타나면서 국가리스크 평가를 고려하지 않을 수 없게 되었다. 국제무역·금융과 해외투자가 중요한 경제적인 역할을 하고 있는 상황에서 채무자의 채무상환위험을 진단하고 국가리스크를 평가하는 것은 해외채권에 대한 리스크관리의 관점에서도 그 의의가 크다. 더구나 각국의 수출신용기관(ECA)이 지원한 중장기 수출금융이나 해외투자금융에 대한 채권(대출승인·보험인수)의 상환재원이 기본적으로 해외에 존재하기 때문에 거래상대국(채무국)에 대한 국가리스크 평가가 더욱더 중요한 의미를 함유하고 있다. 특히 정치리스크가 큰 거래상대국의 대형 프로젝트 금융지원에 대하여 채무국의 외채상환능력을 진단하고 위험 분산을 위한 국가리스크 평가는 금융지원(대출심사)의 중요한 필요조건이다.

국제적으로 인정받고 있는 국가리스크 평가기관은 경제협력개발구(OECD)가 실질적으로 유일하다. 흔히 알려진 스탠더드앤드푸어스(S&P)[5]와 무디스(Moody's)[6]는 국가리스크 평가기관이 아니라 정부채권 평가기관이다. 부연하면, 스탠더드앤드푸어스와 무디스의 장기외화

---

5) 1860년 설립된 신용평가기관으로서 알리 푸어(Henry Poor)가 투자자의 알 권리에 기초한 금융정보를 제공하기 시작해 1941년에는 스탠더드통계회사(Standard Statistics)와 푸어스출판사(Poor's Publishing)가 합병한 이후 1966년, 다국적 정보회사인 맥그로힐(McGraw-Hill)에 인수되었다.

6) 1841년에 설립된 신용평가기관으로서 수입자신용조사기관인 D&B(Dun & Bradstreet)의 자회사였으나 1914년 무디스투자서비스(Moody's Investors Service)로 발족했으며, 1900년에는 통계학자인 존 무디(John Moody)가 산업증권 매뉴얼을 발간하면서 유명세를 타기 시작했다.

표시정부채권(long-term foreign currency-denominated government bond) 평가등급은 자본시장(capital markets)의 조달금리(funding costs)에 적용된다. 스탠더드앤드푸어스와 무디스의 평가등급은 채권(정부채·회사채) 발행·유통시장의 차입비용 수준을 결정하는 기준이지만, 국가리스크 평가수준을 결정하는 기준은 아니다. 따라서 스탠더드앤드푸어스와 무디스는 국가리스크가 아니라 주권적리스크를 평가하는 기관이며, 주권적리스크는 대외경제(무역·외환) 통제, 수용과 몰수, 전쟁과 폭동, 외채상환 중지 등의 정부조치로 국제경영(활동)에 부정적인 영향을 미치는 위험으로 정의된다.[7] 반면, 경제협력개발기구는 수출신용협약(1978)에서 국가리스크 평가방법론(Country Risk Assessment Methodology)을 규정하여 국가리스크 평가등급을 발표하고 있다. 경제협력개발기구의 평가등급은 수출신용기관이 지원하는 금융시장(financial markets)의 지원조건(terms and conditions)에서 공적수출신용의 최저프리미엄요율(Minimum Premium Rate) 수준을 결정하는 기준이 된다. 경제협력개발기구가 분류하고 있는 공적수출신용은 수출신용보증·보험(pure cover) 및 공적금융지원(direct credit/financing and refinancing, or interest rate support)을 포함한다. 그런데, 각국 정부는 국제무역에 따른 이득을 보다 많이 창출하기 위해 다양한 형태의 수출보조금으로 자국 수출산업을 지원하는 정책을 시행하고 있다. 이에 따라 세계무역기구의 무역규정에 위배되거나 불공정 무역관행에 대하여 피해 당사자국이 소송을 제기하는 등 무역분쟁이 끊임없이 발생하고 있다. 그러나 세계무역기

---

7) A sovereign default is defined as the failure of a government to meet a principle or interest payments on the due of its external or domestic debt obligations or both.

구는 경제협력개발기구가 다자합의를 통해 규정한 수출신용협약을 정부의 수출보조금 지원기준에 위배되지 않는다고 판단하고 예외적으로 인정하고 있다. 세계무역기구는 경제협력개발기구의 수출신용협약 참가국(the Participants on the Arrangement of Officially Supported Export Credits)에 대해서는 공적수출신용에 의한 수출보조금을 허용하며, 경제협력개발기구는 최대상환기간과 최저가격수준(대출이자율, 프리미엄요율)을 규정하여 운용하고 있다.

(2) 국가리스크 평가방법론

대표적인 국가리스크 평가기관인 경제협력개발기구(OECD)는 최저프리미엄요율을 산출하기 위해 국가리스크 평가방법론(Knaepen Package)을 채택하여 공적수출신용 거래상대국(145개국 내외)에 대해 국가리스크 평가등급을 부여하고 있다. 경제협력개발기구는 1998년부터 국가리스크를 평가하여 평가대상국의 외채 상환가능성(정도)에 따라 0~7등급의 8단계 평가등급을 분류하고 있으며, 0등급은 고소득국(HIC) 수준이고 7등급은 채무불이행 수준을 의미한다. 경제협력개발기구(무역국 수출신용과)는 수출신용협약에서 국가신용위험(country credit risk)에 대한 5대 요소를 지불유예(moratorium), 송금중단 또는 지연, 외환위기, 외채지급중지 및 불가항력(force majeure)으로 규정하고 있다. 지불유예는 채무국이 대출금 만기 이전에 채권국에 상환하지 않고 일방적으로 지급을 지연(선언)하는 외채상환태도를 의미하고, 불가항력은 채무국의 상환의지와 관계없이 자연재해(natural disaster) 등 불가피한 재난이 발생하여 외채상환이 사실상 불가능한 상태를 의미한다. 경제협력개발기구의 국가리스크 평가방법론에 따르면, 국가리스크 평가모델(Country Risk Assessment Model)과 평가전문가회의(Country Risk Experts' Meeting)를 통해 국가리스크 평가등급이 결정된다. 국가리스크 평가모델(정령평가)은 거시경제상황(economic situation), 외채상황(financial situation) 및 채무지불경험(payment experience)에 대해 평가하고, 더미변수로 유럽연합 가입여부와 체제전환지수를 추가반영하고 있다. 특히 경제협력개발기구의 국가리스크 평가모델에서는 경제상황에 대한 평가 분야를 구조적인 취약성(structural vulnerability), 성장잠재력(growth potentials) 및 경제정책성과(policy performance)로 구분하여 평가하고 있으며, 채무지불경험(payment experience)은 수출신용기관의 공적수출신용 지원에 대한 연체(arrears), 채무리스케줄링(debt rescheduling) 등의 거래실적8)을 반영하고 있다. 국가리스크 평가전문가회의(정성평가)에서는 국가리스크 평가모델에서 산출된 평가등급을 기준으로 국가리스크 평가모델에 반영되지 않은 위험요인과 정치리스크 등에 대하여 토론하여 평가등급을 합의(consensus building approach)에 의해 최종결정한다. 그러나 경제협력개발기구의 국가리스크 평가방법론에 의한 국가리스크 평가결과도 결국 평가등급으로 분류되는데, 평가등급(또는 평가순위)은 리스크관리의 관점에서는 유용하지만, 경제위기 발생가능성에 대한 평가 적정성의 관점에서는 한계가 있다. 왜냐하면, 국가리스크 평가방법론의 거시경제지표는 평가시점(t)을 기준으로 전망치가 아닌 실적치가 주로 반영되고 있고, 경제상황 변화에 시의 적절하게 대처할 수 있는 평가요소가 반영되지 않고 있어 국가리스크 평가수준(경제위기 발생가능성)에 대한 정합성 문제에서 논란의 여지가 있기 때문이다.

---

8) arrears/committment, claims/committment, rescheduling repayment

경제위기를 사전에 예측하기 위해 현실적으로 모든 경제위기변수(거시경제지표)를 반영할 수 없다. 예를 들면, 경제전문지인 이코노미스트(EIU)도 국가리스크 평가를 위해 상당히 많은 거시경제지표를 선정하고 있으나, 너무 많은 변수로 인해 과다변인과 과소사례(excessive variables and deficient cases)의 한계를 극복할 수 없다.[9] 또한, 경제위기 발생에 유의적인 경제변수에 대한 신뢰할 만한 통계자료를 제대로 파악할 수 없다. 예를 들면, 신흥투자시장의 경제위기변수에서 국제투자포지션(외화자산)과 부신여신비율이 악화된 상태이지만, 경제위기 이전에 적합한 통계자료를 확보하기가 쉽지 않을 뿐더러 통계자료의 신뢰성도 문제될 수 있다. 따라서 확보 가능한 통계자료를 기반으로 과거 경제위기 발생사례에서 나타난 경제위기변수에 대한 적합한 계량경제 분석이 필요하다. 예를 들면, 자본시장의 경제위기 발생사례에서 통계적으로 유의적인 중점평가요소에 대하여 경제위기 발생여부를 판별하는 로짓분석(logit analysis), 프로빗분석(probit analysis) 등이 대안이 될 수 있다. 그러나 국가리스크 평가를 위해 거시경제지표를 모두 반영할 수 없으며, 거시경제지표의 국가리스크 평가수준(경제위기의 발생가능성)에 대한 유의적인 평가요소를 선정할 필요가 있는 것이다. 따라서 국가리스크 평가수준에 직접적으로 영향을 미치는 중점평가요소에 대한 실증분석(principal component analysis)이 요구된다. 패널회귀분석(panel data regression analysis) 등으로 국가리스크 중점평가요소를 선정하여 특정국가에 대한 평가등급(또는 평가순위) 수준을 결정할 수 있다. 예를

---

9) 이코노미스트는 70개 이상의 평가요소(변수)를 선정하다보니 특정변수의 급격한 변동(악화 또는 개선)에 따른 평가등급의 적절한 조정이 어렵고, 평가대상국이 최대 200개국 정도에 불과해 회사채권에 대한 평가대상의 수치에 비해 현저히 적기 때문에 통계분석의 한계(모집단 부족 문제)가 존재한다.

들면, 거시경제지표에서 경제성장률, 수출증가율, 무역의존도 등에 관한 구조적인 취약성, 인플레이션(소비자물가지수), 재정수지/GDP, 경상수지/GDP 등에 관한 경제정책성과, 외채상환능력(총외채잔액/수출총액), 외채원리금상환비율, 외환보유수준(외환보유액/수입총액) 등에 관한 외채구조 및 외채상환능력·태도(external debt capability & willingness) 등의 관점(평가분야)에서 개별적인 평가지표의 통계적인 유의성을 추정할 수 있다. 정부채권의 리스크평가를 위해 스탠더드앤드푸어스와 무디스에서 공통적으로 중점 평가요소(변수)로 선정하고 있는 1인당 국민소득, (1인당)경제성장률, 실업률, 소비자물가상승률, 재정수지(수입·지출)/GDP, 수출증가율, 경상수지/GDP, 실질실효환율, 자본수지/GDP, (순)FDI유입/GDP, 총외채잔액/GDP(수출총액), 공적채무/GDP, 공적채무이자지급/GDP, 단기외채/외환보유액, 국내여신증가율 등에 관한 거시경제지표도 고려할 수 있다. 정부채권 평가기관과 국가리스크 평가기관(경제협력개발기구 기준)에서 중복적으로 선정한 평가요소는 1인당 국민소득, (1인당)경제성장률, 소비자물가상승률, 재정수지/GDP, 경상수지/GDP(수출총액), 총외채잔액/GDP(수출총액), 공적채무/GDP, 공적채무이자지급/GDP, 단기외채/외환보유액에 관한 거시경제지표다. 따라서 국제적인 신용평가기관에서 중복적으로 선정하고 있는 거시경제지표는 국가리스크의 중점평가요소 등에 대한 실증분석을 통해 경제리스크를 체계적으로 관리할 필요가 있다.

1974~2010년(37년간) 국제통화기금(IMF)으로부터 긴급 구제금융(대기성차관 또는 확대신용공여차관)[10]을 지원받은 신흥투자시장의 경제위

---

10) 대기성차관(Stand-By Arrangement: SBA)(1952)은 단기(1~2년), 확대신용공여차관(Extended Fund Facility: EFF)(1974)은 중장기(4~10년) 구제금융 프로그램이다.

기에 대한 실증분석 결과, 경제위기 발생 직년연도($t-1$)에는 (1인당)경제성장률, 재징수지/GDP, 환율상승(통화가치 하락), 자본수지/GDP 등에 관한 거시경제지표가 악화된 것으로 나타났다. 과거 주요 경제위기 발생사례에서 신흥투자시장의 경제위기 발생시점(t년)을 기준으로 직전($t-1$년)에 악화된 거시경제지표를 살펴보면, 아시아지역에서 인도네시아 외환·외채위기(1997) 직전연도에는 외채잔액/수출 227%, 단기외채/외환보유액 176%, 외채원리금상환비율[11] 36.6% 등 외채상환부담이 가중된 상태였으며, 우리나라 외환위기(1997) 직전연도에는 외환보유액/월평균수입 2.3개월분, 단기외채/외환보유액 196% 등으로 외환보유액이 매우 부족한 상태였다. 유럽지역에서 러시아 재정위기(1998) 직전연도에는 소비자물가상승률 −69.1%(디플레이션), 재정수지/GDP −60.7%, 외환보유액/월평균수입 1.7개월분 등으로 거시경제지표가 전반적으로 위험수준에서 벗어나지 못했고, 터키 외환위기(2000) 직전연도에는 경제성장률 −4.7%, 소비자물가상승률 64.9%(고인플레이션), 재정수지/GDP −13.0%, 외채잔액/수출 223%, 단기외채/외환보유액 101%, 외채원리금상환비율 35.3% 등으로 극심한 경기침체 상태였으며, 그리스 재정위기(2010) 직전연도에는 경제성장률 −3.2%, 재정수지/GDP −15.6%, 외환보유액/월평균수입 0.2개월분, 공적채무/GDP 129.3% 등으로 재정상황이 악화되었다. 중남미지역에서 멕시코 외환위기(1994) 직전연도에는 외환보유액/월평균수입 0.8개월분, 단기외채/외환보유액 623% 등으로 외환부족 상태가 심각했으며, 아르헨티나 외채위기(2001) 직전연도에는 경제성장률 −0.8%, 외채잔액/수출 473%, 단기외채/외환보유액 113%, 외채원리금상환비율 71.3% 등으로 과중한 외채상환부담이 문제였다.

---

11) DSR＝외채원리금상환액/수출총액

그림 12   미국 정부채권수익률(재무부증권 기준) 추이비교

자료: US Federal Reserve.

경제위기의 사전예측을 위해 동행변수(coincident variables)와 후행
변수(lagging variables)보다는 선행변수(leading variables)가 중요하므로
선행변수를 기준으로 경제위기징후(red alert)의 임계수준(threshold,
critical value)을 설정하는 국가리스크 평가방법론이 현실적으로 적합하
다. 국가리스크 평가기관에서는 소비자물가상승률(인플레이션) 20% 초
과, 재정수지/GDP(재정관리수준) −3% 초과, 외환보유액/월평균수입(수
입대금결제능력) 3개월분 미만, 환율상승(연평균)(통화가치 하락) 15% 이상,
외채잔액/수출(외채구조) 200% 초과, 공적채무/GDP(정부부채관리수준)
60% 초과, 단기외채/외환보유액(단기유동성위험) 100% 초과, 외채원리금
상환비율(외채상환능력) 30% 초과 등을 경제위기징후 임계수준으로 설정
하고 있다. 유럽연합의 유로존 가입의 필요조건(Masstricht Convergence
Criteria)과 재정준칙(Fiscal Compact)에서 중요시 하고 있는 재정수지
/GDP, 공적채무/GDP 등에 대한 임계수준을 기준으로 국가리스크 수
준을 평가할 수 있다. EU 집행위원회에서는 재정수지 적자를 GDP의

3% 이내, 공적채무를 GDP의 60% 이내를 권고하고 있다. 〈그림 12〉의 미국 정부채권수익률(재무부증권 기준) 추이비교(1997~2024년 통계자료)에서 미국 정부채권수익률은 미연준의 기준금리 변동추이와 유사한 추세를 보였으나, 단기(2년 만기) 정부채권수익률이 장기(10년 만기) 정부채권수익률을 상회(역전)하는 비정상적인 기간에는 경제위기가 발생할 가능성이 잠재되었다. 정부채권수익률은 채권가격과는 (−)관계인데, 정부가 채권발행으로 채권시장에서 수요보다 공급이 많게 되면, 채권가격이 하락하지만 채권수익률은 상승하면서 정부의 차입비용이 증가하고 공적채무가 누적되는 현상으로 국가리스크의 하방위험으로 작용하게 된다.

2 기업경영여건

해외직접투자(FDI)에 대한 경제적인 의미와 해석은 다양한 관점에서 분석할 수 있지만, 해외직접투자의 패턴(유입·유출 현상)을 기준으로 경제기초여건과 기업경영여건을 판단할 수 있다. 폴 크루그먼은 동남아 외환금융위기(1997~1998)를 평가하면서 해외직접투자 유입(실적)이 증가한 요인을 분석했다. 동남아 지역에서 환율의 과도한 상승으로 인한 통화가치의 급락 현상은 경제위기가 발생한 국가에서는 자산가치 하락의 요인이 되었다. 그러나 수요 위축으로 투자비용은 상당히 저렴하게 되었으며, 기업구조조정으로 국가간 인수합병을 위한 신규 투자기회가 발생하면서 해외직접투자가 오히려 유입되는 결과를 초래했다는 것이다. 그러나 투자대상국(투자유치국)의 경제기초여건과 기업경영여건이 양호할수록 해외직접투자는 유입되지만, 반대로 그 여건이 악화되면 해외직접투자의 유출 패턴(현상)이 나타나는 것이 일반적인 경향이다. 예를 들면, 어떤 국가에 대하여 해외직접투자가 유출되고 있는 추세(패턴)가 나타난다면, 그 국가의 자본수지는 악화되고 경제위기 발생가능성이 잠재되어 있다고 추정할 수 있다. 그러나 그 국가에 대한 해외직접투자를 오히려 증대하는 경우에는 해외투자에 따른 리스크관리 측면에서 상당한 문제가 발생할 우려가 있다.12) 따라서 투자대상국이 지속적인 경제성장뿐만 아니라 경제위기 발생가능성을 억제하기 위해서라도 경제기초여건과 기업경영여건을 개선해야 하며, 해외직접투자가 유입될 수 있는 투자유인 증대요건을 충족할 필요가 있다.

(1) 투자유인

해외직접투자 유입(현상)은 경제매력도(attractiveness of economies) 측정에서 유의적인 경영지표다. 맨스필드(1974)는 산업노하우의 생산과 분배에 관한 연구에서 발명(invention), 혁신(innovation) 및 확산(diffusion)의 3단계를 통한 산업화과정이 관례적으로 차별화된다고 주장했다. 부연하면, 발명 단계는 발명자가 그것이 작동하는 것을 보여줄 수 있는 사항에 대한 새로운 생각이나 발전된 것을 창출하는 것을 포함한다. 혁신 단계는 그 발명품이 시장 상황에서 발생하는 것인데, 발명품 자체의 성능테스트나 품질향상뿐만 아니라 필요한 생산시설을 건축하거나 증명하는 단계이며, 확산 단계는 혁신의 잠재 사용자가 실제로 그 혁신내용을 채택하기 위해 효율적인 의사결정을 하게 하는 과정

---

12) 어떤 국가에 대하여 해외직접투자 지속적으로 유입되고 있는 상황에서 그 반대로 해외직접투자를 철회 또는 축소하는 경우에는 그 국가에 대한 시장진출의 기회를 상실(기회비용 증가)하게 된다.

을 의미한다. 버논(1966)은 기술의 국제적인 확산모형(the model of the international diffusion of technology)을 제기했다. 기술의 국제적인 확산모형은 생산과 무역의 국가 간 이동에 관하여 주로 설명하고 있지만, 다국적기업에 의한 기술이전과 해외투자가 혁신의 확산과 상관관계가 있다는 것을 강조한 것이다. 티스(1989)에 따르면, 혁신은 복잡한 상호작용을 요구하는데, 조직체(단위)의 다양성 속에서는 사실상의 통합을 요구한다고 분석했다. 크루그먼(1979)은 자본의 재정거래자로서 다국적기업의 역할보다는 제품수명주기설을 근간으로 기술이전의 일반균형이론을 도출한 모형을 제시하면서 국가 간 자본이동은 기술이전의 결과이지 원인이 아니라고 주장했다. 더닝(1993)은 경제발전국가모형(the developing country model), 재건모형(the reconstruction model), 시스템모형(the systemic model) 등을 분석하고, 경제발전경로에서 선택적 발전모형(the alternative models of development)을 제시했다. 부연하면, 해외투자기업의 의지(willingness)와 능력(ability)은 경제, 시스템(법적) 등을 재조직할 수 있는 속도와 규모, 기업가정신과 부(재산) 창출활동에 대한 사회적인 분위기(풍조)에 의해 영향을 받을 수 있다는 것이다. 더닝(1993)의 해외투자유인지표[13]는 기업환경지표(business environment)와 기업자산유인지표(business asset attractiveness)로 구분된다. 기업환경지표는 금융기관과의 관계, 경제개혁의 속도와 안정성, 인프라스트럭처의 신뢰수준, 통화 안정성, 이윤송금의 가능성, 관료의 역할 등을 기준으로 측정되며, 기업자산유인지표는 수출지향비즈니스의 존재여부, 기업가정신의 연혁 등에 관한 평가내용을 포함하고 있다. 실제로 투자대상국의 해외직접투자에 대한 유인(FDI incentives)으로 투자우선순위(산

---

13) Financial Executive (September/October 1990)

업) 및 특별경제지역(SEZ) 지정, 조세감면기간(tax holidays) 설정, 법인소득세 감면 등의 조치가 시행되고 있다.

(2) 투자규제

해외직접투자 유입과 경제발전 수준과는 높은 상관관계가 있는 것으로 추론된다. 또한, 국가리스크 (평가)수준과 해외직접투자 유입(실적)은 밀접한 상관관계가 존재한다. 부연하면, 국가리스크는 국제경영의 관점에서 시장진입의 유형선택(the choice of an entry mode)과 해외직접투자 유입의 중요한 결정요인이므로 해외직접투자 유입은 중장기적으로도 국가리스크 변동에 의해 영향을 받는 경향이 있다. 해외직접투자 유입에 영향을 받는 기업경영여건과 관련하여, 레딩(2005)은 투자기업의 전략에 영향을 미치는 정책, 법규, 규준, 규정 등을 공식적인 제도(formal institutions)라고 부르지만, 공식적인 제도를 보강하는 규범, 인지 및 문화에 의해 관리되는 것을 비공식적 제도(informal institutions)로 구분했다. 그러나 노스(1990)은 경험의 법칙(rule of the game)에 의해 공식적인 제도와 비공식적인 제도는 기업이 상호작용할 수 있는 구조라고 부연했다. 해외투자정책의 주요 범위에는 자원(지대), 산업(시장)에 대한 경쟁정책, 산업지식의 창출과 이전도 포함되며, 다양한 시장실패(왜곡)에 의해 제한되지만 다국적기업에 대한 최적의 비용편익분석이 요구된다. 버클리 외(1978)는 다국적기업의 성장률은 투자국의 경제성장률과 다국적기업 본국의 주요 산업기반과 밀접한 상관관계(1962~1972년 통계자료)가 있다고 분석했다. 더닝(1993)은 독일의 경제전략에 관한 연구에서 경제적인 역량을 제고하는 최적의 방법은 외국기업의 자본, 기술과 노하우를 국내로 유입하는 것이라고 강조했다. 따라서 국내로 유입되는 해외직접투자에 대한 어떠한 제한(조치)이 없어야 한다는 것이다. 예를 들면, 힌스(1996)는 법인소득세율의 1% 인하는 외국인투자의 11% 수익증대효과가 나타난다고 분석했다. 기업행태의 관점에서 해외투자에 관한 이론을 최초로 주장한 킨들버거(1969)는 외국기업이 국부(토지)를 탈취할 가능성에 대해 현지 정부가 민감하게 반응하기 때문에 특히 정치적인 경쟁과정(선거 또는 혁명)에서 외국기업에 대한 과도한 이윤을 가져다주는 투자계약의 재협상을 요구하는 경향이 있다고 주장했다. 특히 투자대상국(투자유치국)에서 외국기업의 투자자산 몰수는 극단적인 조치로 다국적기업에 대한 투자손실에도 불구하고, 투자대상국 정부의 입장에서는 오히려 자본탈취(원조) 현상이 나타날 수 있다고 윌리엄스(1975)는 우려했다. 그러나 투자대상국은 다국적기업에 비해 몰수자산을 효과적으로 운영할 수 없기 때문에 지대효과를 기대할 수 없다. 왜냐하면, 자산몰수 정부는 국유 설비(플랜트)의 산출 과정과 배분을 위해 다국적기업의 하부조직을 재편하고 경영할 수 있는 노하우가 없기 때문이다. 윌리엄스(1975)는 또한 자산몰수로 피해를 입은 다국적기업이 투자가치(장부가격)를 보상받는 범위가 산업(분야)별로 차별화될 수 있다고 분석했다.14) 윌리엄스는 실증분석(1919~1938년 통계자료)에서 석유(정유), 광업·제련 분야에서 그 보상비중이 최고 수준이었지만 농업 분야에서는 상대적으로 낮았다는 사실을 발견했다.

---

14) 국유화 조치는 적정 수준(범위)에서 자산몰수로 피해를 입은 투자기업을 보상할 수 있다. 국유화 조치를 시행한 국가(정부)가 다국적기업과 거래를 지속(유지)하기 위한 조건이라면, 자산몰수의 피해에 대한 보상범위(비중)는 증대될 수 있다.

국제경영에서 기업경영여건은 투자제도(정책), 경영윤리 등의 관점에서 분석할 필요가 있다. 다국적 회계법인은 경영관리비용과 투자환경위험(정책·제도)의 관점에서 자본조달비용(대출이자율), 노동여건(단위노동비용, 최저임금수준, 임금인상률, 실업률), 물가수준(소비자물가상승률), 조세부담15)(법인세율, 부가가치세율) 및 외환통제(환율변동, 기준금리) 분야에 관하여 중점적으로 평가하고 있다. 세계은행은 2004~2020년 기간 190개국을 대상으로 투자제도(Doing Business)를 10개 분야에 대해 평가하여 발표했다. 세계은행은 투자사업의 생성소멸단계(제품수명주기설 관점)에서 해외투자기업의 사업등록(회사설립), 사업허가(건축 포함), 고용시장(최저임금 수준, 전기공급여건), 자산등록, 금융(자본조달비용, 신용획득), 투자자보호, 조세(과세수준), 무역장벽(관세), 계약실행 및 사업폐쇄(파산해결 포함)의 단계별 절차, 소요시간 등에 대하여 계량화하여 국가별 평가순위를 부여한 것이다. 기업경영여건 평가에 관한 정립된 기준은 없으나, 해외투자사업을 추진하는 기업은 사업등록, 노동여건(고용시장), 조세(부과수준) 및 금융여건 분야의 투자제도(환경)에 대하여 실제로 민감하게 반응한다. 사업등록(인허가)은 해외투자를 위해 시장(국가) 진입에 소요되는 절차, 단계, 시간 등으로 산출되는 투자비용이며, 투자대상국이 민법, 상법(회사법), 외국인투자법 등에서 규정한 제도적인 규제라고 할 수 있다. 노동법(노동조합법) 등에서 규정한 노동여건은 단위노동비용(최저임금수준), 임금인상률, 실업률(고용시장 수급현황) 등으로 산출된다. 세법(법인세법) 등에서 규정한 조세 부과수준은 표준·실효

---

15) "다국적기업에 대한 어떤 과세조치가 그 왜곡을 최소화할 것인가?"에 관하여, 재정학의 대가인 머스그레이브(1969)는 다국적기업의 이윤에 대한 적정과세는 자본(지분투자)의 기회비용과 지분투자에 따른 지대 또는 우발소득을 기준으로 부과되어야 한다고 설명했다.

법인세율, 부가가치세율 등에 대한 규제라고 할 수 있다.16) 외환법(외환관리법) 등에서 규정한 금융여건은 외환통제(배당·이윤 송금제한), 환율제도, (실질실효)환율, 기준금리 등으로 산출한 투자규제다. 따라서 현지법인 설립과정에서 제도적 규제완화와 기업우호적인 시장 환경은 기업경영여건의 중요한 요인이다.

최근 기업경영여건에서 중요시되고 있는 경영윤리(Business Ethics)는 기업의 환경, 사회적인 책임과 지배구조(Environment, Social Responsibility, and Governance)에 관한 분야다. 경영윤리에서는 다국적기업의 노동관행, 인권, 환경규정, 도덕적 의무 등의 관점에서 윤리규칙(code of ethics) 설정이 요구된다. 경영윤리에서는 특히 특허권, 저작권, 상표권 등에 관한 지식재산권(property rights) 보호가 필요하다. 2020년 기준으로 192개국이 가입한 세계지식재산권기구(WIPO)는 파리협약(1883) 등에서 합의한 규정(국제협약)을 이행하고 있다. 기업의 공적행위에 관한 국제기준은 국제투명성기구(TI)에서 180개국을 대상으로 평가한 부패지수(Corruption Index),17) 경제협력개발기구의 뇌물방지협약(1999년 발효) 등이 대표적이다. 기업의 사회적인 책임은 경제행위가 경제사회적으로 긍정적인 결과에 영향을 미칠 수 있는 사업결정을 전제로 한다. 사회적인 책임에 대한 윤리적인 판단기준은 공리주의18) 사고(철학)에 따른 사회적인 편익비용분석과 리스크평가, 관념주

---

16) 케이브스(1982)는 과세가 자본의 투입과 조달에 대한 시장의 인센티브를 왜곡하지 않는다면, 해외투자의 소득에 대한 과세는 후생수준에 부정적인 영향을 미칠 것이라고 주장했다.

17) clean(＝100), totally corrupt(＝0)

18) David Hume(1711~1776), Jeremy Bentham(1748~1832), and John Stuart Mill(1806~1873)

의19)(철학)와 정의론(불평등주의)20)에 따른 인권보호 등의 의사결정과정을 기반으로 한다. 경영학의 아버지로 일컬어지는 피터 드러커(1909~2005)는 "지식은 사회와 경제를 바꾸는 중요한 자산이다."라고 역설하면서 비즈니스의 적정한 사회적인 책임은 경제적인 기회와 혜택, 생산능력, 인적역량(human competence), 고수입 직업(well-paid jobs)과 부(재산)에 대한 사회문제를 인식해야 한다고 강조했다. 기업지배구조는 사업의 지속 가능성을 위해 중요한 요소인데, 지속 가능성의 핵심적인 이념은 기업행위가 경제적인 필요에 부합하여 지속적으로 부정적인 영향을 미치지 않고 장기적으로 이해관계자에 대해 경제사회적인 편익을 가져다주는 데 있다.

---

19) Immanuel Kant(1724~1804)
20) John Rawls(1921~2002)

참고문헌

CHAPTER 01

Artus, Jacques and Malcolm Knight, "Issues in the Assessment of the Exchange Rates of Industrial Countries," *Occasional Paper* 29 (1984), Washington D.C.: IMF.

Balassa, Bela, "An Empirical Demonstration of Classical Comparative Cost Theory," *Review of Economics and Statistics* 45 (1963), 231−238.

Bora, Bijit, *Foreign Direct Investment: Research Issues* (2002), New York: Routledge.

Bowen, Harry, Edward Leamer, and Leo Sveikauskas, "Multicountry, Multifactor Tests of the Factor Abundance Theory," *American Economic Review* 77 (1987), 791−809.

Chamberlin, Edward, *The Theory of Monopolistic Competition* (1933), Cambridge: Harvard University Press.

Diamond, Jared, *Guns, Germs, and Steel: The Fates of Human Society* (1997), New York: Norton.

Eithier, Wifred, "Decreasing Costs in International Trade and Frank Graham's Argument for Protection," *Econometrica* 50 (1982), 1243−1268.

Gordon, Hanson and Chong Xiang, "The Home−market Effect and Bilateral Trade Patterns," *American Economic Review* 94 (2004), 1108−1129.

Grossman, Gene and Esteban Rossi−Hansberg, "External Economies and International Trade Redux," *Quarterly Journal of Economics* 125 (2010), 829−858.

Grubel, Herbert, and Peter Lloyd, *Intra−Industry Trade: The Theory and Measurement of International Trade in Differentiated Products* (1975), London: Macmillan.

Helpman, Elhanan, "Imperfect Competition and International Trade: Evidence from Fourteen Industrial Countries," *Journal of the Japanese and International Economics* 1 (1987), 62−81.

Helpman, Elhanan, "International Trade in the Presence of Product Differentiation, Economies of Scale and Monopolistic Competition: A Chamberlin−Heckscher−Ohlin Approach," *Journal of International Economics* 11 (1981), 305−340.

Helpman, Elhanan, *Understanding Global Trade* (2011), Cambridge: Harvard University Press.

Hill, Charles, *International Business* (2023), New York: McGraw Hill.

Hummels, David and Peter Klenow, "The Variety and Quality of A Nation's Exports," *American Economic Review* 95 (2005), 704−723.

Krugman, Paul, *Geography and Trade* (1991), Cambridge: MIT Press.

Krugman, Paul, "Increasing Returns, Monopolistic Competition and International Trade," *Journal of International Economics* 9 (1979), 469−479.

Krugman, Paul, "Scale Economics, Product Differentiation, and the Pattern of Trade," *American Economic Review* 70(5) (1980), 950−959.

Krugman, Paul and Elhanan Helpman, *Market Structure and Foreign Trade* (1985), Cambridge: MIT Press.

Krugman, Paul, Maurice Obstfeld, and Marc Melitz, *International Economics: Theory & Policy* (2023), New York: Pearson.

Leontief, Wassily, "Domestic Production and Foreign Trade: The American Capital Position Re−Examined," *Proceedings of the American Philosophical Society* 7 (1953), 331−349.

Marshall, Alfred, *Principles of Economics* (1890), London: Macmillan.

Melitz, Marc, "Increasing Returns and Economic Geography," *Journal of Political Economy* 99(3) (1991), 483−499.

Melitz, Marc, "The Impact of Trade on Intra−Industry Reallocations and Aggregate Industry Productivity," *Econometrica* 71 (2003), 1695−1725.

Mundell, Robert, "International Trade and Factor Mobility," *American Economic Review* 47 (1957), 321–335.

Ohlin, Bertil, *Interregional and International Trade* (1933), Cambridge: Harvard University Press.

Porter, Michael, *The Competitive Advantage of Nations* (1990), New York: Free Press.

Rybczynski, Tadeusz, "Factor Endowments and Relative Commodity Prices," *Economica* 22 (1955), 336–341.

Sachs, J., and Warner, A., "Economic Reform and the Process of Global Integration," *Brookings Papers on Economic Activity* 1 (1995), 35–36.

Samuelson, Paul, "International Trade and the Equilibrium of Factor Prices," *Economic Journal* 58 (1948), 163–184.

Samuelson, Paul, "Ohlin Was Right," *Swedish Journal of Economics* 73 (1971), 365–384.

Samuelson, Paul, "The Gains from International Trade," *Canadian Journal of Economics and Political Science* 5 (1939), 195–205.

Samuelson, Paul, "The Gains from International Trade Once Again," *Economic Journal* 72 (1962), 820–829.

Stolper, Wolfgang and Paul Samuelson, "Protection and Real Wages," *Review of Economic Studies* 9 (1941), 58–73.

Tinbergen, Jan, *Shaping the World Economy* (1962), New York: Twentieth Century Fund.

Trefler, Daniel, "The Case of the Missing Trade and Other Mysteries," *American Economic Review* 85 (1995), 1029–1046.

Vanek, Jaroslav, "The Factor Proportions Theory: The N–Factor Case," *Kyklos* 21 (1968), 749–754.

Viner, Jacob, *Studies in the Theory of International Trade* (1965), New York: Harper and Brothers.

CHAPTER 02

Balassa, Bela, "Tariff Reductions and Trade in Manufactures among the Industrial Countries," *American Economic Review* 56 (1966), 466−473.

Bailey, David and Lisa De Propris (ed.), *Industrial and Regional Policies in An Enlarging EU* (2009), New York: Routledge.

Benyon, Frank, *Direct Investment, National Champions and EU Treaty Freedoms: From Maastricht to Lisbon* (2010), Oxford and Portland, Oregon: HART Publishing.

Hill, Charles, *International Business* (2023), New York: McGraw Hill.

Krugman, Paul, Maurice Obstfeld, and Marc Melitz, *International Economics: Theory & Policy* (2023), New York: Pearson.

Mundell, Robert, "The Theory of Optimum Currency Areas," *American Economic Review* 51 (1961), 717−725.

Pelksman, J., "European Industrial Policy," *Bruges European Policy Briefing* 15 (2006), Bruges: College of Europe.

Smith, Adam, *The Wealth of Nations* (2003), New York: Bentham Classic.

CHAPTER 03

Balassa, Bela, "The Purchasing Power Parity Doctrine: A Reappraisal," *Journal of Political Economy* 72 (1964), 584−596.

Bernanke, Ben, "The World on A Cross of Gold: A Review of 'Golden Fetters: The Gold Standard and the Great Depression, 1919−1939'," *Journal of Monetary Economics* 31 (1993), 251−267.

Bhagwati, Jagdish, "Why Are Services Cheaper in Poor Countries?" *Economic Journal* 94 (1984), 279−286.

Cassel, Gustav, "Abnormal Deviations in International Exchanges," *The Economic Journal* 28 (1918), 413−415.

Fisher, Irving, *The Theory of Interest* (1930), New York: Macmillan.

Hill, Charles, *International Business* (2023), New York: McGraw Hill.

Hume, David, "Of the Balance of Trade," in Barry Eichengreen and Marc Flandreau (ed.), *The Gold Standard Theory and History* (1997), London: Routledge.

Kravis, Irving and Robert Lipsey, *Toward an Explanation of National Price Levels* (1983), New Jersey: Princeton University.

Krugman, Paul, Maurice Obstfeld, and Marc Melitz, *International Economics: Theory & Policy* (2023), New York: Pearson.

McKinnon, Ronald, *An International Standard for Monetary Stabilization* (1984), Washington D.C.: Institute for International Economics.

Samuelson, Paul, "Theoretical Notes on Trade Problems," *Review of Economics and Statistics* 46 (1964), 145−154.

Triffin, Robert, *Gold and the Dollar Crisis* (1960), New Haven: Yale University Press.

CHAPTER 04

Calvo, G., "Servicing the Public Debt: The Role of Expectations," *American Economic Review* 78 (1988), 647−661.

Eichengreen, Barry, *Golden Fetters: The Gold Standard and the Great Depression, 1919−1939* (1992), New York: Oxford University Press.

Feldstein, Martin, "Global Capital Flows: Too Little, Not Too Much," *The Economist* (1995), 72−73.

Friedman, Milton, *Capitalism and Freedom* (2020), Chicago: University of Chicago Press.

Galbraith, John, *The Great Crash 1929* (2009), New York: Mariner Books.

Hill, Charles, *International Business* (2023), New York: McGraw Hill.

Keynes, John, *The General Theory of Employment, Interest and Money* (2018), Cambridge: Palgrave Macmillan.

Kindleberger, Charles, *Manias, Panics, and Crashes: A History of Financial Crises* (2005), New Jersey: Wiley.

Krugman, Paul, Maurice Obstfeld, and Marc Melitz, *International Economics: Theory & Policy* (2023), New York: Pearson.

Reinhart, Carmen and Kenneth Rogoff, *A Decade of Debt* (2011), Washington D.C.: Peterson Institute for International Economics.

Reinhart, Carmen and Kenneth Rogoff, *This Time Is Different: Eight Centuries of Financial Folly* (2009), New Jersey: Princeton University Press.

CHAPTER 05

Anderson, J., J. Narus, and W. van Rossum, "Customer Value Propositions in Business Markets," *Harvard Business Review* (2006), 1−10.

Audretsch, D. and C. Kindleberger (ed.), *Multinational Corporation in the 1980s* (1983), Cambridge: MIT Press.

Bergsten, C., T. Horst, and T. Moran, *American Multinationals and American Interests* (1978), Washington D.C.: Brookings Institution.

Bora, Bijit, *Foreign Direct Investment: Research Issues* (2002), New York: Routledge.

Bora, Bijit, "The Location of Industry," in J. Dunning (ed.), *Economic Analysis and the Multinational Enterprise* (1974), London: George Allen & Unwin.

Brainard, Lael, "An Empirical Assessment of Proximity−Concentration Trade−off between Multinational Sales and Trade," *American Economic Review* 87 (1997), 520−544.

Calvo, G., "Servicing the Public Debt: The Role of Expectations," *American Economic Review* 78 (1988), 647−661.

Casson, Mark, *The Firm and the Market* (1987), Oxford: Basil Blackwell.

Caves, Richard, "Causes of Direct Investment: Foreign Firm's Shares in Canadian and UK Manufacturing Industries," *The Review of Economics and Statistics* 56(3) (1974), 279－293.

Caves, Richard, *Multinational Enterprise and Economic Analysis* (1982), New York: Cambridge University Press.

Dunning, John, *International Production and the Multinational Enterprise* (1981), London: George Allen & Unwin.

Dunning, John, "The Eclectic Paradigm As An Envelope for Economic and Business Theories of MNC Activity." *International Business Review* 9 (2000), 163－190.

Dunning, John, *The Globalization of Business* (1993), London: Routledge.

Dunning, John, M. Fujita, and N. Yakova, "Some Macro－data on the Regionalization and Globalization Debate: A Comment on the Rugman and Verbeke Analysis," *Journal of International Business Studies* 38 (2007), 177－199.

Erramilli, M. and C. Rao, "Choice of Foreign Entry Modes by Service Firms: Role of Market Knowledge," *Management International Review* 30 (1990), 135－150.

Fontagne, L., "Foreign Direct Investment and International Trade: Complement or Substitute?" *OECD Science, Technology and Industry Working Paper* (1999), Paris: OECD Publishing.

Freeman, R., *Strategic Management: A Stakeholder Approach* (1984), Boston: Harper Collins.

Friedman, Thomas, *The World Is Flat* (2005), New York: Farrar, Straus and Giroux.

Garvin, D., "What Does Product Quality Really Mean?" *MIT Sloan Management Review* 26 (1984), 25－44.

Granovetter, M., "Economic Action and Social Structure: The Problem of Embeddedness," *American Joural of Sociology* 91 (1985), 481－510.

Grubel, H., "Internationally Diversified Portfolios: Welfare Gains and Capital Flows," *American Economic Review* 58(5) (1968), 1299−1314.

Gulati, R., "Alliances and Networks," *Strategic Management Journal* 19(4) (1998), 293−317.

Helpman, Elhanan, Marc Melitz, and Stephen Yeaple, "Export versus FDI with Heterogeneous Firms," *American Economic Review* 94 (2004), 300−316.

Hill, Charles, *International Business* (2023), New York: McGraw Hill.

Hofstede, Gerard, *Culture's Consequences: International Differences in Work−Related Values* (1984), Thousand Oaks, CA: Sage.

Hufbauer, G. and F. Adler, *Overseas Manufacturing Investment and the Balance of Payments* (1968), Washington D.C.: US Treasury Department.

Huntington, Samuel, *The Clash of Civilizations and the Remaking of World Order* (1996), New York: Simon & Schuster.

Hymer, Stephen, *The International Operations of National Firms: A Study of Direct Foreign Investment* (1976), Cambridge: MIT Press.

Johnson, H., "The Efficiency and Welfare Implications of the International Corporation," In C. Kindleberger (ed.), *The International Corporation* (1970), Cambridge: MIT Press.

Jones, Jonathan and Colin Wren, *Foreign Direct Investment and the Regional Economy* (2006), UK: Ashgate Publishing.

Jorgensen, D., "Capital Theory and Investment Behavior," *American Economic Review* 53 (1963), 247−259.

Keynes, John, *The General Theory of Employment, Interest and Money* (2018), Cambridge: Palgrave Macmillan.

Kogut, B., "Foreign Direct Investment As A Sequential Process," in C. Kindleberger and D. Audretsch (ed.), *Multinational Corporation in the 1980s* (1983), Cambridge: MIT Press.

Kogut, B., "Joint Ventures: Theoretical and Empirical Perspectives," *Strategic Management Journal* 9 (1988), 319−332.

Kojima, Kiyoshi, "Macroeconomic versus International Business Approach to Direct Foreign Investment," *Hitotsubashi Journal of Economics* 23(1) (1982), 1−19.

Krugman, Paul, Maurice Obstfeld, and Marc Melitz, *International Economics: Theory & Policy* (2023), New York: Pearson.

Levitt, Theodore, "The Globalization of Market," *Harvard Business Review* (1983), 92−102.

Magee, S. "Information and Multinational Corporations: An Appropriability Theory of Direct Foreign Investment," In J. Bhagwati (ed.), *The New International Economic Order* (1977), Cambridge: MIT Press.

Markusen, James, "Multinational Firms, Location and Trade," *World Economy* 21 (1998), 733−756.

Markusen, James and Anthony Venables, "Multinational Firms and The New Trade Theory," *Journal of International Economics* 46 (1998), 183−203.

Marris, R., *The Economic Theory of Managerial Capitalism* (1964), London: Macmillan.

OECD, *OECD Benchmark Definition of Foreign Direct Investment* (2008), Paris: OECD Publication.

Perlmutter, H., "The Tortuous Evolution of the Multinational Corporation," *Columbia Journal of World Business* 4 (1969), 9−18.

Phelps, N. and D. Mackinnon, "Industrial Enclaves or Embedded Forms of Economic Activity? Overseas Manufacturing Investment in Wales," *Contemporary Wales* 13 (2000), 46−67.

Phelps, N., D. Mackinnon, Z. Stone, and P. Braidford, "Embedding the Multinationals? Institutions and the Development of Overseas Manufacturing Affiliates in Wales and North East England," *Regional Studies* 37(1) (2003), 27−40.

Porter, Michael, *Comparative Advantage: Creating and Sustaining Superior Performance* (1985), New York: Free Press.

Porter, Michael and M. Grammer, "Creating Shared Value," *Harvard Business Review* 84 (2011), 78−92.

Purvis, Douglas, "Technology, Trade and Factor Mobility," *Economic Journal* 82 (1972), 991−999.

Raheed, Howard, "Foreign Entry Mode and Performance: The Moderating Effects of Environment," *Journal of Small Business Management* 43(1) (2005), 41−54.

Razin, Assaf and Efraim Sadka, *Foreign Direct Investment: Analysis of Aggregate Flows* (2007), New Jersey: Princeton University Press.

Rugman, A., "A Perspective on Regional and Global Strategies of Multinational Enterprises," *Journal of International Business Studies* 35 (2004), 3−18.

Rugman, A., *International Diversification and the Multinational Enterprise* (1979), Lexington: Lexington Books.

Schumpeter, Joseph, *Capitalism, Socialism, and Democracy* (1942), New York: Harper Brothers.

Schumpeter, Joseph, *The Theory of Economic Development* (1934), Cambridge: Harvard University Press.

Stopford, J., and L. Wells, *Managing the Multinational Enterprises* (1972), New York: Basic Books.

Sullivan, D., "Measuring the Degree of Internationalization of the Firms," *Journal of International Business Studies* 25(2) (1994), 325−342.

Tulder, Van and G. Junne, *European Multinationals in Core Technologies* (1988), Chichester: John Wiley.

UNCTAD, "FDI from Developing and Transition Economies: Implications for Development," *World Investment Report* (2006), New York: UN.

UNCTAD, *World Investment Report: FDI Policies for Development; National and International Perspectives* (2003), New York: UN.

UNCTC, *Transnational Corporation and World Development* (1988), New York: UN.

Verbeke, A., "A New Perspective on the Regional and Global Strategies of Multinational Services Firms," *Management International Review* 48(4) (2008), 397−411.

Vernon, Raymond, "International Investment and International Trade in the Product Cycle," *Quarterly Journal of Economics* 80 (1966), 190−217.

Vernon, Raymond, *Sovereignty at Bay: The Multinational Spread of US Enterprises* (1971), New York: Basic Books.

White, Colin and Miao Fan, *Risk and Foreign Direct Investment* (2006), New York: Palgrave Macmillan.

CHAPTER 06

Anderson, E. and H. Gatignon, "Modes of Foreign Entry: A Transaction Cost Analysis and Propositions," *Journal of International Business* 17 (1986), 1−26.

Auguier, A. and R. Caves, "Monopolistic Export Industries, Trade Taxes, and Optional Competition Policy," *Economic Journal* 89 (1979), 559−581.

Barnet, R. and R. Muller, *Global Reach: The Power of the International Corporation* (1974), New York: Simon & Schuster.

Bartlett, C. and S. Ghoshal, *Managing Across Borders: The Transnational Solution* (1989), Boston: Harvard Business School Press.

Bora, Bijit, *Foreign Direct Investment: Research Issues* (2002), New York: Routledge.

Buckley, P., "The Limits of Explanation; Tests of the Theory of the Multinational Enterprise," *Journal of International Business Studies* 20 (1988), 181−193.

Buckley, P. and M. Casson, *The Economic Theory of the Multinational Enterprise* (1985), London: Macmillan.

Buckley, P. and M. Casson, "The Optimal Timing of A Foreign Direct Investment," *Economic Journal* 91 (1981), 75−87.

Buckley, P. and R. Pearce, "Overseas Production and Exporting by the World's Largest Enterprises: A Study in Sourcing Policy," *Journal of International Business Studies* 10 (1979), 9−20.

Calvet, A., "A Synthesis of Foreign Direct Investment Theories and Theories of Multinational Firms," *Journal of International Business Studies* 12 (1981), 43−59.

Casson, Mark, *The Firm and the Market* (1987), Oxford: Basil Blackwell.

Casson, Mark, *The Multinational Enterprise: Theory and History* (2018), Cheltenham, UK: Edward Elgar.

Casson, Mark and Peter Buckley, *The Future of the Multinational Enterprise* (1976), London: Macmillan.

Caves, Richard, "Industrial Organization, Corporate Strategy and Structure," *Journal of Economic Literature* (1980), 418.

Caves, Richard, "International Corporations: The Industrial Economics of Foreign Investment," *Economica* 38 (1971), 1−27.

Caves, Richard, *Multinational Enterprise and Economic Analysis* (1982), New York: Cambridge University Press.

Cavusgil, S., "Differences among Exporting Firms Based on the Degree of Internalization," *Journal of Business Science Research* 12 (1984), 195−208.

Chamberlin, E., *The Theory of Monopolistic Competition* (1933), Cambridge: Harvard University Press.

Coase, Ronald, "The Nature of the Firm," *Economica* 4 (1937), 386−405.

Cook, K. and R. Emerson, "Power, Equity Commitment in Exchange Networks," *American Sociological Review* 43 (1978), 725.

Dunning, John, *American Investment in British Manufacturing Industry* (1958), London: George Allen and Unwin.

Dunning, John, *Explaining International Production* (1988), London: Unwin Hyman.

Dunning, John, "The Eclectic Paradigm of International Business: A Restatement and Extensions," *Journal of International Business Studies* 19 (1988), 1−31.

Dunning, John, *The Globalization of Business* (1993), London: Routledge.

Dunning, John, "Toward An Eclectic Theory of International Production: Some Empirical Tests," *Journal of International Business Studies* 11 (1980), 9−31.

Dunning, John and S. Lundan, *Multinational Enterprises and the Global Economy* (2008), Cheltenham, UK: Edward Elgar Publishing.

Dunning, John and A. Rugman, "The Influence of Hymer's Dissertation on the Theory of Foreign Direct Investment," *American Economic Review* 75 (1985), 228−232.

Ghoshal, S. and C. Prahalad, *Competing for the Future* (1994), Boston: Harvard Business School Press.

Graham, E., "Transatlantic Investment by Multinational Firms: A Rivalistic Phenomenon?" *Journal of Post−Keynes Economics* 1 (1978), 82−99.

Graham, E. and P. Krugman, *Foreign Direct Investment in the United States* (1991), Washington, D.C.: Institute for International Economics.

Grossman, Gene and Elhanan Helpman, "Managerial Incentives and the International Organization of Production," *Journal of International Economics* 63 (2004), 237−262.

Hamel, G. and C. Prahalad, *Competing for the Future* (1994), Boston: Harvard Business School Press.

Helpman, Elhanan, "A Simple Theory of International Trade with Multinational Corporations," *Journal of Political Economy* 92 (1984), 451−471.

Hill, Charles, *International Business* (2023), New York: McGraw Hill.

Horst, T., "The Theory of the Multinational Firm: Optional Behavior under Different Tariff and Tax Rules," *Journal of Political Economy* 79 (1971), 1059－1072.

Hufbauer, G., "The Multinational Corporation and Direct Investment," in P. B. Kenen (ed.), *International Trade and Finance: Frontiers for Research* (1975), Cambridge University Press, 253－319.

Hymer, Stephen, *The International Operations of National Firms: A Study of Direct Foreign Investment* (1976), Cambridge: MIT Press.

Jacquemin, A., "Cooperative Agreements in R&D and European Antitrust Policy," *European Economic Review* 32 (1988), 552.

Johanson, J. and J. Vahlne, "The Internationalization Process of the Firm: A Model of Knowledge Development and Increasing Foreign Commitments," *Journal of International Business Studies* (1977), 23－32.

Jones, Jonathan and Colin Wren, *Foreign Direct Investment and the Regional Economy* (2006), UK: Ashgate Publishing.

Katskieas, C., N. Morgan, L. Leonidou, and G. Hult, "Assessing Performance Outcomes in Marketing," *Journal of Marketing* 80(2) (2016), 1－20.

Kindleberger, Charles, *American Business Abroad: Six Lectures on Direct Investment* (1969) New Haven, CT: Yale University Press.

Kindleberger, Charles, *International Economics* (1958), Homewood, IL: Richard D. Irwin.

Knickerbocker, Frederick, "Market Structure and Market Power Consequences of Foreign Direct Investment by Multinational Companies," *Occasional Paper* 8 (1976), Washington D.C.: Center for Multinational Studies.

Knickerbocker, Frederick, *Oligopolistic Reaction and Multinational Entciprise* (1973), Boston: Division of Research, Graduate School of Business Administration, Harvard University.

Kogut, Bruce, "Designing Global Strategies: Corporate and Competitive Value Added Chain," *Sloan Management Review* 26 (1985), 27−38.

Krugman, Paul, Maurice Obstfeld, and Marc Melitz, *International Economics: Theory & Policy* (2023), New York: Pearson.

Lipsey, Richard, *Economic Growth: Science and Technology and Institutional Change in the Global Economy* (1991), Toronto: Canadian Institute for Advances Research CIAR Publication.

OECD, *The Guidelines for Multinational Enterprises* (2000), Paris: OECD Publication.

Olson, E., S. Slater, and G. Hult, "The Performance Implications of Fit among Business Strategy, Marketing Organization Structure, and Strategic Behavior," *Journal of Marketing* 69 (2005), 49−65.

Portei, Michael, *Competition in Global Industries* (1986), Boston: Harvard Business School Press.

Porter, Michael, *Competitive Strategy* (1980), New York: Free Press.

Porter, Michael, "Location, Competition, and Economic Development: Local Clusters in A Global Economy," *Economic Development Quarterly* 14(1) (2000), 15−34.

Porter, Michael, *The Competitive Advantage of Nations* (1990), New York: Free Press.

Porter, Michael, "The Role of Location in Competition," *Journal of the Economics of Business* 1(1) (1994), 35−39.

Prahalad, C. and Y. Doz, *The Multinational Mission: Balancing Global Integration with Local Responsiveness* (1987), New York: Free Press.

Prahalad, C. and Y. Doz, *The Multinational Mission: Balancing Local Demands and Global Vision* (1987), New York: Free Press.

Ramstetter, E., *Direct Foreign Investment in Asia's Developing Economies and Structural Change* (1991). Boulder: Westview Press.

Razin, Assaf and Efraim Sadka, *Foreign Direct Investment: Analysis of Aggregate Flows* (2007), New Jersey: Princeton University Press.

Ricardo, David, *Principles of Political Economy* (1817), Cambridge: Cambridge University Press.

Robinson, J., *The Economics of Imperfect Competition* (1933), London: Macmillan.

Rugman, A., *Inside the Multinationals: The Economics of Internal Markets* (1981), New York: Columbia University Press.

Rugman, A., *International Diversification and the Multinational Enterprise* (1979), Lexington, M.A.: Lexington Books.

Rugman, A., "New Theories of the Multinational Enterprise: An Assessment of the Internalization Theory," *Bulletin of Economic Research* 38 (1986), 101−118.

Smith, Adam, *Inquiry into the Nature and Causes of the Wealth of Nations* (1776), Oxford: Oxford University Press.

Stigler, G., "The Division of Labor Is Limited by the Extent of the Market," *Journal of Political Economy* 59 (1951), 185−193.

Stopford, J. and L. Wells, *Strategy and Structure of the Multinational Enterprise* (1972), New York: Basic Books.

Teece, D., "Profiting from Technological Innovation: Implications for Integration, Collaboration, Licensing and Public Policy," *Research Policy* 15 (1986), 288−290.

Teece, D., "Transaction Cost Economics and the Multinational Enterprise: An Assessment," *Journal of Economic Behavior and Organization* 7 (1985), 21−45.

UNCTAD, *World Investment Report: Trends and Determinants* (1998), New York and Geneva: UN.

Vernon, Ray, "International Investment and International Trade in the Product Cycle," *Quarterly Journal of Economics* 80 (1966), 190−207.

Weber, Alfred, *Theory of the Location of Industries* (1929), Chicago: University of Chicago Press.

Williamson, O., "The Modern Corporation: Origins, Evolution, Attributes," *Journal of Economic Literature* 19(4) (1981), 1537−1568.

Williamson, O., "The Vertical Integration of Production: Market Failure Considerations," *American Economic Review* 61 (1971), 112−123.

Yeaple, Stephen, "The Complex Integration Strategies of Multinationals and Cross Country Dependencies in the Structure of Foreign Direct Investment," *Journal of International Economics* 60 (2003), 293−314.

CHAPTER 07

Bouchet, Michel, Ephraim Clark, and Bertrand Groslambert, *Country Risk Assessment* (2003), West Sussex: Wiley.

Bowman, Kirsty, "A Risk/Return Paradox for Strategic Management," *Sloan Management Review* (1980), 17−31.

Buckely, A., *International Capital Budgeting* (1996), Prentice Hall: Hemel Hempstead.

Caves, Richard, *Multinational Enterprise and Economic Analysis* (1982), New York: Cambridge University Press.

Drucker, Peter, "The New Meaning of Corporate Social Responsibility," *California Management Review* 26 (1984), 53−63.

Dunning, John, *The Globalization of Business* (1993), London: Routledge.

Fischer, Stanley, "On the Need for An International Lender of Last Resort," *Journal of Economic Perspectives* 13 (1999), 85−104.

Hill, Charles, *International Business* (2023), New York: McGraw Hill.

Hines, J., "Altered States: Taxes and the Location of Foreign Direct Investment in America," *American Economic Review* 86 (1996), 1076−1094.

Johnston, C., "Political Risk Insurance," in *Assessing Corporate Political Risk* (1986), New Jersey: Rowman & Littlefield.

Kindleberger, Charles, *American Business Abroad: Six Lectures on Direct Investment* (1969), New Haven, CT: Yale University Press.

Korth, Christopher, *International Business: Environment and Management* (1985), New Jersey: Prentice Hall.

Krugman, Paul, "A Model of Innovation, Technology Transfer, and the World Distribution of Income," *Journal of Political Economics* 87 (1979), 253 – 266.

Krugman, Paul, Maurice Obstfeld, and Marc Melitz, *International Economics: Theory & Policy* (2023), New York: Pearson.

McGrath, R., "Falling Forward: Real Options Reasoning and Entrepreneurial Failure," *Academy of Management Review* 24(1) (1999), 27.

Miller, K., "A Framework for Integrated Risk Management in International Business," *Journal of International Business Studies* 23(2) (1992), 321.

Moosa, Imad, *Foreign Direct Investment: Theory, Evidence and Practice* (2002), Houndsmill, Basingstoke: Palgrave.

Musgrave, Richard, *United States Taxation of Foreign Investment Income: Issues and Arrangements* (1969), Cambridge: Harvard University.

North, D., *Institutions, Institutional Change, and Economic Performance* (1990), Cambridge: Harvard University Press.

Olsson, Rolf, *Risk Management in Emerging Markets* (2002), London: Financial Times and Prentice Hall.

Redding, G., "The Thick Description and Comparison of Societal Systems of Capitalism," *Journal of International Business Studies* 36(2) (2005), 123 – 155.

Reinhart, Carmen and Kenneth Rogoff, *This Time Is Different: Eight Centuries of Financial Folly* (2009), New Jersey: Princeton University Press.

Rogers, J., *Strategy, Value and Risk: The Real Options Approach* (2002), Houndsmill, Basingstoke, UK: Palgrave Macmillan.

Teece, D., "Interorganizational Requirements of the Innovation Process," *Managerial and Decision Economics,* Special Issue (1989), 35−42.

Vernon, Ray, "International Investment and International Trade in the Product Cycle," *Quarterly Journal of Economics* 80 (1966), 190−207.

White, Colin and Miao Fan, *Risk and Foreign Direct Investment* (2006), New York: Palgrave Macmillan.

Williams, M., "The Extent and Significance of the Nationalization of Foreign−owned Assets in Developing Countries 1956−1972," *Oxford Economic Paper* 27 (1975), 260−273.

찾아보기

국제경영: 국제경제와 해외투자

초판발행	2025년 2월 5일
지은이	조양현
펴낸이	안종만 · 안상준
편 집	배근하 · 이혜미
기획/마케팅	장규식
표지디자인	BEN STORY
제 작	고철민 · 김원표
펴낸곳	(주)**박영사**
	서울특별시 금천구 가산디지털2로 53, 210호(가산동, 한라시그마밸리)
	등록 1959. 3. 11. 제300-1959-1호(倫)
전 화	02)733-6771
f a x	02)736-4818
e-mail	pys@pybook.co.kr
homepage	www.pybook.co.kr
ISBN	979-11-303-2157-8 93320

* 파본은 구입하신 곳에서 교환해 드립니다. 본서의 무단복제행위를 금합니다.

정 가   20,000원